四川大学外国语学院
学术文丛

本书受2015中央高校基本科研项目"北欧文化软实力研究"（项目号:skgb201501）资助出版

中国文化软实力的经济学研究

The Study of China's Cultural Soft Power from the Perspective of Economics

席珍彦　著

Sichuan University Press
四川大学出版社

责任编辑:曾春宁　张　晶
责任校对:曾　鑫
封面设计:墨创文化
责任印制:王　炜

图书在版编目(CIP)数据

中国文化软实力的经济学研究 / 席珍彦著. —成都:
四川大学出版社，2016.8
ISBN 978-7-5614-9796-8

Ⅰ.①中…　Ⅱ.①席…　Ⅲ.①文化事业-经济学-研究-中国　Ⅳ.①G12-05

中国版本图书馆 CIP 数据核字（2016）第 194337 号

书名　　中国文化软实力的经济学研究
Zhongguo Wenhua Ruanshili de Jingjixue Yanjiu

著　　者　席珍彦
出　　版　四川大学出版社
地　　址　成都市一环路南一段 24 号（610065）
发　　行　四川大学出版社
书　　号　ISBN 978-7-5614-9796-8
印　　刷　四川五洲彩印有限责任公司
成品尺寸　148 mm×210 mm
插　　页　2
印　　张　9
字　　数　238 千字
版　　次　2016 年 8 月第 1 版
印　　次　2021 年 1 月第 3 次印刷
定　　价　34.00 元

◆读者邮购本书,请与本社发行科联系。
　电话:(028)85408408/(028)85401670/
　(028)85408023　邮政编码:610065
◆本社图书如有印装质量问题,请
　寄回出版社调换。
◆网址:http://press.scu.edu.cn

摘　要

　　自约瑟夫·奈于 1990 年提出软实力的概念以来，软实力理论在世界上很多国家都产生了广泛而深远的影响。在全球化背景下，软实力深刻影响和改变着人们生活的物质世界，成为改变世界的重要力量，在综合国力竞争中的地位和作用日益突出。文化软实力概念从软实力概念中衍生出来，并且事实上成为软实力的基础和动力要素。因为，从广义角度看，国家的制度设计、政治价值观、外交政策等一切软实力要素，其生成的土壤都只能是文化，并以文化为整体推动力量。世界政治经济的发展表明，国家之间的竞争归根结底取决于科技与文化的竞争力。世界上有远见的国家纷纷未雨绸缪，将提高国家文化软实力上升为国家战略。党的十七大报告提出"提高国家文化软实力"的战略，从而确立了文化软实力的战略地位，也标志着文化软实力正式进入中国官方语言。

　　当今世界进入了一个综合国力竞争异常激烈的时代。综合国力竞争不仅体现在经济实力、军事实力等硬实力层面，而且体现在观念、文化、发展模式的吸引力、国际影响力等软实力方面。文化软实力已经发展成为经济社会进步的重要指标和战略支撑。中国经济飞速发展，成为世界第二大经济体。但是，相对落后的文化软实力将制约中国经济社会的可持续发展，经济的强大与文化软实力的相对滞后是我国面临的一大严峻问题。因此，解决经济发展与文化软实力发展不协调的矛盾迫在眉睫。本书在阐释了文化软实力与经济实力辩证关系的基础上，分析了我国文化软实力建设的现状及存在的主要问题；比较了我国与发达国家在文化软实力建设方面存在的差距；提出借鉴国际经验，把发展文化产业作为提升文化软实力的最重要手段，并提出了大力发展文化产业的对策建议。

第一章阐述了选题的背景与研究意义，本书的研究思路、基本框架与研究方法，并指出了本书的创新点与不足之处。

第二章对软实力与硬实力、文化软实力、文化事业、文化产业、文化创意产业以及文化产业集群进行了基本概念界定，并对文化生产力理论、文化与经济关系理论、供给与需求理论、投入产出理论、成本收益理论、产业集群理论以及政府规制理论进行了梳理。

第三章主要对文化软实力进行了经济学意义上的解析，从文化因素与经济发展的关系入手，分析了当今世界经济文化化、文化经济化和经济文化一体化的社会发展变化、趋势与特征，由此阐明了文化软实力与经济密不可分的关系，阐释了文化软实力与经济硬实力的关系，分析了文化软实力的经济效应。

第四章分析了文化软实力的生成机制，主要从物质层面的生成机制、制度层面的作用机理、文化软实力的经济指标生成机制，分别对企业文化软实力、国家文化产业软实力的生成以及制度生成文化软实力的条件和制度对文化软实力的影响进行剖析，最后从投入指标、产出指标和互动指标三个方面分析了文化软实力经济指标衡量机制的建构。

第五章是关于发达国家文化软实力与经济发展的良性互动与借鉴。通过分析比较文化软实力发达国家——美国、英国和韩国在文化软实力提升过程中各自文化软实力与经济发展的相互协调、相互促进的良性互动，指出文化软实力与经济发展相互促进的国际经验借鉴，指出了发展文化产业的必要性和重要性，从而为我国提升文化软实力的实践提出了建议。

第六章是关于我国文化软实力与经济发展关系的现实考察。通过对文化软实力发展的支柱产业——文化产业的发展现状的考察，分析我国文化产业发展存在的主要问题；进而考察了我国文化软实力与经济发展的互动现状，并对我国文化软实力与经济协调发展的远景进行了展望。

第七章是提升我国文化软实力的经济学路径的设想。如，从经济学角度入手，深化文化产业管理体制改革；制定和完善与时俱进的文化产业政策；鼓励文化创新、培育知名文化品牌；大力发展文化产业，培育文化产业集团；鼓励文化产品和服务出口、文化与科技相融合，提升文化软实力水平等发展路径。

本书的创新点如下：

第一，从经济与文化的相互关系来研究文化软实力问题，旨在把文化软实力与经济这两个看似不大可能融合的主题有机地结合起来，通过对文化软实力经济学意义和经济学效应的分析，指出文化软实力的经济学价值，对文化软实力进行经济学意义上的跨学科比较研究。

第二，立足社会经济发展现状，深刻分析了文化经济化、经济文化化、经济文化一体化的社会发展趋势，阐释了文化软实力与经济相互交织、密不可分的联系，揭示了当代社会经济发展变

化的显著特征。

第三，通过多国间的对比，总结归纳了文化软实力强国的经济发展与文化发展相互促进的经验，即由政府推动，政府与非政府组织联合发展文化产业，发展集团化产业，开创知名文化品牌，注重文化和文化产品的输出，提高文化软实力。

第四，本书在对文化软实力与经济发展良性互动分析的基础上，阐释了目前我国文化软实力与经济发展的相互关系、互动现状，展望了我国文化软实力与经济发展良性互动的前景。从经济学角度入手，提出我国应实行政府与非政府组织相结合的建议，避免重复高消耗、低产出的低端经济发展路径，通过开拓创新和技术升级来打造知名文化品牌和大型文化产业集团，提高我国文化软实力。

Since Joseph Nye proposed the concept of soft power in 1990, the theory of soft power has had widespread and far-reaching influence in many countries in the world. In the context of globalization, soft power has profoundly affected and changed the material world of people's lives. It has become an important force for changing the world and has become increasingly prominent in the overall national strength competition. The concept of cultural soft power derives from the concept of soft power, and in fact it is the basis and driving force of soft power. Because from a broad perspective, the soft power elements of a country, such as institutional arrangements, political values, and foreign policy can only be generated from its culture, and it is culture that promotes its strength as a whole. The development of the world's political and economic competition between states ultimately depends on the competitiveness of the technology and culture. The world countries with great visions have a rainy day to enhance their national cultural soft power as a national strategy. The report of the 17th National Congress of CPC pointed out "enhance national cultural soft power" strategy and therefore, the strategic position of the soft power of culture was established. Congress report in 2007 uses the concept of "cultural soft power", and it also marked its formal entry into the official language of China.

Today's world has entered an era in which the comprehensive national strength is fiercely competitive, along with the rapid rise of China and the extension of its international influence, the great power rivalry is not only reflected in the level of the hard power of economic strength, military strength, and further embodied in the concept of culture, the attractiveness of the development model and the international influence of soft power. Cultural soft power has developed into an important indicator of the economic and social progress and strategic support. China's economy has been developing rapidly, and China has jumped to the second largest economy in the world, while its cultural soft power is still lagging behind. This has become a serious problem our country is facing today. Therefore, the challenge to solve the uncoordinated development and the contradiction between economic development and cultural soft power is imminent. This book analyzes the current situation and problems of China's cultural soft power building. It illustrates the relationship between cultural soft power and economic strength: inseparable, interdependent and mutually influential. It also compares the gap between China and developed countries in the cultural soft power building. By comparing, the international experience is proposed. So as to enhance the construction of cultural soft power, all developed countries with advanced economies take the promotion of their cultural industries as the most important means to enhance their cultural soft power. Based on this experience, this book analyzes the importance of the development of cultural industries toward the construction of cultural soft power in China, and argues that China should vigorously develop her cultural industries. At last, the advice on how to this is given.

This book includes 7 chapters:

Chapter 1 describes the background and research significance of the topic, the research ideas, basic framework and research methods of this book, and points out the innovation and deficiencies of this book.

Chapter 2 defines the basic concepts of soft power and hard power, cultural soft power, cultural undertakings, cultural industries, cultural and creative industries, and cultural industry clusters; and discusses the theory of cultural productivity, theory of cultural and economic relations, theory of supply and demand, Input-output theory, cost-benefit theory, theory of industrial cluster and theory of government regulation.

Chapter 3 mainly analyzes the cultural soft power from the perspective of economics. Starting from the relationship between cultural factors and economic development, it analyzes the current social economic development, trends, and characteristics of the integration of economic globalization, cultural economics, and economic and cultural development, thus clarifying the inseparable relationship between cultural soft power and economy. The relationship between cultural soft power and economic hard power is analyzed, and so are the economic effects of cultural soft power.

Chapter 4 analyzes the generation mechanism of cultural soft power. Mainly from the generation mechanism at the material level, mechanism of action at the system level, and the generation mechanism of the economic index of cultural soft power, respectively, it analyses the soft power of corporate culture, the creation of the soft power of the national cultural industry, and the conditions and systems to generate cultural soft power. In the end, it examines the construction of the measurement mechanism of the economic index of cultural soft power in the following three aspects: input indicators, output indicators and interactive indicators.

Chapter 5 is about the favorable interaction between cultural soft power and economic development in developed countries and its lessons for China. Through analyzing and comparing the cultural soft power in developed countries, such as the United States, the United Kingdom, and South Korea in the process of upgrading their cultural soft power, their respective cultural soft power and economic development have coordinated well and mutually benefited. Their cultural soft power and economic development promote each other. International experiences draw lessons from the need for and importance of the development of the cultural industry, thus pointing the way for China's practice of promoting cultural soft power.

Chapter 6 is about the examination of the relationship between China's cultural soft power and economic development. Through the observation of the status quo of the development of China's cultural industry, which is the pillar industry of cultural soft power, the main problems in the development of China's cultural industry are analyzed.

Then it examines the interactive status quo of China's cultural soft power and economic development, and looks forward to the prospect of the coordinated development of China's cultural soft power and economy.

Chapter 7 points out the economic path to promote China's cultural soft power. From the perspective of economics, it points out that the following ways will increase the level of cultural soft power and other development paths: deepening the reform of the management system in cultural industry; formulating and improving cultural industry policies that keep pace with the times; encouraging cultural innovation and fostering well-known cultural brands; vigorously developing cultural industries, cultivating cultural industry groups, and encouraging exports of cultural products and services, as well as the integration of culture and technology.

The main innovation points of this research are:

Firstly, the innovation of this study is to study cultural issues from an economic focus, designed to blend these two seemingly unlikely themes into integration between cultural soft power and economy. By analyzing the economic significance of cultural soft power, this study argues for the economic value of cultural soft power. It is an interdisciplinary study of cultural soft power in the economic sense.

Secondly, based on the status quo of social and economic development, it profoundly analyzes the social development trends, such as culture economicalization, economy culturalization, and the integration of economy and culture. It explains the interweaving and inextricable links between cultural soft power and economy, and reveals the remarkable feature of the significant changes in contemporary social economic development.

Thirdly, through comparisons with several developed countries, it sums up the experiences of mutual promotion between economic development and cultural development in the developed countries with strong cultural soft power, that is, through government promotion, combining government and non-governmental organizations, developing cultural industries, developing group-based industries, and creating well-known cultural brands, focus on the output of culture and cultural products to improve cultural soft power.

Fourthly, on the basis of the interpretation of the relationship and interaction of the status quo of China's current cultural soft power and economic development, positive interaction analysis of cultural soft power and economic development is made, and it also looks into the future interaction of China's cultural soft power and economic development, and puts forward some suggestions from the economic perspective so as to enhance China's cultural soft power, such as implementing a policy combining government and non-governmental organizations to avoid duplication of low-end economic development paths with high consumption and low output, and to create well-known cultural brands and large-scale cultural industries through pioneering innovation and technological upgrading.

目 录

第 一 章

导 论

第一节 选题的背景与研究意义

一、选题背景

软实力是文化社会意义集中、深刻的反映。1990 年，美国哈佛大学教授约瑟夫·奈（Joseph S. Nye Jr.）在其著作《注定领导世界：美国权利性质的变迁》中正式提出"软实力"（Soft Power）这一概念，启动了世界学术界关于"软实力"的研究与应用潮流。约瑟夫·奈认为，软实力是一种能力，它能通过吸引力而非威逼或利诱达到目的，是一国综合国力中除传统的基于军事和经济实力的硬实力之外的另一组成部分。这一概念，明确了软实力的重要价值，将它提高到了与传统的硬实力同等甚至更为重要的位置。如约瑟夫·奈所说："硬实力和软实力同等重要，但是在信息时代，软实力正变得比以往更为突出。"① 软实力理论认为，软实力发挥作用靠的是自身的吸引力，而不是强迫别人做不想做的事情。软实力理论使人们认识到，一个国家、一个民族崛起的根本标志，在于其综合实力的全面提升。国家的综合实力包括硬实力和软实力两个方面。经济、科技、军事实力被称为"硬实力文化"、价值观、意识形态吸引力、体制吸引力被称为"软实力"。文化软实力是软实力的重要构成要素，它是区别于制度、意识形态、政治价值观、外交政策等因素的软实力形态。在软实力的构成要素中，文化软实力是其基石。文化软实力已成为一国综合实力的重要组成部分。

冷战结束后，在国际关系和国际竞争中，文化软实力发挥着日益重要的作用，主要表现在以下三个方面：

文化与经济关系日益紧密、相互依存，文化中有经济，经济中有文化。进入 21 世纪以来，世界经济发展的一大趋势是经济发展越来越依赖于文化的支撑。随着经济的发展，人们的生活不再以吃饱、穿暖等生存资料数量的扩张为主，人们生活的消费结构从以前的重物质消费向重文化消费转变。这种消费需求的新变化促使社会生产出更多的文化产品，去满足人民群众日益增长的文化生活的需要；同时，这种消费要求不断提高物质产品的文化含量。实践证明，商品的文化含量愈高，经济附加值就愈高。

随着市场经济的发展和科学技术的日新月异，文化的产业属性越来越明显。一方面，在文化产品生产和服务过程中，价值规律、市场机制等经济因素发挥着越来越重要的作用，使文化产业的社会化大生产成为现实，文化产业具有生产、流通、交换、消

---

① 约瑟夫·奈（Joseph Nye）于 2012 年 10 月在 TED 所做的演讲。本书译文除注明译者外，均为笔者所译。

费等市场条件下经济运行的基本特点；另一方面，数字化、网络化等高新技术的运用，使文化产品的生产效率越来越高，文化传播力越来越强，文化影响力越来越广，文化的经济作用越来越重要。20世纪90年代以来，文化产业在全球飞速发展，是许多发达国家国民经济的重要支柱。由此可见，知识经济的兴起与信息技术的发展加速了文化与经济的融合，文化与经济的一体化已成必然趋势。

文化领域成为国与国之间意识形态、经济的较量和政治斗争的主战场。西方国家凭借其强大的经济、科技实力，对其他国家大肆进行思想文化渗透。提升文化"软实力"，是实现国家强盛、民族振兴必然的战略选择。

《中共中央关于构建社会主义和谐社会若干重大问题的决定》指出："一个国家、一个民族在长期的实践中，必然形成自己的核心价值体系，这是社会系统得以运转、社会秩序得以维持的基本精神依托。""马克思主义指导思想，中国特色社会主义共同理想，以爱国主义为核心的民族精神和以改革创新为核心的时代精神，社会主义荣辱观，构成社会主义核心价值体系的基本内容。"我国正处在改革和发展的关键时期，提升文化"软实力"必须坚持"以人为本"，把社会主义核心价值观融入精神文明建设全过程，着力丰富人民群众多层面、多样性的精神文化生活，努力提高人民群众的思想道德修养和科学文化素质，大力促进社会的全面发展，提高国民的意志品格和内在凝聚力，构筑社会主义核心价值观。

当前，我国经济持续高速增长，而文化软实力则相对落后。在经济发展到一定程度时，应注重文化软实力的发展和提升，否则，文化软实力会阻碍经济发展。当代中国，在发展经济的同时，以主流意识形态引领多元社会思潮，构筑社会主义核心价值体系，增强意识形态的吸引力，提升文化软实力，增强综合国力……这比以往任何时候都更加重要。

二、研究意义

文化软实力研究具有战略意义。兹比格纽·布热津斯基（Zbigniew Brzezinski）提出了大国的四个标志（经济发达、军事强大、科技雄厚、文化富有吸引力）[1]，凸显了文化的重要性。

1993 年，英国文化委员会发布《创造性的未来》，公布了英国国家文化艺术发展战略，这是英国有史以来首次以官方文件的方式颁布的国家文化政策。[2] 俄罗斯提出"文化扩张政策"，韩国提出"文化立国"和"韩国文化世界化"的口号。可见，当今世界，文化软实力已经作为一种重要的政策理念，在国家政治和经济发展中扮演重要角色。

近些年来，随着我国国力和传播实力的增长，我国文化软实力的影响力有了较大幅度的提升——中国的语言文化在世界范围内越来越受到重视；"中国模式""北京共识"成为西方学者和政要津津乐道的话题；中国参与制定国际规则的意识在增强；中国政府在处理国际关系中的斡旋能力、协调能力，以及对国际社会的号召力有所提高……这些都是我国软实力逐步提升的重要体现。

语言是信息传播的基础，也是衡量一个国家软实力大小的重要指标。美国之所以能够将各种文化产品连同其价值观念与生活方式行销全世界，除了国力的支撑外，主要依靠的就是语言优

---

① 兹比格纽·布热津斯基. 大棋局：美国的首要地位及其地缘战略［M］. 中国国际问题研究所，译. 上海：上海人民出版社，2007：32-33.

② 李河. 发达国家当代文化政策一瞥［M］. 北京：社会科学文献出版社，2004.

势，这也是美国的软实力"依然强大"的一个重要表征。为了维护自己的语言文化利益、扩大在国际传播中的份额，目前许多国家都在有计划地实施各自的语言战略，并努力扩大其语言的国际影响。如德国政府设立的歌德学院，致力德国语言在国外的教学及国际文化合作事业，有力地提升了德国文化的传播力和国际影响力；西班牙政府设立的塞万提斯学院，对西班牙语言和文化的推广做出了重要贡献。中国国家汉办主任、孔子学院总部总干事许琳说："经济一体化带动了中国热，从而产生了汉语热。"中国有很多企业到国外发展，但是文化没有跟过去，而西方国家用来传播文化的歌德学院、塞万提斯学院等已有一定影响。所以，中国在全球设立的孔子学院正是中国政府应国外机构申请，以让世界了解中国、促进友好关系的目的而设立的。

2007 年，"文化软实力"概念出现在中共十七大报告中："要坚持社会主义先进文化前进方向，兴起社会主义文化建设新高潮，激发全民族文化创造活力，提高国家文化软实力，使人民基本文化权益得到更好保障，使社会文化生活更加丰富多彩，使人民精神风貌更加昂扬向上。"[①] 这表明提升国家文化软实力已被党和国家作为实现中华民族伟大复兴的新战略。文化软实力是现代社会发展的精神动力、智力支持和思想保证，是当今多极世界国与国之间综合国力竞争的重要因素。

为此，要树立"文化软实力是重要国力"的观念，把文化产业列入国家战略，大力推动和扶持文化产业，制定文化发展战略目标、推进文化发展战略措施、完善文化发展政策，推动其发展成为国家战略性产业。

---

① 胡锦涛. 高举中国特色社会主义伟大旗帜 为夺取全面建设小康社会新胜利而奋斗——在中国共产党第十七次全国代表大会上的报告［M］. 北京：人民出版社，2007：33.

打造、提高国家文化软实力具有重要战略意义。文化建设对于经济发展和政治进步有很大的影响力，能够促进社会的整体性发展；增强软实力建设有利于提高公民的整体素质，促进人和社会的全面和谐发展。

通过发展文化产业，提高我国的文化软实力和国际竞争力，既能够增强我国的经济实力，又能够提高我国的文化软实力。党的十七届五中全会明确指出了文化对一个国家和民族的重要性，把它比作是一个民族的精神和灵魂，必须推动文化大发展大繁荣，提升国家文化软实力，提高全民族文化素质，深化文化体制改革，推动文化产业成为国民经济的支柱性产业，促进经济发展。

李光耀曾指出，只有在其他国家羡慕并期望模仿一国文化之时，其软实力才得以实现。也就是说，只有当一种文化在实践中发挥促进国家社会进步的良好作用时，他国才能信服，进而对其产生向往。比如美国，以其强大的经济实力为支撑，把以好莱坞电影、流行音乐、快餐文化为代表的美国文化传播到世界的各个角落，对很多国家产生巨大影响，甚至使一些国家的本土文化受到严重冲击。比较分析欧美发达国家与中国文化软实力的差异，借鉴发达国家提升文化软实力的经验，对于提升中国文化软实力具有重要意义。

总的来说，提升中国文化软实力的经济学研究具有重要的理论意义和现实意义。

（1）理论意义

有利于深化和拓展我国文化软实力理论研究，为提升我国文化软实力提供理论支撑。

（2）现实意义

一是有利于消除相对落后的文化软实力对我国经济可持续发

展的制约作用，二是有利于解决我国经济硬实力与文化软实力发展不协调的矛盾，三是有利于提升我国文化软实力。

第二节　国内外文献综述

一、国内关于文化软实力理论及应用的研究现状

自软实力的概念正式提出以来，这一概念已成为衡量一个国家综合国力的重要组成部分，国内对软实力的研究也日益增多。胡锦涛在党的十七大报告中提及"文化软实力"，他强调："当今时代，文化越来越成为民族凝聚力和创造力的重要源泉、越来越成为综合国力竞争的重要因素……要坚持社会主义先进文化前进方向，兴起社会主义文化建设新高潮，激发全民族文化创造活力，提高国家文化软实力。"[①] 这充分表明文化软实力正式进入中国官方语言，提升文化软实力已上升到国家高度。自此，中国文化软实力研究成为国内学术界的研究热点，各类相关文章不断涌现，研究的广度和深度亦不断拓宽和加深。

全球化时代，国家之间的联系日益密切，相互依赖程度亦日益加深，国与国之间的合作也愈来愈频繁，国际竞争越来越表现为知识和人才领域的文化软实力的竞争。在这种国际背景下，文化软实力理论越来越受到人们的推崇。中国的软实力如何？中国软实力的构成要素有哪些？中国软实力的国际地位如何？如何构建中国的软实力？这些问题成为目前国内学术界最关心的问题。

在我国，王沪宁是最早使用"软实力"这一概念的学者。

---

① 胡锦涛. 高举中国特色社会主义伟大旗帜　为夺取全面建设小康社会新胜利而奋斗——在中国共产党第十七次全国代表大会上的报告 [M]. 北京：人民出版社，2007：33.

早在 1993 年，他在其《作为国家实力的文化：软实力》一文中指出："把文化看作一种软实力，是当今国际政治中的崭新概念。人们已经把政治体系、民族士气、民族文化、经济体制、历史发展、科学技术、意识形态等因素看作是构成国家权力的属性，实际上这些因素的发散性力量正使软实力具有国际关系中的权力属性。总的软实力态势对谁有利，谁在国际社会中就占据有利地位；目前影响国际'软实力'势能的因素是工业主义、科学主义、民主主义……"① 自此，软实力问题开始在我国受到人们的广泛关注和重视，"软实力"这一概念在我国使用的频率也越来越高。

胡锦涛在党的十七大报告第七部分的开端指出了文化在综合国力竞争中的重要性，首次提出提高国家文化软实力的思想。自此，在中国，文化软实力的战略地位得以正式确立。国内掀起了软实力研究的热潮，来自政治学、经济学、管理学等多个领域的专家学者开始研究和关注这一理论话题，并将软实力理论引入各自的研究领域，对我国的软实力及与软实力相关的问题进行研究，特别是关于软实力建设在中国和平发展战略中的地位和作用问题的研究大幅增多，也使得软实力这一概念和理论在中国自身的语境下具有了独特的含义。楚树龙在《国际关系基本理论》中引用约瑟夫·奈的解释指出，软实力是在国际事务中通过吸引力而不是通过强制来实现所期望的目标和结果的能力；张小明认为，软实力就是吸引力；李希光等认为，它是说服别人的能力；刘德斌认为，软权力是价值观念、社会制度等的感召力、吸引力，是建立在此基础上的同化力、规制力；杨洁勉认为："所谓

---

① 王沪宁. 作为国家实力的文化：软实力 [J]. 复旦学报（社会科学版），1993（3）：91.

软实力，是指一国的文化、价值观念、社会制度、发展模式的国际影响力与感召力，它不同于武力威胁或经济制裁等强制性手段，而是通过吸引力或同化力影响他国而实现本国目标的能力。"① 董平认为："所谓软实力，一般来讲是一个国家的文化、政策和制度等具有该国特色的能够吸引别国的一种魅力。"② 章一平借用约瑟夫·奈对软实力的定义和解释，将软实力定义为"通过吸引别人而不是强制他们来达到你想要达到的目的的能力"③。

此外，学者们还对软实力的构成要素及特征、软实力的意义、中国发展软实力中存在的问题以及中国提升文化软实力的路径、政策建议等进行了相关研究。

总的来看，目前国内对软实力的研究仍处于起始阶段，且大部分是对软实力的宏观研究，具体到文化软实力的研究还不多，对于文化软实力和经济的关系的研究更是少之又少。

自软实力的概念和理论被引入国内后，到目前为止，中国非常重视研究软实力，学界对其理论价值评价较高，以软实力为理论基础的文化软实力建设已经成为中国的国策，中国政府把文化软实力的地位提升到了相当的高度。但是，不可否认，要把一个起源于美国的概念移植到中国的政治、外交、文化、经济建设等现实环境中，还需加深对这一理论的研究。目前，软实力研究在我国尚待深化，需做的工作还有很多：

第一，虽然目前我国越来越多的人在进行软实力研究，但这一理论研究尚处于起步阶段，未形成完善的软实力理论框架。需

---

① 扬洁勉. 发展软实力，各国招不同 [J]. 时事报告，2007（6）：48.

② 董平. 关于中国经济发展中软实力的思考 [J]. 市场周刊（理论研究），2007（7）：29.

③ 章一平. 软实力的内涵与外延 [J]. 现代国际关系，2006（11）：54.

继续对软实力理论进行基础性研究、综合性研究和应用性研究，以建立完善的软实力理论框架体系，深化国家文化软实力的理论研究。

第二，目前国内大量的研究成果都是对软实力的理论分析（且多数是关于政治和外交方面的），缺少实践问题的对策研究，以及结合各方面、各层次实际情况的实证研究。应切实加强应用性研究，有必要加强软实力的量化研究，在定性研究的基础上对软实力的主要指标进行定量考察。

第三，应加强国家文化软实力的产业化研究。与西方发达国家相比，我国文化软实力产业化建设的起点还很低，而西方发达国家文化软实力已经产业化而且具有较强的竞争力。相比较而言，我国的文化软实力并未形成产业意义上的竞争优势。

此外，我们必须清楚地意识到，加强广播、电视、网络在内的文化传播媒体建设是提升国家文化软实力的重要路径，对其进行深入的产业化研究，不仅涉及巨大的经济利益，能够提振国家经济实力、提高国家综合国力，还具有扩大国际影响、提升国家形象的重要意义。

二、国外对文化软实力理论及应用的研究现状

国外对文化软实力的研究，主要集中在以下几个方面。

（一）关于文化软实力的战略意义研究

1990 年，约瑟夫·奈出版了 *Bound to Lead: The Changing Nature of American Power*[1]（中文版为《美国定能领导世界吗》[2]）

---

[1] Joseph Nye. Bound to Lead: The Changing Nature of American Power [M]. New York: Basic Books, 1990.

[2] 约瑟夫·奈. 美国定能领导世界吗 [M]. 何小东，译. 北京：军事译文出版社，1992.

一书，他认为美国在世界的领导地位仅依靠其文化的传播和流行就足以确立。可见自这一概念的提出之初，文化软实力便具有战略的含义。

除此之外，奈还先后发表《软实力》①、《变化中的世界力量的本质》（"The Changing of World Power"）等系列论文，进一步对软实力的概念加以阐释。这一概念蕴含的"文化软实力"是构筑"软实力"概念的一个重要方面。

此后，西方学者越来越清晰地认识到文化的重要性，对软实力的研究不断增多，对这一概念的认识也不断加深。其中，布热津斯基指出，美国争夺欧亚大陆的决定性因素将是政治、经济、文化、意识形态等非军事手段，阐明了文化软实力对美国战略的重要性。

（二）关于文化软实力的资源研究

在奈看来，国家的软实力主要包括三个方面：文化、政治价值观和外交政策。他认为文化软实力就是以文化为基础的国家软实力。② 国外对文化软实力资源的研究，概括说来，主要集中在以下几个方面。

1. 大众文化资源研究

学者们对大众文化的重要性和经济意义进行了相关研究，使得大众文化成为探讨的焦点。众所周知，大众文化在文化软实力中扮演着重要角色，美国文化软实力主要通过大众文化进行传播。约瑟夫·奈也曾建议美国通过其强大的传播媒体、丰富的文化产品、流行的影视节目等大众文化产品来增强美国的影响力和

---

① Joseph Nye. Soft Power［J］. Foreign Policy, 1990（80）.

② 约瑟夫·奈. 软力量：世界政坛成功之道［M］. 吴晓辉，钱程，译. 北京：东方出版社，2005.

控制力。加拿大《国民邮报》总编辑弗雷泽（Matthew Fraser），著有《软实力：美国电影、流行乐、电视和快餐的全球统治》①一书。在此书中，他明确指出了美国大众流行文化在其软实力传播中扮演了不可替代的重要角色。他指出："在走向帝国、称霸全球的进程中，美国不仅一直仰仗着自己的硬实力即强大的政治、军事实力耀武扬威，而且一直在依赖着自己的软实力即流行文化进行潜移默化式的渗透，从而达到向全球推广美国生活方式和价值观的目的。"② 美国杜克大学教授弗雷德里克·詹姆逊（Fredric Jameson）认为，世界的文化"正被美国的大众文化模式——电视演出、服装、音乐、电影，等等——逐出并取而代之。对我们许多人而言，这是界定全球化的真正核心：世界文化的标准化；美国的电视、美国的音乐，好莱坞电影正在取代世界上其他一切东西"③。一位美国学者所做的"迪士尼意识形态研究"便揭示出迪士尼影片中所蕴藏的美国意识形态和价值观：对美国价值观的标榜以及对外族人的诋毁。如迪士尼影片中的好人形象普遍是白人，而坏人形象则普遍是黑人、中东和亚洲人等。迪士尼动画片在全球的影响力众所周知，可以说在世界各国的人们在还是孩子的时候就已深受美国价值观和其意识形态的影响，这也是美国大张旗鼓地进行其意识形态的宣扬和移植的结果。而迪士尼动画片在全世界有着很高的票房，深受各国观众的喜爱。可见，美国软实力对全世界的影响是显而易见的，而大众文化发挥了关键作用。其文化中所蕴藏的意识形态和价值观已在全球得

---

① Matthew Fraser. Weapons of Mass Distraction：Soft Power and American Empire ［M］. Toronto：Key Porter Books，Ltd.，2004.

② 马修·弗雷泽. 软实力——美国电影、流行乐、电视和快餐的全球统治 ［M］. 刘满贵，宋金品，尤舒，等译. 北京：新华出版社，2006.

③ 王宁. 全球化与文化：西方与中国 ［M］. 北京：北京大学出版社，2002：108.

以广泛传播，影响很大。

2. 传统文化资源研究

传统文化资源是一国文化的源泉，对历史悠久的文化来说尤其如此。很多国家和地区早已意识到挖掘本民族传统文化资源的重要性，以增强文化吸引力，提升自身竞争力，抗衡文化霸权。路易斯·克莱瑞文斯（Louis Klarevas）在论文《希腊人轴承共识：提升希腊在西方的软实力的建议》中指出，作为西方文明的发源地和摇篮，希腊的历史和文化对西方国家极具吸引力，而这种吸引力能帮助希腊提升软实力。作为东方古老文明的中国，在全球对文化的新一轮研究热潮和各国对各自传统文化重视的风潮的影响下，也开始重视国学的力量。全国儒学研究中心的建立说明中国这个文明古国意识到以本国传统文化提升自身软实力的价值，并开始努力把本国的文化精粹介绍到全世界。

3. 教育资源的研究

2002 年，奈的新著 *The Paradox of American Power: Why the World's Only Superpouer Can't Go It Alone*[①]（中文版《美国霸权的困惑：为什么美国不能独断专行》）一书出版。他认为："教育也是美国的一个非常重要的文化手段。……它通过不断地宣传民主自由理念和文化思想，向在美国的其他国家领导人的后代传授美国教育，由此与掌握权力的各国精英们建立起密切的联系。"[②]美国学校吸引的外国留学生每年达 60 多万人，这些留学生每年为美国带去近 180 亿美元的收入，已成为拉动美国经济增长的一个重要因素。2007 年，日本历史学家松田丈志出版了《软实力

---

① Joseph Nye, Jr. The Paradox of American Power: Why the World´s Only Superpower Can't Go It Alone [M]. Oxford: Oxford University Press, 2003.

② 约瑟夫·奈. 美国霸权的困惑：为什么美国不能独断专行 [M]. 郑志国，等译. 北京：世界知识出版社，2002：38.

与其威胁：美国对战后初期日本及其永久依附的文化政策》一书。书中指出，美国通过在日本知识精英中建构美国的正面积极形象，再由他们将这种形象传递给日本人民。他阐释并运用"软实力"和"霸权"的概念，指出教育和文化活动是美国宣扬其价值观、扩大其软实力影响力的重要工具。

语言是文化的载体，也是文化软实力的重要组成部分。托马斯·莫洛伊（Thomas Molloy）撰写的《通过英语语言教育凸显软实力》一文，阐明了语言教育的重要性及其在文化软实力中的作用，同时指出了美国的英语教育在软实力传播中发挥了令他国羡慕的功能，是美国"软实力的完美体现"，也是"吸引大众的武器"。法国、德国、西班牙等国在国外分别设立了法语联盟、歌德学院、塞万提斯学院，旨在世界各地推广本民族语言，借此提升本国文化软实力和国际影响力。自 2004 年起，中国在全球多个国家相继建立多所孔子学院。对于近几年在全球迅速增加的孔子学院，2006 年 1 月 11 日的《纽约时报》评论认为，孔子学院这一名称不会使人联想到中国的官方意识形态，但却表明了其提升软实力的雄心。

（三）关于文化软实力运作模式的研究

研究软实力的运作模式，也就是研究软实力以何种方式发挥作用。那么，如何发挥软实力的作用来增加本国的吸引力？不同的国家、地区都有与其或相同或不同的运作模式。

关于文化软实力的运作模式，国外学者发出了不同的甚至是质疑的声音。新加坡学者李明江著有《软实力：国际政治中的中国崛起战略》一书，该书提出了文化软实力资源研究的局限性。他认为，任何实力，诸如文化、意识形态、价值观，或经济实力、军事实力等都不具有软硬之分，某种力量是软实力还是硬实力，仅取决于实力的行为主体如何发挥和运用它。[①] 2008 年，乔尔惠特尼发表了对约瑟夫·奈的访谈文章《"软实力"回来了吗？——美国实力正在蜕变》。在访谈中，奈承认硬实力也能发挥软实力的效用，如当美国将其军事力量用于人道主义目的的时候，军事硬实力使美国更具吸引力，从而起到软实力的作用。

文化软实力的运作模式还有待进一步研究，尤其是结合不同国家的国情和文化，探索最适合本国的运作模式，以使异域文化的人更容易被吸引等，值得世界各国的学者们深入探索和研究。

（四）关于中国文化软实力的研究

自 1978 年改革开放以来，中国经济持续高速发展，在世界上的影响力日益增强，这引起了英美等国家的高度重视和密切关注。近年来，伴随中国在经济、政治和文化等领域的快速发展，美国政界和学术界对中国软实力的关注程度也不断提高。对中国软实力进行研究的既有普通学者，也有美国国会、思想库和调研机构等。可以说，美国对中国软实力的研究已经全面展开。2007年 5 月，耶鲁大学出版社出版了约书亚·科兰兹克（Joshua Kurlantzick）的 *Charm Offensive: How China's Soft Power Is Transforming the World*[②]（《魅力攻势：看中国的软实力如何改变世界》[③]）一书，这是美国甚至西方国家第一本研究中国软实力的专著，在美国学界和政界引起很大关注。应拜登（Joseph R. Biden）的要求，美国国会研究处（CRS）也曾提交了系列长篇

① Li Mingjiang. *Soft Power: China's Emerging Strategy in International Politics* [M]. Lanham: Lexington Books, 2009.
② Joshua Kurlantzick. Charm Offensive: How China's Soft Power Is Transforming the World [M]. New Haven: Yale University Press, 2007.
③ 约书亚·科兰兹克. 魅力攻势：看中国的软实力如何改变世界 [M]. 北京：中央编译出版社，2014.

报告，阐述中国在东南亚及其他地区的软实力及外交影响力。
2006 年，美国华盛顿肯尼迪中心（Washington's Kennedy Center）
发布 Bates Gill 和 Yanzhong Hung 合写的对中国软实力研究的长篇
论文，名为 "Sources and Limits of Chinese Soft Power"（《中国软
实力的资源及局限》），对中国文化、政治理念以及外交等方面
进行了分析。二位作者认为中国的软实力拥有丰富的资源，同时
指出了中国软实力资源的局限性，并指出任何阻止中国崛起的企
图都是徒劳的。一些民意调查机构，如皮尤研究中心（Pew
Research Centre）、芝加哥全球事务委员会（Chicago Council on
Global Affairs）等对中国形象和软实力问题进行了民意调查，皮
尤研究中心每年夏天发布"全球态度调查项目"结果；全美亚
洲研究所（The national bureau of Asian research）于 2013 年 1 月
发布了由 Chin-Hao Huang 撰写的 *China's Soft Power in East Asia: A
Quest for Status and Influence?*（《中国在东亚的软实力：对地位和影
响的诉求?》），报道了中国软实力在东亚的影响以及美国为此应采取
的软实力策略。

中共十七大报告明确提出要提高国家文化软实力。约瑟夫·奈
对此也发表了自己的看法，他认为这标志着软实力这一词语正式
进入中国官方语言。从此，中国软实力成为美国学界关注的一个
热点问题。事实上，近年来美国所进行的经济、文化、外交和军
事活动也显示出了美国对日益增强的中国文化软实力的担忧。如
频繁对中国发起贸易制裁政策和措施；对在美孔子学院的资质审
查，勒令在美任教的孔子学院部分教师离境；时任美国国务卿希
拉里·克林顿马不停蹄巡访中国周边多个亚洲国家如日本、蒙
古、越南、老挝、柬埔寨等；干涉中国南海问题，并同菲律宾进
行海上联合军事演习。

绝大部分美国学者及相关研究机构认为，中国的软实力获得

了长足发展和巨大的进步。科兰兹克在其《魅力攻势：看中国的软实力如何改变世界》一书中梳理了中国软实力如何在亚洲及整个世界发展的思路，并指出中国的软实力外交明显改变了她在亚洲和世界其他地区的形象，一个以中国为中心的亚洲新秩序正在产生，其软实力的提升引起了美国的关注。奈尔·雷维克（Neil Renwick）发表《中国的文化软实力：逐渐显现的国家文化安全语境》① 一文，文中称中国寻求提升文化软实力的努力已受到国际社会的关注，并指出中国提升国家文化软实力表明中国对其国家价值、国家政治身份和政党领导充满自信。2005 年 12 月 29 日，约瑟夫·奈在《华盛顿邮报》上发表文章，论述了中国软实力在文学、教育、传媒和电影等领域的国际影响，承认中国模式对发展中国家诸如拉丁美洲和非洲等地区具有吸引力的事实，肯定了中国的国家软实力在不断增强的事实。

此外，国外学术界也对中国文化软实力存在的问题进行了研究。奈认为，中国的传统文化在世界上一直具有较高的影响力，是中国软实力的良好资源，但是这一资源却并没有得到很好地推广和利用。对于如何发展中国的文化软实力问题，奈也给出了建议，他建议中国应该通过更加丰富的国际文化活动向西方展示和推广中国文化。美国学者贝茨·吉尔等也指出："就文化吸引力来说，中国地大物博，但是得承认中国的优势既不在于市场营销，也不在于文化产品。"②

从国外软实力研究的现状来看，国外对软实力及其中国软实力的研究主要呈现以下三个特点：

① Neil Renwick. China's Cultural Soft Power: an Emerging National Cultural Security Discourse [J]. American Journal of Chinese Studies, 2008, 15 (2): 69 - 86.

② 贝茨·吉尔，等. 中国软实力资源及其局限 [J]. 陈正良，罗维，译. 国外理论动态，2007（11）：60.

第一，多数从国际政治和国际关系的视角对单个国家进行研究。

第二，多数研究侧重理论层面。学者们在肯定软实力理论价值的同时，也指出了软实力概念中存在的一些问题，如概念模糊、缺少严谨性、软实力与硬实力之间的相互关系难以明确、软实力强弱难以被测定和衡量的局限性等。

第三，对新崛起的经济体软实力（如中国）的研究。善于与时俱进，积极探讨应对本国在未来可能会面临的软实力威胁，利于帮助政府制定新的软实力发展战略。

第三节　本书的研究思路、基本框架与研究方法

一、研究思路

当今世界，文化、政治、经济密不可分，文化在综合国力竞争中的重要性日益彰显。文化软实力既可以促进经济的发展，是经济社会进步的重要指标；也可以塑造一个国家的形象，是国家政治发展的战略支撑。佩鲁曾指出："各种文化价值'在经济增长中起着根本性的作用'，经济增长不过是手段而已。各种文化价值是抑制和加速增长的动机的基础，并且决定着增长作为一种目标的合理性。"由此可见，在促进经济发展的同时，提升其蕴含的文化价值，是一个国家经济实现长期可持续发展的重要保证。

本书首先运用马克斯·韦伯、道格拉斯·C. 诺思等人的观点阐述文化和文化软实力的概念及理论范畴，包括文化软实力理论的形成、历史发展及意义；并运用亚当·斯密、J. S. 穆勒、马歇尔、塞缪尔·亨廷顿、拉尔夫·林顿、熊彼特、阿瑟·刘易

斯、冈纳·缪尔达尔、阿玛蒂亚·森、劳伦斯·哈里森、迈克尔·波特等人关于文化与经济的论断，对文化与经济的关系进行理论及经济学意义上的梳理，对文化软实力从经济学角度进行剖析和探究；并就历史上中、美、英三国经济与文化软实力协调发展的经验追根溯源，剖析文化软实力发展对经济发展的重要意义；运用经济学相关理论，如文化因素与经济增长关系的理论、经济增长理论、文化生产力理论、投入产出理论、成本收益理论、产业集群理论、政府监管的一般理论以及新制度经济学理论等对文化软实力进行经济学意义上的剖析，并对文化软实力与经济发展关系进行分析，通过比较得出对我国文化软实力与经济发展的有益启示；并分析我国文化软实力与经济发展的现状，力图从经济与文化产业的视角提出提升我国文化软实力，促进经济发展的途径和政策建议。

目前，关于中国软实力研究相对不足之处在于没有把中国软实力研究放在国际背景下，特别是从一种国际比较的视角，以经济学的角度分析如何提升中国文化软实力。这固然与软实力不同于硬实力难以进行比较有关，但软实力难以进行国别比较并不表明不能比较。本书分别从认知、历史经验以及经济学的视角，选择具有明显优势且对中国经济发展有重要影响的美国、英国和韩国的文化软实力进行比较，希冀通过比较，客观评估中国与几个文化软实力强国存在的差异，从而对中国的软实力建设和经济发展提供有益的经验借鉴和启示。

我国对文化软实力的研究还处于起步阶段，关于文化软实力发展的研究从方法、分析框架和整体构想上大都尚未形成颇有影响的理论。许多问题还需要深入研究，如文化软实力的经济学研究及比较研究。无论从决策参考还是从科学研究的角度，目前我们极其需要合理且适用的关于提升中国文软实力的经济学研究成果，以促进我国通过提升文化软实力发展经济、提振国力。

文化软实力的吸引力作用既可以发生在国家层面，也可以具体到区域、企业乃至个人。国家经济活动往往都可以具体化于以省、以城市为单位的区域经济活动，还可以具体到城市中的某个行政区域，进而具体到某一个产业、企业。因此，文化软实力研究既可以放在国家层面进行，还可以延伸到省级、市级的经济活动，再进行微观层面即具体企业层面的研究。目前，国内外对文化软实力的研究大部分集中在政治领域，且多集中在对国家影响力和竞争力的研究上，扩展到经济领域中的区域和企业竞争力的研究极少（如图1-1所示）。

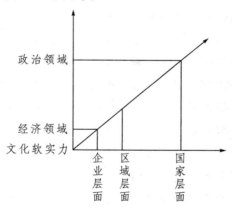

图1-1　文化软实力的研究领域和研究层面剖析

本书认为，文化软实力与经济是密不可分的，文化软实力对经济发展的意义至关重要，研究文化软实力离不开经济学语境。我国可以借鉴几个文化软实力强国的经验，找到适合提升我国文化软实力的路径，制定出适合我国国情的提高文化软实力的政策，从而促进我国经济的繁荣，增强我国的综合国力。

二、基本框架

围绕上述基本思路，本书共分为七章，各章节的具体内容如下：

第一章阐述了选题的背景与研究意义，本书的研究思路、基本框架与研究方法，并指出了本书的创新点与不足之处。

第二章对软实力与硬实力、文化软实力、文化事业、文化产业、文化创意产业以及文化产业集群进行了基本概念界定，并对文化生产力理论、文化与经济关系理论、供给与需求理论、投入产出理论、成本收益理论、产业集群理论以及政府规制理论进行了梳理。

第三章主要对文化软实力进行了经济学意义上的解析，从文化因素与经济发展的关系着手，分析了当今世界经济文化化、文化经济化，以及经济文化一体化的经济、文化现象，阐释了文化软实力的经济效应以及文化软实力与经济硬实力的关系。

第四章分析了文化软实力的生成机制，主要从物质层面的生成机制、制度层面的作用机理、文化软实力的经济指标生成机制，分别对企业文化软实力、国家文化产业软实力的生成以及制度生成文化软实力的条件和制度对文化软实力的影响进行剖析，最后从投入指标、产出指标和互动指标三个方面分析了文化软实力经济指标衡量机制的建构。

第五章是关于发达国家文化软实力与经济发展的良性互动的借鉴，通过分析和比较文化软实力发达国家——美国、英国和韩国——在文化软实力提升过程中各自文化软实力与经济发展的相互协调、相互促进的良性互动，总结文化软实力与经济发展相互促进的国际经验，指出发展文化产业的必要性和重要性，从而为我国提升文化软实力的实践提供借鉴。

第六章是关于我国文化软实力与经济发展关系的现实考察，通过对文化软实力发展的支柱产业——文化产业的发展现状的考察，分析了我国文化产业发展存在的主要问题，考察了我国文化软实力与经济发展的互动现状，并对我国文化软实力与经济协调发展的远景进行了展望。

第七章指出了我国提升文化软实力的经济学路径，从经济学角度入手，指出深化文化产业管理体制改革；制定和完善与时俱进的文化产业政策；鼓励文化创新，培育知名文化品牌；大力发展文化产业，培育文化产业集团；鼓励文化产品和服务出口以及文化与科技相融合，提升文化软实力水平等发展路径。

三、主要研究方法

本书采取的研究方法有以下六种。

（一）文献研究法

本书参考了大量的文献资料，其中有 300 多篇线上期刊论文，50 多本相关专著。本书对已有文献的回顾并不是简单的综述，而是对大量相关文献进行的整理分析，把原有理论与相关理论相结合，对原有理论进行不同语境下的分析，使原有理论得到进一步丰富和拓展。

（二）实证分析法与规范分析法

规范分析方法和实证分析方法是经济学的两大主要分析方法。规范分析法（Normative analysis）是经济学中的一个常用方法，由美国管理心理学家皮尔尼克（S. Pilnick）在 20 世纪 60 年代后期提出的，已成为优化群体行为、形成良好组织风气的工具。其特点是规范，有自己的观点，对事物做出评价，描述事物应该存在的状态。规范分析对已有的事物现象和事物运行状态做出主观价值判断，寻求"事物的本质应该是什么"。规范分析方法以一定的价值判断作为出发点和基础，从主观上提出行为标准，并以此作为处理经济问题和制定经济政策的依据，探讨符合这些标准的分析和研究方法。与之相对应的实证分析法，是从客观的角度描述事物现在存在状态的方法。实证分析法描述社会现实，研究的内容具有客观性，对客观事物做出说明。本书旨在对英、美等发达国家的文化软实力进行客观的实证分析，指出中国文化软实力所存在的问题，提出政府应如何运用政策手段、采取何种措施来提升我国文化软实力。本书对规范分析和实证分析的结合使研究更具逻辑性和条理性。

（三）多学科综合研究法

文化软实力的研究是一种交叉性边缘课题，涉及文化学、政治学、经济学、产业经济学、外交学等知识领域，需要具有多学科视野，综合运用相关学科概念和知识范畴。本书整合了各个学科的相关理论知识来进行综合性、跨学科分析研究。

（四）比较分析法

在软实力理论基础上，本书综合比较了国内外学者的相关理论，并以国家为主体，对几个国家文化软实力的历史发展、经验及与国家经济发展的互动进行对比分析，旨在探寻适合我国文化软实力发展的方法、政策和措施，提出适合我国国情的发展文化软实力的政策措施和发展路径。

（五）历史分析法

文化软实力思想源远流长，古今中外都有发展文化软实力的历史经验。本书就美、英、韩三国文化软实力的发展进行历史层面的分析，试图挖掘可以借鉴的经验。

（六）案例分析法

在对发达国家文化软实力进行分析时，以美国好莱坞的历史发展与现状和英国创意文化等为个案，论证了发达国家强大的文化软实力，希冀中国能够从中吸取经验，找到适合提升我国文化软实力的道路。

第四节　本书的创新点与不足

一、本书的主要创新点

第一，从经济与文化的相互关系来研究文化软实力问题，旨在把文化软实力与经济这两个看似不大可能融合的主题有机地结合起来，通过对文化软实力经济学意义和经济学效应的分析，指出文化软实力的经济学价值，对文化软实力进行经济学意义上的跨学科比较研究。

第二，立足社会经济发展现状，深刻分析了文化经济化、经济文化化、经济文化一体化的社会发展趋势，阐释了文化软实力与经济相互交织、密不可分的联系，解释了当代社会经济发展变化的显著特征。

第三，通过多国对比，总结归纳了文化软实力强国的经济发展与文化发展相互促进的经验，以及在我国经济快速发展并已跻身世界第二大经济体、文化软实力已不能适应经济发展，即经济发展与文化软实力发展相脱节的情况下，如何发挥文化产业的功能，提升我国的文化软实力。

第四，本书通过研究发达国家提升文化软实力的经验，得出了发达国家文化软实力与经济相互促进、相互推动的密切关系。在对文化软实力与经济发展良性互动分析的基础上，阐释了我国目前文化软实力与经济发展的相互关系与互动现状，展望了我国文化软实力与经济发展互动的前景：从经济学角度入手，指出深化文化产业管理体制改革；制定和完善与时俱进的文化产业政策；鼓励文化创新，培育知名文化品牌；大力发展文化产业，培育文化产业集团；鼓励文化产品和服务出口以及文化与科技相融合，提升文化软实力水平等发展路径。

二、不足之处

世界上文化产业强国众多，本书只选取了美国、英国和韩国三个发达国家进行研究和借鉴。事实上，有很多发达国家甚至是发展中国家的做法和经验也值得借鉴，如日本、法国和德国。由于篇幅限制，笔者不可能对这些国家逐一分析研究，只能做一概述。对提升文化软实力的具有中国特色的路径有待进一步探索。

第二章

文化软实力的经济理论基础

理解文化软实力的经济理论基础，必须首先理解与文化软实力相关的重要概念，如软实力、硬实力、文化软实力、文化事业、文化产业、文化创意产业、文化产业集群。本章从界定这一系列重要概念入手，引出文化软实力的相关经济学理论：文化生产力理论、文化与经济关系理论、供给与需求理论、投入产出理论、成本收益理论、产业集群理论和政府规制理论。本章通过对上述理论的梳理，奠定认识文化软实力的经济理论基础。

第一节 基本概念界定

一、软实力与硬实力

"软实力"（soft power）概念是 1990 年美国哈佛大学教授约瑟夫·奈（Joseph Nye Jr.）首先提出来的。他在其专著《注定领导：变化中的美国力量的本质》（*Bound to Lead: The Changing*

Nature of American Power）中，第一次明确提出了"软实力"这一概念。奈将软实力定义为："通过说服力或吸引力而非通过胁迫得到自己想得到的（The ability to get what one wants through persuasion or attraction rather than coercion）。"[1] 1999 年，他在《时代周刊》上发表《软实力的挑战》（"The Challenge of Soft Power"）一文，在这篇文章中他对软实力进行了比较系统的表述：软实力是一个国家的文化与意识形态的吸引力，它通过吸引而非强制来达到预期的效果，它能使别人自愿地跟随你或遵循你所制定的标准或制度来按你的想法行事。如果一个国家能够使其立场在别人眼里具有吸引力，并且鼓励其他国家按照寻求共存的方式加强界定他们利益的国际制度，那么它无须扩张那些传统的经济和军事力量。[2] 从奈的观点来看，软实力是指非物质性的力量，诸如文化、政策和价值观念，这种力量是无形的、抽象的，具有吸引力和感召力，使他人自愿效仿。

美国两位政治学家彼得·巴克莱奇（Peter Bachrach）和摩尔顿·拜拉茨（Morton Baratz）发表过关于权力的两篇文章，约瑟夫·奈的"软实力"概念正是受到他们的启发而提出来的。他们于 1962 年在《美国政治学评论》（*The American Political Science Review*）第 4 期上发表了《权力的两张面孔》（"Two Faces of Power"），1963 年又在该杂志第 3 期上发表了《决定与非决定：一种分析框架》（"Decisions and Nondecisions：An Analytical Framework"），提出和分析了权力的"同化"（co-optive）属性问题。受他们关于权力属性中劝说、吸引和同化力论述的启示，加之受 20 世纪 80 年代美国国内关于美国国家实力

[1] Joseph Nye. *Bound to Lead: The Changing Nature of American Power* [M]. New York：Basic Books, 1990.

[2] Joseph Nye. The Challenge of Soft Power [J]. *Time*, 1999 (2)：21.

和国际地位衰落的"衰落论"①的推动，约瑟夫·奈提出了"软实力"的概念。奈认为，随着冷战的结束、全球化和信息化的深化，劝说、吸引力和同化力的实力在国际政治中变得越来越重要。权力不只是压迫、胁迫和利诱的手段和结果，因此，美国实力并没有衰落，而是本质和构成正在发生变化。2002 年，他出版专著《美国霸权的困惑：为什么美国不能独断专行》。在此论著中，奈进一步发展了其"软实力"思想。2004 年，他在其新著 *Soft Power: The Means to Success in World Politics*②（中译本《软力量：世界政坛成功之道》）中总结概括了他的软实力理论。

约瑟夫·奈在他的《软实力》一文中，第一次明确将国家的综合实力分为两个部分：硬实力与软实力③。他认为，与硬实力（命令或收买其他国家按照其意志行动的能力）不同，软实力是指"一个国家构筑一种情势的能力，借助于这种情势，这个国家使其他国家以与其倾向和利益相一致的方式来发展本国的倾向，界定本国的利益"④。奈在其专著《美国霸权的困惑——为什么美国不能独断专行》和《软力量：世界政坛成功之道》中，对软实力的定义都做出过类似的表述。2002 年，奈发表《为何再不能单纯依赖军事力量》（"Why Military Power Is No Longer Enough"）一文，认为软实力就是"让别人想要你所想要的"（getting people to want what you want）。2006 年，奈在其发表的文章《软实力再思考》（"Think again：Soft Power"）一文中，明确提出了软实力的三大要素：文化、政治价值观和外交政策。2007

---

① 这一理论以美国历史学家保罗·肯尼迪于 1987 年出版的《大国的兴衰》为代表。
② Joseph Nye. Soft Power：The Means to Success in World Politics［M］. New York：PublicAffairs, 2004.
③ 国内有学者将其翻译为"软权力""软力量"等。
④ Joseph Nye. Soft Power［J］. *Foreign Policy*, 1990：153 - 171.

年，美国国际政治理论界在奈的理论的基础上，提出了一个新的概念：巧实力（Smart Power）。奈表示："巧实力就是将硬实力和软实力结合起来构筑为成功的战略的能力。"① 他认为，在全球信息化时代，力量既包括硬力量也包括软力量，有效地联合软的和硬的力量的能力是"巧实力"。② 欧内斯特·杰·维尔森三世（Earnest J. Wilson III）在《硬实力、软实力和巧实力》一文中，对"巧实力"概念给出了更明确的定义："一个行为体在方法上结合软实力和硬实力因素，相辅相成，如此行为者的目的是高级的有效和高效率的能力。"（The capacity of an actor to combine elements of hard power and soft power in ways that are mutually reinforcing such that the actor's purposes are advanced effectively and efficiently.）③ 而巧实力也旋即成为奥巴马政府外交战略的基础。

在约瑟夫·奈看来，"软实力"（Soft Power）是相对于冷战期间大国对抗的轴心"硬实力"（Hard Power）而言的，并强调相对于通过经济胡萝卜或军事大棒威胁利诱达到目的的"硬实力"而言，"软实力"是文化、价值观念和社会制度的吸引力和同化力，通过精神和道德诉求，诱惑和说服别人接受某些行为准则、价值观念和制度安排。奈认为："一个国家的软实力（软权力）取决于其文化的魅力、国内政治和社会价值观的吸引力，以

---

① Joseph Nye. Smart Power [J]. Center for Strategic and International Studies, Nov. 2007. Retrieved from: http://www.csis.org/smartpower/.

② Joseph Nye. Public Diplomacy and Soft Power [C]. *The Annals of the American Academy of Political and Social Science*, 2008: 94.

③ E. J. Wilson III. Hard Power, Soft Power, Smart Power [C]. *The Annals of the American Academy of Political and Social Science*, 2008: 110.

及其外交政策的风格与实质。"① 无疑，文化是约瑟夫·奈的软权力的主要源泉。根据约瑟夫·奈的软实力理论，他认为同化性软权力（Co-optive power）——塑造他人行为的能力，主要建立在文化和意识形态吸引力的基础之上，软实力是力量的表象，它的实质是力量的来源——文化。文化是软实力的第一要素，没有文化，没有文化认同，没有文化认同（同化）力，就没有软实力。所以，对奈的软实力理论可更精确地界定为文化软实力理论。

事实上，意大利人安东尼·葛兰西是第一个提出并比较系统地讨论软实力内涵的学者，但他没有使用"软实力"这一概念。奈自己本人并不否认软实力概念和葛兰西"霸权"概念具有相似性。这两个概念都涉及一系列普遍的原则、理念、共享的价值观和制度，也得到不同团体的认可。②

葛兰西认为，意识形态和文化是软实力的表现。显然，奈的观点受到葛兰西的影响。葛兰西认为，资本主义国家政权最有效的统治工具并不是诸如武装部队和警察这样的硬力量，而是其占霸权地位的意识形态和文化。唯一不同的是，葛兰西讨论的软力量局限于国内政治的范畴，而奈则将其扩展到国际政治、经济和文化范畴上。

奈的理论主张用意识形态、价值观等文化力量的吸引和同化力实现国家的统治目标，从而大大增强了文化的附加值，为全球化时代文化治国战略打开了一个新的理论突破口。

---

① 约瑟夫·奈. 软实力是前途［N］. 曼谷邮报，2005 - 11 - 17；参考消息，2005 - 11 - 28.

② G. Zahran, L. Ramos. From Hegemony to Soft Power: Implications of a Conceptual Change［M］//I. Parmar, M. Cox. *Soft Power and US Foreign Policy: Theoretical, Historical and Contemporary Perspectives*. London: Routledge, 2010: 12 - 31.

学者们逐渐接受"软实力",并进行了长期讨论。软实力学说的发展大致经历了以下三个阶段:第一阶段是 20 世纪 90 年代。1996 年,约瑟夫·奈和威廉·欧文斯(William A. Owens)等学者在《外交季刊》上发表《美国的信息优势》(*American Information Edge*)一文,后来又于 1998 年共同发表《信息时代的力量与相互依存》(*Power and Interdependence in the Information Age*),1999 年发表《信息时代的国家利益》(*The National Interest in the Information Age*),2002 年发表《信息革命与美国的软权力》(*The Information Revolution and American Soft Power*)等文章与著作,对软力量理论的内涵做了进一步阐述,明确提出"软硬力量都是有效的,但在信息时代,'软力量'变得比以前更加引人注目",引发人们对软实力的关注。自 1997 年开始,越来越多的中国学者开始加强对软实力研究的力度,并将软实力这一概念与中国现实相结合,探讨中国软实力的发展状况。第二阶段是 21 世纪伊始。2001 年,震惊世界的"9·11"事件促使美国政府做出了巨大的战略转变,先后发动阿富汗和伊拉克战争。针对美国政府的行为,约瑟夫·奈出版《美国霸权的困惑:为什么美国不能独断专行》一书,批评美国政府的独断专行,如果继续下去,将会严重损害美国的软实力。他呼吁美国政府在进行强权行径时应顾及世界利益,否则将导致美国软实力失去吸引力,难以维持其世界领导地位。第三阶段是 21 世纪初。2004 年,奈的专著《软力量:世界政坛成功之道》出版,该书对软实力理论进行了更为清晰的表述和较为系统的梳理,并阐释了软实力的其他行为体,对学者们所提出的软实力量化分析问题进行了相应的阐述。沃尔特·罗素·米德(W. R. Mead)在 2004 年提出了"黏性权力"一词。米德认为,美国的经济政策和制度像黏性的力量一样起作用,吸引其他国家到美国的体系中来,然后把它们困在里面。①

　　奈将综合国力分为硬实力与软实力两种形态。一个国家的综合国力的构成要素通常包括有形力量与无形力量，或是奈所说的硬实力与软实力。硬实力是指支配性实力，包括基本资源（如土地面积、人口、自然资源）、军事力量、经济力量和科技力量等。其中，科学技术既是硬实力资源，也是软实力资源，这也是科学技术的独特性。广义上的科学技术，从学术角度来看，包括自然科学、社会科学、人文科学和诸如控制论、系统论、信息科学之类的横向科学，它实际上包括科学技术的主要门类。技术既包括面向物质的技术，也包括以社会和个人为对象的技术。因此，广义上的科学技术是一种软实力资源。狭义的科学技术是指自然科学和技术，也就是关于自然的、以自然为对象的学问和技术，如物理、化学、空间科学技术、核技术、材料科技、电子科技。因此，狭义上的科学技术是一种硬实力资源。

　　概括起来，软实力是指一个国家所具有的除经济、军事以外的实力，主要是文化、价值观和政治体制等方面的吸引力和影响力；硬实力是指支配性实力，是指一国的经济力量、军事力量和科技力量。具体到微观层面，软实力可指企业文化的吸引力和影响力。硬实力可指企业可量化的物质形态要素，包括设备、厂房、资本、人力和利润等要素。软实力与硬实力的内涵如图 2 - 1 所示。

① See Mead, W. R. (2004, March/April). Sticky Power, Foreign Policy [M] //Mead, W. R. *Power, Terror, Peace and War: America's Grand Strategy in a World Risk*. New York：Knopf.

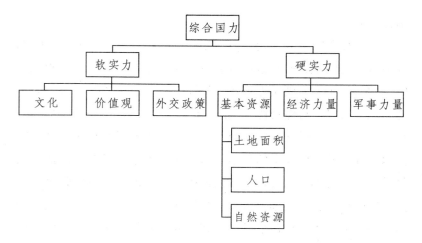

图 2 - 1　软实力与硬实力的内涵

二、文化软实力

(一) 文化软实力的概念

在认识文化软实力之前，必须弄清文化的含义。人们经常听说文化，那么究竟什么是文化？其本质的内涵是什么？"文化"这个词，不是一个具有正式定义的科技术语，而是一个具有多重含义的词语。为了定义文化，人类学家克罗伯（Kroeber）和克拉克洪（Kluckhohn）根据这个词的应用，想出了一百多个定义。雷蒙德·威廉斯（Raymond Williams）认为，它是英语语言中最为复杂的单词之一。"According to Raymond Williams, it is among the most complicated words in the English language."① 很明显，要给文化下一个确切的定义是很难的。人们通常会避免使用这种容

---

① Kroeber, Kluckhohn. *The Idea of Culture in the Social Sciences* [M]. Cambridge：Cambridge University Press, 1952.

易使人困惑的词。但是，人们不可能避开"文化"这个词，因为它实在是太重要了。

"文化"这个词的使用大概有三种含义：文化作为一种进程、一种生活方式、一种艺术。[①] 早期的定义把"文化"看作是一种历史进程，并没有对它做出有价值的判断；后来的定义把它看作是一种生活的方式，并把定义缩小为一种有特殊性质的艺术活动。这些对文化定义的转变并非完全出于偶然，它反映了经济和社会的巨大转变。"文化"首先作为一个名词，用来指人的信仰以及在社会中所获取的知识——这是它最初的含义，也是18世纪以前的唯一含义。从词源学上来说，"文化"这个词起源于拉丁词"cultura"（教化或看护）和"cultus"（崇拜），因此它把管理、提高和启蒙的含义融入不断发展的实践中。[Etymologically, culture derives from the Latin *cultura* (cultivation or tending) and *cultus* (worship); it thus signifies husbandry, improvement and initiation into ongoing practices.][②] 由此看来，文化的定义涉及进程，未结束的状态。它大体上可分为两层含义：一是对动植物进行"驯化""改良""优化"，二是对人的"教育""培养""训练"等。到了近现代，这个词被借到英语中成为"culture"，"culture"包含文化与文明两层含义。而在德语和德国文化中，文化的含义又有不同。用来表示文化的词，不是从拉丁语中转来的"kultut"，而是德语中本身就存在的一个词"Bildung"。这个词的意思是"教化"。它起源于中世纪的神秘主义，后被巴洛克神秘教派所继承，被赫尔德规定为"达到人性的崇高教化"（Emporbildung zur Humanistat）。与"cultivation"的

第二章 文化软实力的经济理论基础

---

① Raymond Williams. *Culture* [M]. Glasgow：Fontana, 1981.
② Terry Eagleton. *The Idea of Culture* [M]. Oxford：Wiley-Blackwell, 2000.

用法相似，尤其是它在农业等自然资源领域的使用更是如此。在现代用法中，"cultivation"仍旧表示一种进程和发展；而"culture"也不再仅表示一种进程，它也具有别的静态的含义。

把文化作为一种进程，由此也可把培育人的社会环境包括进来，因此，文化很容易被看作与一定的背景有关，或者是培育的最终结果。关键的变化始于18世纪反启蒙作家对不同社会环境下的人类行为进行比较，如赫尔德第一个用文化的复数形式来指在任何时候共同存在的国家和区域文化。① 这就把文化作为一种进程转为由不同的教化进程引起的各种最终状态。19世纪对文化相关性的兴趣使文化的"状况"含义变得更加普遍，超出了它仅仅作为一种进程的含义。现在，尽管文化作为进程的最初含义仍被使用，但在大多数情况下，文化是指一种存在的"状态"。

那么，把文化作为一种进程的结果是什么呢？它产生的即刻效应是强调人类的发展。随着时间的推移，文化作为一个过程出现，是指个人信仰、行为举止和风俗习惯如何产生和发展的。仅仅描述人类行为是不足以描述文化过程的，因为很难说行为是如何产生以及为什么仍旧存在。对于社会或经济来说，要复制自身，需要一个过程，从而使新成员能够融入其中并参与进来，否则将难以维持共同的意识，人与人之间的先天性差异将危害社会的凝聚力。作为一个过程，文化为人与社会的联系提供了重要的纽带。

在现在的用法里，文化通常跟艺术相关联，尤其是严肃和高尚的艺术（即高雅艺术）。在把文化作为"生活方式"的定义里，文化是一种状态而不是一种过程。人们欣赏艺术并参与其

---

① Raymond Williams. *Culture* [M]. Glasgow：Fontana，1981.

中，需要一定的修养。与其他的定义不同，现在的文化定义有一种特殊的含义，不能被普遍化——文化活动与非文化活动可以区分开来，这样，文化不再是指所有的生活方式。文化有了一个规范的定义，而人人都想别人认为自己有文化，如果说没文化，则是对自己的玷污，"没有文化的"（uncultured）是一个贬义词。在任何文化的进程中，价值观是显而易见的，因为教养的最终结果可能应该高于其初始点。作为艺术，文化已被推到历史前沿。

文化在艺术角度的定义导致人们把文化问题和经济问题区分开来。作为物质生产、分配和消费的经济学被看作是不同于文化的非艺术活动，从而使其被归入与文化不同的类别。经济学与文化曾被割裂开来以不同的方法进行研究，实际上，两者并不冲突。文化的艺术定义始于19世纪晚期，社会科学的相关学科正是在19世纪末开始细化的。与此同时，新经济理论开始出现。这种理论假定一些固定的参数，文化无论从进程还是从状态上都没有受到重视。对文化研究的局限拉大了经济学和文化思想的差距，而这恰好给了正统经济学家忽视文化问题研究一个很好的借口。

文化最初通过比较研究进入学术领域，直到现在，文化还一直具有比较特征。从其作为培养的意义的角度来看，它是开放的，它包括大量不同的社会实践活动。同样，文化作为一种生活方式的定义与各种不同的社会安排是相一致的，并且在跨文化比较的基础上参与多元主义或相对主义。文化的方法不以任何通用的社会行为、经济行为为模板。从其艺术定义的角度看，文化也具有比较性，但这一比较性仅仅是建立在不否认"低级"艺术也是文化的基础上；对艺术标准的判断可以歪曲文化方法的比较元素。虽然，在大多数情况下，文化的观点允许多元化。

文化是社会学、人文学和人类学中使用非常广泛的一个复杂概念。它包括知识、信仰、艺术、法律、道德、风俗以及人类后天习得的才能和习惯等。对于文化的概念，罗斯金（John Ruskin，1871）认为，文化是生活的自我实现；池上（1998）认为，文化可提升学习的状态或气氛。国际文化经济学会会长斯罗索比（David Throsby，1998）认为，文化包括两种含义，第一种含义是文化产业，第二种含义是社会价值，也就是超越时代并流传给后代人的有形或无形资产。文化是非常复杂的，它在不同的社会领域、不同的社会集团以及不同的社会成员身上都呈现出具体的、特殊的形态，人类的所有行为都可以形成各种不同的文化。

文化有广义与狭义之分。从广义上说，文化包含人类历史实践中创造的物质财富和精神财富的总和；而狭义的文化，则是指人类社会生活中的意识形态和精神文明方面的内容。

文化因素贯穿于经济活动的全过程。从经济活动中的人到对经济活动的参与，从商品的设计、生产，到产品的交换、销售及使用，无不渗透着文化因素。文化为经济活动的有序运行提供强大的精神动力和智力支持，并为经济活动创造特定的人文环境。此外，文化还能通过促进生产力中人的素质的提高而有效地推动社会生产力的持续发展。

文化软实力是"软实力"的重要组成部分之一，它是一定历史时期的政治、经济在意识形态领域内的客观反映，是一个国家综合国力和国际竞争力的重要组成部分。

关于"文化软实力"的定义，学界的观点大致分为四类：一是将"文化软实力"等同于约瑟夫·奈所提的"软实力"；二是将文化软实力视为"软实力"的一部分或"国家软实力"的一部分，即约瑟夫·奈所强调的"软实力"来源之一的文化所创造出来的"软实力"，简称"文化软实力"；三是认为"文化软实力"大致等于"文化力"；四是认为"文化软实力"基本上等于"文化力"与"软实力"的简单相加。

有不少学者认为，人类的精神文化成果都是文化，这样来看软实力与文化软实力似乎就没有什么差别。因为文化无所不包，无所不容，语言、意识形态、科学技术等都可以看成是文化，这些东西集聚在一起产生的影响力就是文化软实力。[①] 笔者比较赞同这种观点，因为文化本来就是一个概括性很强、含义很广的概念。从广义上讲，软实力实质上就是文化软实力。

（二）文化软实力的内在构成

文化软实力的内在构成可以从以下三个层面来概括。

1. 基础层面

科技和教育是提升文化软实力的源泉和基础，是构成文化软实力的基石。早在多年以前，邓小平就高瞻远瞩地做出了"科学技术是第一生产力"的科学论断。高科技意味着强大的国家实力与竞争力。现代发达国家的科学技术对其经济增长的贡献率自20世纪80年代以来已高达60%～80%。[②] 文化软实力中的科技实力的实体因素主要包括科技队伍的数量和质量、国家科技投资及其改革等体现科技总体状况的指标、发表科研论文的数量及影响、科技体制、科研成果、科研意识、科研产值、科研转化能力等。[③]

科技在一国经济发展中的重要性是毋庸置疑的，经济的发展和腾飞是建立在一定的科学技术的基础之上的；而科技落后，经济必然也相对落后。高科技的实现，使得一国的经济以更快的速度向前推进。它不仅能够促进经济的腾飞，提升国家的经济、军

---

① 张宝泉. 论提高国家文化软实力 [J]. 延安大学学报（社会科学版），2008 (8)：44.
② 周正刚. 文化国力引论 [M]. 长沙：湖南人民出版社，2002：43.
③ 同上，第44页。

事、国防实力，也能够在很大程度上提升人们的生活质量，提高人的素质。

首先，科学技术是推动现代生产力发展的重要因素和重要力量。马克思明确指出了生产力发展中科学技术的不可或缺性和重要性，机器生产的发展要求劳动者自觉地应用自然科学。他认为：劳动生产力是随着科学和技术的不断进步而不断发展的。不断发展的社会实践证实了马克思的科学论断。在生产力的三大基本要素生产资料、劳动对象和劳动者中，生产资料同一定的科学技术相结合，劳动者也需掌握一定的科学技术知识，才能更好地推动生产力的发展。而现代科学技术迅速转化为现实的生产力，劳动者掌握了相应的科学技术，生产劳动能力就会得到极大提高。在生产力系统中，科学技术已经成为推动生产力发展的关键性和主导性要素。

其次，科学技术是现代生产力发展及经济增长的第一要素。过去，生产力发展和经济增长主要靠劳动力、资本和自然资源的投入；现在，科学技术和智力资源已成为生产力发展和经济增长的决定性要素。西方发达国家的经济发展实践也充分证明，科学和技术是推动生产力发展和经济增长的主要力量。

第三，现代科学技术对生产力发展具有先导作用。科学、技术和生产三者关系发生变化的转折点是 19 世纪末的第二次技术革命。在此之前，三者的关系主要表现为：生产的发展推动技术进步，进而推动科学的发展。第二次技术革命的到来使这种情况发生了根本性改变，三者的关系表现为：科学推动技术进步，技术推动生产发展。科学技术开始引领生产力发展的新方向，开辟生产发展的新领域。

邓小平看到了科学技术的决定性作用："现代科学为生产技术的进步开辟道路，决定它的发展方向。许多新的生产工具，新的工艺，首先在科学实验室里被创造出来。"① 他看到了当代科学技术发展将为中国带来的机遇，指出："四个现代化，关键是科学技术的现代化。没有现代科学技术，就不可能建设现代农业、现代工业、现代国防。没有科学技术的高速度发展，也就不可能有国民经济的高速度发展。"② 而提升国家科学技术水平，培养造就具有现代科学技术知识和技能的人才，提高国民科学技术素养，必须依靠教育。邓小平认为，科学技术是实现中国社会现代化的关键，而教育是现代化的基础。在1978年召开的全国科学大会上，他明确指出："科学技术人才的培养，基础在教育。"③ 他深刻阐明了教育对于现代中国社会发展的基础性作用和教育对国家发展的战略性意义。

教育实力的指标包括教育规模、体制、结构、投资量及其占国民生产总值的比例、国民教育的水平及教育的普及程度、教师队伍的数量质量、培养各级各类人才的多少、教育内容、手段、方法的现代化程度等。④ 教育实力体现了国家教化人才、提升智力、增加素质的能力，可直接转化为人类如何认识世界与改造世界，是挖掘文化软实力源头活水、不断积累文化资源的重要手段。据世界银行的研究报告，劳动力受教育的平均时间增加一年，国内生产总值可以增加9%。⑤

在21世纪的今天，教育水平是一个国家是否强大的最重要依据。因此，我国要发展国力，就必须大力发展教育。只有通过一系列的教育，如家庭教育、学校教育、社会教育、现实教育、

---

① 邓小平. 邓小平文选（第二卷）［M］. 北京：人民出版社，1994：87.
② 同上，第86页。
③ 同上，第95页。
④ 周正刚. 文化国力引论［M］. 长沙：湖南人民出版社，2002：43.
⑤ 同上，第45页。

思想教育、道德教育等，才能培养出为国家奋斗的接班人，才能让这个国家强盛起来，才能使国家具备更强的文化软实力。譬如德国，它历史上是一个四分五裂的国家，向来被称为"欧洲的战场"。对于这样一个国家，19世纪中期在俾斯麦的"铁血"手段下获得了统一。国家刚刚统一，教育就被摆在了首位。新建立起来的德国很贫穷，并且还要支付对法国的赔款。但是，德国却做出一个艰难而惊人的决定：孩子读书不需要交学费，不读书却要受到处罚。当时的国王还把自己的宫殿拿来做大学校舍。德国如此重视人才、培养人才，使得德国在第二次世界大战后，在一片废墟上发展经济。1951年，德国国内生产总值（GDP）达到世界第二，成为世界第二大经济强国。战争虽然摧毁了德国的建筑，但没有摧毁德国的软实力，那就是教育。

再看看日本，一个和德国有着相似经历的亚洲国家。日本的发展策略可以用一句话来概括，那就是向强者学习。在历史上，日本不断派遣唐使到当时经济最强大的唐朝学习；到了近代，日本开始学习西方，俗称"西化"。明治维新时期，教育被当时的日本政府放在首位，不断派遣留学生到西方去学习技术、文化、管理等，这些留学人员学成归国后大力推行当时先进的经济制度、管理制度等。日本对教育的积极态度使得日本在20世纪70年代末就发展成为世界性的强国，其经济实力跃居亚洲第一，世界第二。

中国政府也强调教育的重要性，强调教育对社会发展的作用："教育是民族振兴、社会进步的基石，是提高国民素质、促进人的全面发展的根本途径，寄托着亿万家庭对美好生活的期盼。强国必先强教。"①

---

① 胡锦涛. 在全国教育工作会议上的重要讲话［N］. 人民日报，2010－07－14.

2．物质层面

（1）经济实力是文化软实力形成和发展的基础。"国家文化软实力生成的前提条件是通过与他国进行对外接触和交流沟通来解释、宣传和推广自己的制度、价值观和文化精神，对他国产生吸引力，逐渐获得理解、熟悉直至认同。"① 而这一宣传、推广乃至对他国产生吸引力的这个过程都是建立在本国一定的经济实力基础之上的。如美国长期注重通过对外贸易、国际援助、文化交流等各种方式，输出并推广美国价值观和文化理念。而美国的文化也确实对很多国家乃至整个世界都产生了巨大的影响。而这一切，都是基于美国雄厚的经济实力。

如果一个国家的经济发展落后，那么不管它花费多大的财力和精力宣传、推广本国的文化，也难以对他国产生巨大的吸引力，因为它的文化宣传缺少使人产生吸引力的基础——强大的经济后盾。尽管这些国家的文化特色鲜明，但难以对他国产生强烈的吸引力。经济的强弱决定着文化影响力的强弱。

而如果一个国家虽然之前处于相对落后贫困的状态，但若其能够实现经济上的腾飞，那么它就会引起他国的注意，引起他国的好奇，想去探究其经济发展的深层原因——文化。如此一来，这个国家的文化便会产生急速上升的影响力，吸引多国甚至全世界人们的目光，例如日本文化。日本虽是一个小小的岛国，但其经济实力、军事实力、科技实力雄厚，他国的人们更愿意去了解和研究日本的文化。21世纪以来，随着中国经济的持续高速发展，中国经济实现了腾飞，引起了全世界广泛的关注，越来越多的国家开始研究中国文化，意欲解开中国经济腾飞之谜。随着经

---

① 汉斯·摩根索. 国家间政治——寻求权利与和平的斗争［M］. 肯尼思·汤普森，修订. 徐昕，郝望，李保平，译. 北京：中国人民公安大学出版社，1990：297.

济的发展，中国政府也逐渐意识到了文化对一国经济发展和综合国力的重大作用，逐渐在世界一些国家设立一些文化交流机构，开展传播和推广中国文化的一系列工作，给世界各地的汉语学习者提供规范、权威的现代汉语教材，提供最正规、最主要的汉语教学渠道，让更多的人进一步认识和了解中国文化，也为全球对中国文化感兴趣的人提供便利。中国国家对外汉语教学领导小组办公室于2004年11月21日在韩国首尔成立了全球首家孔子学院，截至2017年10月，已在142个国家和地区建立了516所孔子学院和1 076个孔子课堂，成为推广汉语教学的平台。现在国人跨出国门也不再像以前那样交流困难，在很多国家到处可见汉语标识和专为中国人设立的便利窗口。

（2）在国际交往日益加深的经济全球化背景下，各国在经济、政治、教育、旅游等各方面的联系日益密切。物质层面的文化软实力是体现国家间相互联系和交往的最基本载体，也是文化软实力体系中最为活跃的部分，能够及时、准确地反映国家整体文化软实力发展程度的变化。

（3）物质层面的文化软实力依靠感染力、影响力和说服力等动态可转变的方式发挥作用。通过交流和沟通，采取各种手段和途径让他人了解自己，得到他人的认同，并在此基础上获得更多的经济利益。从实体层面来看，文化软实力涵盖了文化事业和文化产业等文化实体因素，包括文学艺术、新闻出版、广播影视和餐饮文化等。诸如美国好莱坞、日本的动漫和家电、欧洲的服装和艺术、韩国的影视和中国的餐饮文化等都是易被感知并易产生影响力和吸引力的典型，也是在全球最易获取巨大经济利益的文化软实力的代表。

3. 精神层面

精神层面的文化软实力包括传统文化、价值观念、意识形态、民族整体素质等文化精神因素。

精神层面的文化软实力的实现过程比较漫长，也比较抽象，除非经过长时间的接触、沟通和交流，此域文化才可能被异域文化的人所接受，然而，一旦被人们接受和认同就会长时间规范、指导且影响接受者的思想活动及行为。佛教虽起源于古印度，传入中国后，对中国产生了深刻的影响。上座部佛教自泰国、缅甸传入云南后，在云南一些地区影响比较大，对傣、布朗、德昂、阿昌等少数民族的文化、生活和习俗都有深刻影响。傣族每个男子都要遵习俗在少年时期当一次和尚，三至七年后还俗，有些人成为终身僧侣。又如中国的春节、西方国家的圣诞节、伊斯兰国家的古尔邦节等是民族历史文化的积淀，在发展中形成特有的生产方式、行为礼节和风俗习惯等，通过潜移默化的方式发挥其感召、凝聚作用，吸引外界对本国民族文化加以了解和认同。

文化软实力作为现代社会发展的精神动力、智力支持和思想保证，是民族凝聚力和创造力的重要源泉，成为当今世界综合国力竞争的重要因素。一个民族的复兴，必须有文化的复兴作支撑。一个国家、一个民族的伟大复兴必然伴随其文化的繁荣兴盛，如16世纪欧洲的文艺复兴。文艺复兴是当时在欧洲盛行的一场思想文化运动，它带来了欧洲史上科学与艺术的革命时期，揭开了近代欧洲辉煌历史文化的序幕。而繁荣兴盛文化，必然以提升文化软实力为根本途径。

美国乔治敦大学战略与国际研究中心主任克莱因（Ray S. Cline）在20世纪80年代初提出了综合国力的测算方程：

$$PP = (C + E + M) \times (S + W)$$

该方程式中，PP 是指现实的国力，C（Critical Mass）、E（Economic-Capability）、M（Military Capability）为物质要素，S（Strategic Purpose）是指精神力量（包括战略目标），W（Will to

Pursue National Strategy）为追求国家战略的意志。由此得出：综合国力为物质力量和精神力量的乘积。从上述公式也可以看出，克莱因认为物质力与文化力同属于国力范畴，精神要素也就是文化因素，是使综合国力倍增的力量。克莱因对综合国力的评估方法，在指标体系、定量分析上迈出了关键的一步，对以后的有关综合国力的定量研究有着很大的影响。此外，他还在 1975 年的《世界权利的评价》和 1981 年的《80 年代的世界国力趋势与美国对外政策》中，从政治结构上论述了国际冲突中的国家实力的概念。从中不难得出这样的结论：在国际冲突中，国家软实力强的一方必然占据明显的优势。

文化软实力在很大程度上表现为国民的精神状态、意志品格和内在凝聚力，而这一切主要来自人们对社会核心价值体系的认同。历史经验表明，任何一个国家要把全社会的意志和力量凝聚起来，都必须有一套与经济基础、政治制度相适应的核心价值体系。文化软实力越强的国家，对其社会核心价值体系的认同度就越高。因此，增强中华民族文化软实力能够加强社会主义核心价值观的认同度，增强中华民族的凝聚力。

一个国家的文化软实力越强，就越能提高文化传播能力，不断扩大文化影响力。一个国家文化的影响力，不仅取决于其内容是否具有独特魅力，而且取决于其是否具有先进的传播手段和强大的传播能力。在当今信息社会，凡是传播手段先进、传播能力强的国家，其文化理念和价值观念就能广为流传，就能掌握影响全球的话语权。谁掌握了制导全球的话语权，谁的文化就最具影响力。因此，文化的传播能力已经成为国家文化软实力的决定性因素之一。

随着世界多极化、经济全球化的深入发展和科学技术的日新月异，文化与经济、政治相互交融的程度不断加深，与科学技术的结合更加紧密，国家文化软实力在经济、政治、外交、社会发展等方面的现实作用也越来越显著。文化软实力增强了，其经济和政治等实力也定会与之相互影响、相互作用、相互促进、交互增长，促进社会可持续发展。

此外，要提高文化软实力，需要全国人民的共同努力，调动社会各方面力量参与支持文化建设，激发全社会的文化创造活力。

（三）文化软实力的意义

文化软实力是国家综合实力和国际竞争力的重要组成部分，这种"软实力"对一个国家、一个民族而言是一种支撑力、创造力、推动力和传承力。它突出表现为一种超越时空的感召力，这种力量更具精神特质，更为内在，更加深刻，从而更能决定一个国家与民族的历史走向及基本品质。文化软实力是一个国家智慧长期积淀、凝聚的精神资源，是民族赖以生存和持续发展的精神动力，是国家走向未来的可持续发展源泉。对我国而言，文化对全面建成社会主义小康社会极具重要指导意义。文化是民族的血脉和灵魂，是国家、民族振兴的重要支撑，是国家核心竞争力的重要因素。文化软实力在综合国力竞争中发挥着不可替代的作用，已成为衡量社会文明程度和人民生活质量的显著标志。

同时，文化软实力能够促进人的全面发展。按照人的全面发展的思想，人的全面发展就是人的文化素养的发展。文化具有极强的穿透力，文化促进人的全面发展是人自觉的、主导的行为，而不是人的自发行为。发展文化产业是为了满足人的精神需求，实现人的文化权利，也是为了提高人的文化素质，促进人的全面发展。

随着社会生产力的迅速发展，人们的收入水平不断提高，新的需要也不断产生，人们不再满足于温饱，对生活质量提出了更高的要求。在满足初级的、低层次的物质层次需要的基础上，人们开始更多地关注文化、精神和心理等更高级、更高层次的需求，更加注重个体的全面发展，注重生存质量的提高。现代社会中的人们不再局限于对物质产品的满足，更加注重精神生活的享受，因而对文化产品的需求大大增加，如人们对书籍、影视、音像、艺术产品的需求，对娱乐服务、旅游服务、信息与网络服务的需求。同时，物质层次的衣、食、住、行方面，人们也不再满足于基本需求，而是在其中注入了众多的文化元素。如衣服的选购，人们不再只重视服装的结实和耐穿，而是更多关注品牌、时尚等与流行服饰文化相关的特征。在住房的装修上有着各自不同的要求：现代的、时尚的、复古的、欧式的等等。由此可见，人们正在追求更高质量的生活，更注重个性的全面发展和个人价值的实现。人们接触的环境也不再局限于本土，而是开始走向世界。这时，文化的重要性便凸显出来，而一国的文化软实力亦显得比以往更加重要。

国家文化软实力作为上层建筑，对经济的作用主要表现为推动社会经济的发展，通过提高劳动者素质、调动其积极性来提高社会劳动效率。从微观上来说，文化软实力能够提高企业文化，进而促进企业发展。

从经济、社会发展的历史看，国家的兴衰、世界格局的变化，从表面看来取决于经济以及军事实力等物质层面的东西，但实质上是精神层面的文化在发挥决定性的作用。13 ~ 14 世纪，意大利北部的威尼斯、米兰等城市的资本主义星星之火引发了欧洲伟大的"文艺复兴"运动。16 ~ 17 世纪，"尼德兰革命"后的荷兰拥有比欧洲其他国家更加开放的文化环境，从而吸引了欧洲其他地区遭受宗教压制的工匠和学者，他们把技术、资金和先进的思想带到了荷兰，使荷兰取代意大利，成为欧洲的经济重心。

17～18世纪，英国完备的产权保护文化对工业革命的产生和发展起到了引领作用。19世纪，在北美，以"新教伦理精神"为文化导向的殖民者促成了美国的崛起。20世纪，日本和德国在战败后崛起，除了美国的扶持，主要得益于各自的民族精神和文化；"亚洲四小龙"的崛起，离不开市场经济与儒家文化的结合。

人的因素在生产力中起决定性的作用。人们通过学习，掌握前人的科学技术知识，并在此基础上加以发展和创新。在人类发展过程中，人们通过接受教育而具有一定的思想道德素质和科学文化素质，进而能自觉地把科学技术运用于生产过程中，提高劳动生产率及产品的文化含量。在生产过程中，人们不断提高现代劳动能力，创造高新技术以及高效能的生产工具和智能化的劳动对象，以实现劳动力、生产工具和劳动对象在高科技基础上的有机结合，从而有效地提高劳动生产率，促进社会生产力的发展。

文化软实力能够发挥其整合功能，通过对人的人文关怀和精神关怀，满足人们的精神需求，丰富人们的精神世界，促进人的全面发展；通过提升劳动者的综合素质，提高人类社会的文明程度，调动劳动者参与生产的积极性，激发人们在生产活动中的创造力，为经济发展提供强大的精神动力。

文化软实力的发展能够促进社会和谐。在市场经济条件下，人们更容易片面注重物质利益、追求物质享受，因而，如果社会没有道德规范和法律法规的约束，没有高尚的道德情操的指引，没有个人素质的提高，那么这个社会也将走向没落，其经济发展也就无法正常进行。因而，我们必须高度重视文化软实力的作用，在健全法律制度的同时，加强思想道德建设，不断发展文化软实力。文化软实力通过其影响力，能够为人们提供正确的判断标准，塑造人们与其生活的文化环境相适应的价值观念，进而使人们能够通过自己的主观能动性，把个人利益与集体、社会和国家的利益相结合，使人们自觉遵循社会道德规范和法律法规，从而推动社会经济秩序的建立和完善，促进社会生产力的发展。

三、文化产业

（一）国外对文化产业的界定

"文化产业"（Culture Industry）的概念最早出现在 20 世纪 40 年代出版的、法兰克福学派的霍克海默和阿多诺所著的《启蒙辩证法》一书中。作者在该书中对文化产业给出如下定义："凭借现代科技手段大规模地复制、传播和消费文化产品的工业体系。"文化产业作为一种特殊的文化形态和特殊的经济形态，涵盖面极广，包括书籍、报纸、广播、影视、广告等。

联合国教科文组织对文化产业的定义如下：文化产业就是按照工业标准，生产、再生产、储存以及分配文化产品和服务的一系列活动，以艺术创造表达形式、遗产古迹为基础而引起的活动和产出。

美国并没有关于文化产业的官方认定的定义。美国将文化产业视为"可商品化的信息内容产品业"。自 20 世纪 90 年代，开始用"版权产业"来说明与文化产业相关的内容。

英国理论家尼古拉斯·加纳姆（Nicholas Gamham）将文化产业定义为："那些使用工业化大企业的组织和生产模式，生产和传播文化产品和文化服务的社会化机构。"① 英国学者贾斯廷·奥康纳（Justin O'Connor）认为："文化产业是指以经营符号性商品为主的那些活动，这些商品的基本经济价值源于它们的文

---

① 蔡荣生，王勇. 国内外发展文化创意产业的政策研究 [J]. 中国软科学，2009 （8）：78 - 79.

化价值……它首先包括了我们称之为'传统的'文化产业——广播、电视、出版、唱片、设计、建筑、新媒体，和'传统艺术'——视觉艺术、手工艺、剧院、音乐厅、音乐会、演出、博物馆和画廊。"①

在法国，文化产业被定义为："一系列经济活动，这些活动把文化的概念、创造、产品的特性与文化产品的制造与商业销售联系起来。"②

1989年，日本学者日下公人在他的著作《新文化产业论》中指出了文化产业的目的性：文化产业的目的就是创造一种文化符号，然后销售这种文化和文化符号。

1986年，联合国教科文组织制定了文化统计分类标准，2009年进行了第三次修正，现已成为规范各国文化统计工作的指导性文件。根据最新确定的统计分类标准，文化领域包括文化和自然遗产、表演和庆祝活动、视觉艺术和手工艺、书籍和报刊、音像和交互媒体、设计和创意服务、旅游业。具体到其他各国，文化产业分类体系也各有侧重（如表2-1）。

表2-1　各国文化产业分类

国家	分类
英国：侧重创意	13类：出版、电视和广播、电影和录像、互动休闲软件、时尚设计、软件和计算机服务、设计、音乐、广告、建筑、表演艺术、艺术和古玩、工艺。
新加坡：侧重创意	三大类：13小类：艺术与文化（摄影、表演及视觉艺术、艺术品与古董买卖、手工艺品）、设计（软件设计、广告设计、建筑设计、室内设计、平面产品及服装设计）、媒体（出版业、广播业、数字媒体、电影等）。

---

① 黄辉. 巴黎文化产业的现状、特征与发展空间 [J]. 城市观察, 2009 (3): 30.
② 同上，第31页。

国家	分　类
美国：侧重版权	四大类：核心版权产业、交叉版权产业、部分版权产业和边缘版权产业。其中：核心版权产业主要包括电影产业、广播电视产业、动漫产业、出版发行业、音乐唱片业和文化艺术业等。
日本：侧重内容	四大类：影像产业（电影、电视和动画等）、音乐产业、游戏产业、出版产业（图书、报纸、绘画和教材等）。在内容产业中，用数字码形式表现的内容成为"数字内容"。
韩国：侧重内容	11类：游戏、动画、音乐、卡通、漫画、出版、电影、广播影视等产业，随着数码技术的兴起，进一步拓展到电子书籍、互联网信息和手机内容等具有高附加值和高增长潜力的领域。
澳大利亚：侧重休闲	四大类：文物和遗产、艺术、运动和体育休闲、其他文化与休闲活动。除包括文学、广播、电影、电视、互联网、音像、艺术之外，还包含了文物、设计、体育运动与休闲活动类。

资料来源：中华人民共和国文化部。

从表2-1中可以看出，目前国际社会对文化产业并没有一个严格确切的分类标准，由于国情和文化背景的差别，各国对文化产业的内涵有不同的理解和认识，因此对文化产业的概念和统计范围差别也较大。

（二）国内对文化产业的界定

作为社会生产力发展的必然产物，我国的文化产业落后于发达国家十几年。在我国，随着我国社会主义市场经济的逐步完善和现代生产方式的不断进步，文化产业越来越受到党和国家的重视。2000年10月召开的十五届五中全会通过了《中共中央关于制定国民经济和社会发展第十个五年计划的建议》，首次正式提出了"文化产业"这一概念。

2002年，党的十六大报告对文化产业的发展做了更加详尽的阐述。报告提出要积极发展文化事业和文化产业，贯彻发展先进文化的要求，将社会效益放在首位；国家支持和保障文化公益事业，坚持和完善支持文化公益事业发展的政策措施；加强文化基础设施建设，发展各类群众文化。在市场经济条件下，发展文化产业是繁荣社会主义文化、满足人民群众精神文化需求的重要途径。报告提出今后要不断完善文化产业政策，支持文化产业的发展，适应社会主义市场经济发展要求，不断深化文化体制改革，切实增强我国文化产业的整体实力和竞争力。与此同时，加强文化法制建设，加强宏观管理，推进文化企事业单位内部的改革。

2003 年 9 月，文化部制定了《关于支持和促进文化产业发展的若干意见》。《意见》认为：文化产业是"从事文化产品生产和提供文化服务的经营性行业。文化产业是与文化事业相对应的概念，两者都是社会主义文化建设的重要组成部分。文化产业是社会生产力发展的必然产物，是随着中国社会主义市场经济的逐步完善和现代生产方式的不断进步而发展起来的新兴产业"。并将文化产业分为文化娱乐业、文化旅游业、网络文化业、图书报刊业、影视业、音像业、文物和艺术品业、艺术培训业八大门类。

2004 年，国家统计局公布《文化及相关产业分类》。《分类》提出了文化产业的概念："文化产业是为社会公众提供文化、娱乐产品和服务的活动，以及与这些活动有关联的活动的集合。"根据上述界定，我国文化产业的范围包括提供文化产品、文化传播服务和文化休闲娱乐等活动，还包括与文化产品、文化传播服务、文化休闲娱乐活动有直接关联的用品、设备的生产和销售活动以及相关文化产品的生产和销售活动。行业范围覆盖了现行国民经济行业分类中的 99 个小类（其中有 17 个小类含有部分文化活动）。根据各类文化活动的特征和同质性，将全部文化产业活动划分为九大类别，并根据分析研究与宏观决策的需要，将九大类别进一步归纳为"核心层""外围层"和"相关层"。核心层为传统意义上的产业，包括新闻、书报刊、音像制品、电子出版物、广播、电视、电影、文艺表演、文化演出场馆、文物及文化保护、博物馆、图书馆、档案馆、群众文化服务、文化研究、文化社团及其他文化等；外围层主要以改革开放以来发展起来的文化产业为主，包括互联网、网吧、旅行社服务、旅游景点文化服务、室内娱乐、游乐园、休闲健身娱乐、文化中介代理、文化产品租赁和拍卖、广告、会展服务等；相关层是生产和销售文化产品的层别，包括文具、玩具、乐器、照相器材、游艺器材、纸张、印刷设备、胶片胶卷、磁带、光盘、广播电视设备、电影设备、家用视听设备、工艺品的生产和销售等。

国家统计局在《2011 年地区发展与民生指数（DLI）报告》中把我国的文化产业界定为："为社会公众提供文化、娱乐产品和服务的活动，以及与这些活动有关联的活动的集合。文化产业的范围包括提供文化产品、文化传播服务和文化休闲娱乐等活动，还包括与文化产品、文化传播服务、文化休闲娱乐活动有直接关联的用品、设备的生产和销售活动以及相关文化产品的生产和销售活动。根据各类文化活动的特征和同质性，将全部文化产业活动划分为 9 大类别：①新闻服务；②出版发行和版权服务；③广播、电视、电影服务；④文化艺术服务；⑤网络文化服务；⑥文化休闲娱乐服务；⑦其他文化服务；⑧文化用品、设备及相关文化产品的生产；⑨文化用品、设备及相关文化产品的销售。"①

---

① 中国统计学会：2011 年地区发展与民生指数（DLI）报告. 中华人民共和国国家统计局. http：// www. stats. gov. cn/tjsj/zxfb/201302/t20130208_ 12935. html。

概括来说，文化产业是指从事文化产品生产、销售文化消费商品、提供文化服务的经营性行业。

（三）文化产业、创意产业与文化创意产业概念辨析

创意产业这一概念于 1998 年诞生于英国。当时的布莱尔政府成立"创意产业特别工作组"，将创意产业正式列入国家发展规划，把原来作为文化产业的文化、媒体及体育部门的相关产业称为"创意产业"（Creative Industries），并将"创意产业"定义为"源于个体创意、技巧及才能，通过知识产权的生成与利用，而有潜力创造财富和就业机会的产业"①。

随后，这一概念在英联邦国家和地区以及部分英语国家广泛传播。2001 年，英国文化、传媒和体育部对创意产业的定义为：创意产业是源于个人创意、技巧和才华，通过知识产权的开发和运用，形成具有创造财富和就业潜力的行业。根据这个定义，英国将广告、建筑、艺术和文物交易、工艺品、设计、时装设计、电影、音乐、电视广播、互动休闲软件、出版、软件、表演艺术等行业确认为创意产业，文化遗产与旅游产业也被列为重要的相关创意产业。

文化经济理论家理查德·凯夫斯（Richard Caves）也定义了创意产业：创意产业为我们提供宽泛的与文化、艺术或仅仅是娱乐的价值相联系的产品和服务，它们包括书刊出版，视觉艺术（绘画与雕刻），表演艺术（戏剧、歌剧、音乐会、舞蹈），录音制品，电影电视，甚至时尚、玩具和游戏。②

国际创意产业专家、有世界创意产业之父之称的经济学家约

① 于嘉. 文化产业、创意产业与文化创意产业概念辨析 [J]. 全国商情·经济理论研究，2009（15）.
② 理查德·E. 凯夫斯.《创意产业经济学——艺术的商业之道》[M]. 孙绯，等译. 北京：新华出版社，2004.

翰·霍金斯（John Howkins）在《创意经济》 （*The Creative Economy*）一书中，把创意产业界定为其产品都在知识产权法的保护范围内的经济部门。知识产权有四大类：专利、版权、商标和设计。霍金斯指出，知识产权法的每一形式都有庞大的工业与之相应，加在一起"这四种工业就组成了创造性产业和创造性经济"。①

我国关于创意产业的权威定义，最早出现于《上海创意产业发展"十一五"规划》中，该规划指出："创意产业具体是指以创新思想、技巧和先进技术等知识和智力密集型要素为核心，通过一系列创造活动，引起生产和消费环节的价值增值，为社会创造财富和提供广泛就业机会的产业，主要包括研发设计、建筑设计、文化艺术、咨询策划和时尚消费等几大类。"在我国，创意产业的提法首先从上海兴起，随后，广州、深圳、重庆、西安等城市也提出了发展创意产业的构想。

文化创意产业作为世界范围内新兴的一个产业门类，人们对它的研究仍处在不断探索的过程中。世界上不同国家和地区对文化创意产业的概念也有各自不同的解释。文化创意产业的兴起源于"创意产业"这一创新理念。

20世纪90年代末，联合国教科文组织（UNESCO）将文化创意产业基本等同于文化产业。但在2006年该组织发布的《文化产品与服务的国际流动，1994—2003年》报告中，对文化创意产业进行了重新认定：文化创意产业是指依靠创意人的智慧、技能和天赋，借助于高科技对文化资源进行创造与提升，通过知识产权的开发和运用，产生出高附加值产品，具有创造财富和就

---

① 约翰·霍金斯. 创意经济：如何点石成金 [M]. 洪庆福，孙薇薇，刘茂玲，译. 上海：上海三联书店，2006：xiii.

业潜力的产业。该报告对文化创意产业的内容给出了界定，认为文化创意产业包含文化产品、文化服务与智能产权三项内容。

2002 年，我国台湾地区借鉴英国创意产业发展的经验，将文化产业定义为：源自创意或文化累积，透过智慧财产的形式与运用，具有创造财富与就业机会潜力，并促进整体生活提升之行业。

《北京市文化创意产业分类标准》在中国最早使用文化创意产业这一概念，并把文化创意产业界定为，以创作、创造、创新为根本手段，以文化内容和创意成果为核心价值，以知识产权实现和消费为交易特征，为社会公众提供文化体验的具有内在联系的行业集群。[①]

"文化创意产业"（Cultural and Creative Industries）通常有以下两种理解。广义上，可理解为文化产业加上创意产业；狭义上，可理解为文化产业中的创意产业。概括来说，"文化创意产业"可以理解为文化产业中具有创意的部分，或者创意产业中属于文化产业的部分。

文化创意产业，是一种在经济全球化背景下产生的以创造力为核心的新兴产业，强调一种主体文化或文化因素依靠个人（团队）通过技术、创意和产业化的方式开发、营销知识产权的行业。文化创意产业主要包括广播影视、动漫、音像、传媒、视觉艺术、表演艺术、工艺与设计、雕塑、环境艺术、广告装潢、服装设计、软件和计算机服务等方面的创意群体。当今世界推动文化创意产业发展并在国际社会中较有影响的国家有英国、美国、韩国、日本、澳大利亚、新西兰、法国、德国、芬兰、意大利、丹麦、瑞典、荷兰、比利时、瑞典等。

从以上对文化产业、创意产业以及文化创意产业概念渊源和

---

① 北京市文化创意产业分类标准，北京文化创意网，2007－06－26.

介绍中可以看出，三者具有一定的顺承关系和概念的交叉性，但三者不可以混淆或等同，也不是简单的逻辑包容关系。

目前，关于三者的关系主要有以下四种观点。一是交叉说。该派观点认为"文化类创意产业基本等同于创意类文化产业，也就是创意产业与文化产业的交叉部分"。二是同心圆说。该派观点将创意产业和文化创意产业等同，认为两者概念一样，而文化创意产业和文化产业是同心圆的关系，并把文化创意产业看作是文化产业的一部分。三是异质说。该派观点反对将文化创意产业与文化产业作为等同概念加以理解，并认为文化创意产业是文化产业的高端；指出虽然文化创意产业和创意产业是被看作是同义反复，然而，文化创意产业与文化产业存在不同的驱动力基础、产业运行状态和产业范围，强调文化创意产业超越了一般的产业概念、产业属性和产业分类，打破了传统的产业界限，是对产业链中文化创意环节的提炼、分解和重组。文化创意产业已经从制造业渗透到服务业，从文化产业渗透到一般产业乃至所有产业之中，任何产业都会因为成功的文化创意而获得价值的提升。四是等同说。该派观点认为三者并无实质区别。

本书认为，文化产业、创意产业和文化创意产业的提法不同，侧重点不同，但实质上大同小异。文化产业主要指以文化要素为核心或文化要素起主导作用的产业，创意产业主要指以创意要素为核心或创意起主导作用的产业，文化创意产业主要强调以创意为核心要素对文化资源的创新开发。"文化产业""创意产业""文化创意产业"是顺承关系，这三个概念的提出是第三产业迅速发展，文化活动经济化、经济活动文化化、文化产品和文化服务产业化的结果。

在国外，不同的国家对文化产业也有不同的名称，如表 2 - 2 所示：

表2-2　世界各国各地区对文化产业的不同命名

国家/地区/组织	对文化产业的命名
联合国教科文组织、欧盟、法国等	文化产业
OECD等	内容产业
英国、新加坡、澳大利亚、爱沙尼亚、立陶宛、瑞典（2002）、罗马尼亚、保加利亚、中国（如香港特区）、比利时（如荷兰社区）	创意产业
世界智力财富组织（WIPO）、美国、丹麦（2006）、芬兰、匈牙利、拉脱维亚（2005）、挪威等	版权产业
瑞典（2004）、丹麦（2003）等	体验经济

四、文化产业集群

产业集群（Industrial Cluster）这一概念最早可以追溯到一百多年前英国新古典经济学家马歇尔（Marshall）提出的产业区（Industrial District）这个概念。马歇尔在研究早期的工业地域分布时，将一家大企业附近聚集很多小企业的区域称为"产业区"。

明确的产业集群概念最早是由哈佛大学教授迈克尔·波特提出来的。他在1990年出版的《国家竞争优势》（*The Competitive Advantage of Nations*）中将产业集群定义为："产业集群是在某特定区域中，一群在地理上靠近、有相互关联性的企业和相关机构，由于彼此具有共性和互补性而联系在一起；产业集群包括一批对竞争起重要作用的、相互联系的产业和其他实体，通常向下延伸至销售渠道和客户，并侧面扩展到辅助性产品的制造商，以及与技能技术或投入相关的产业公司。产业集群包括提供专业化培训、教育、信息研究和技术支持的政府和其他机构。"①

20 世纪 90 年代，蓬勃发展的文化产业和文化创意产业在一些发达国家已经成为国民经济的重要支柱性产业，许多国家把文化产业作为国家发展的战略性产业；在我国，文化产业也逐渐成为促进经济增长的新引擎。随着文化产业和文化创意产业的发展，这些产业显示出集聚的特征，呈集群化发展态势，逐渐形成产业集群，人们称之为"文化产业集群"。所谓文化产业集群，是指在文化产业领域中（通常以传媒产业为核心），由众多独立又相互关联的文化企业以及相关支撑机构（包括研究机构），依据专业化分工和协作关系建立起来的，并在一定区域集聚而形成的产业组织。因此，一般意义上的文化产业集群包括文化产业链上的所有企业，包括文化产业的五大主体——创意主体、制作主体、传播主体、服务主体和延伸主体。文化产业集群分为核心文化产业集群、外围文化产业集群和边缘产业集群（相关支撑机构）等。

随着产业集群的发展，产业集群的竞争优势及竞争力凸显。恩格斯托夫特（Engelstoft）等于 2006 年对丹麦产业集群的理论与实证研究表明，在共同奋斗目标下，集群内的企业能够实现风险共担、互相支持，这种竞争与合作更便于企业间的相互学习和创造力的提高，有利于集群及其企业获得比较竞争优势，从而在市场竞争中占据垄断地位。② 产业集群的集聚性、专业分工，使得集群内企业能够减少采购等中间环节，从而使产业集群有巨大的成本优势；通过传导机制和学习效应，促使集群内企业相互学

---

① 迈克尔·波特. 国家竞争优势 [M]. 李明轩，邱如美，译. 北京：中信出版社，2012.
② 宋江飞，张劲松. 国内外产业集群理论研究综述 [J]. 现代商业，2010（23）：189.

习，不断创新；集群内企业在某些核心企业的带动下，形成巨大的品牌效应，从而提高集群区域的知名度，获得竞争优势。

第二节　相关经济学理论

一、文化生产力理论

文化生产力是人类在改造自然、社会和自身的实践活动中，为满足精神文化生活需要而创造和生产精神财富和文化产品的能力。它是伴随知识经济、信息社会、智能科技、文化产业的快速发展而诞生的新概念。

文化生产力的产生，为人们重新认识生产力提供了崭新的视角，它改变了以往生产力划分的标准。文化生产力是当代知识经济社会中在经济与文化互动背景下诞生的，它不同于马克思所阐释的生产力或精神生产力，它也不是指文化作为渗透性因素对生产力所产生的变革作用，而是指为满足人的精神文化需求，在市场经济机制下采取社会化大生产的形式，利用现代科学技术手段的方式生产文化产品、提供文化服务的能力。

文化生产力，既包含渗透于物质生产力中的科技和文化因素，也包含具有相对独立形态的精神生产力。也就是说，文化生产力是经济和文化及两者相互融合并发展到一定阶段的产物。它是社会生产力的重要组成部分，是创造蕴含精神和文化价值的产品，并将其制造成具有物质形态的文化产品及提供文化服务的能力。文化产品生产过程中的智力投入和物质投入，具备社会生产力诸要素的基本特征。文化产品的创造过程、形成物质形态的生产过程，与其他产品的生产一道，共同构成社会生产力的发展过程。物质生产是社会物质生产力的运动，同样，文化生产也是社会文化生产力的体现。文化生产力体现国家的核心竞争力，它是社会生产力的重要组成部分。文化生产力以市场经济为载体，以文化产业为表现形态，以高新技术为生产手段。科技研发力、文化普及力和文化消费力是文化生产力的基本表现。

文化生产力是在伴随着市场经济的激烈竞争和高科技的迅猛发展、人得以全面发展的前提下，人们精神文化消费需求持续高涨的历史产物，是当今时代经济与文化高度融合的产物。

文化生产力是一种特殊的生产力。自 20 世纪 80 年代以来，人类文明发展到了一个新的阶段，文化中渗透着经济，使文化成为社会生产力的一个重要组成部分。文化与经济高度融合，出现了文化经济、经济文化、文化经济一体化等特征，形成了文化经济现象和经济文化现象，尤其是文化的经济功能愈显突出，文化生产力成为社会生产力的重要组成部分。文化生产力是在马克思科学生产力观的基础上，依据当代社会文明和生产力发展的新特点，对马克思生产力理论的进一步继承和发展。从与人类发展的关系来看，文化生产力具有鲜明的主体性。

激发人的文化创造力才能解放和发展文化生产力。人的文化创造力在满足人的文化需要的过程中创造出有价值的商品，进而推动社会经济和文化的发展时，就会升华为蕴含丰富价值、具有文化影响力的软实力。从产生形态和表现形式上来看，文化生产力具有双重属性，即意识形态性和客观物质性。

文化生产力是人类社会文明发展到一定阶段，将文明意识加以物质化的创造，是人类精神文明发展的成果，因而具有鲜明的意识形态特征。而在文化生产力中，具有意识和精神的主体生产者，将自身具备的思想、文化、情感等主观性因素渗透于文化生产的全过程，这一过程是将精神文明进行物化的过程，因而具有明显的物质性。文化生产力这一特殊的二重性，使得文化成为社会生产力中最先进、最活跃的部分。在社会实践中，文化生产力的二重性则表现为精神性与产业性。

在当代文化经济社会里，文化生产力不仅是国家综合国力的主要构成要素之一，而且也是衡量一个国家综合竞争力的重要标志。

二、文化与经济关系理论

文化影响经济增长，这是一个古老的经济命题。经济学家很早就意识到文化对经济的影响，但是因为文化因素的主观性较强，很难用定量分析法加以研究，而且国与国之间文化差异巨大，难以采集和建立各国间文化差异对经济具体影响的数据集。进入工业社会以来，传统文化表现活跃，不同文化的特质对现代经济呈现出不同的适应能力，并因各国间文化发展的先进性不同及其文化影响力的程度不同，对经济的影响力也呈现出明显的差别，从而造成国家之间或地区之间的经济差距。文化对经济的巨大影响力引起了经济学家们的注意，使得经济学家重新开始关注文化这一影响经济增长的非经济因素。然而，目前学术界缺乏从文化方面探索经济发展规律的研究。究其原因，一方面是因为文化因素主观性太强，难以进行量化，无法纳入经济增长模型中；另一方面，学界相当一部分学者对文化是否能够影响经济发展仍旧持怀疑态度。更重要的是文化具有多样化特征，经济发展模式也并非一成不变，因而，难以在两者之间找到对应关系。

纵观研究文化与经济二者关系的历史，关于文化与经济发展关系的观点大致有以下五种。第一种观点认为，决定人们的行为、市场扩展、经济进步的必要条件之一是人民特定的文化观念，这种观点是由古典经济学家提出的。第二种观点强调了特定文化的重要性，认为促进资本主义的产生和现代经济发展的最重要的因素是新教伦理，这一观点主要是由马克斯·韦伯提出的。很多文化人类学家、政治学家、社会学家及部分经济学家赞同并支持韦伯的这一观点。他们认为，今天人们的各种社会政治和经济行为受到文化传统的持久影响。第三种观点认为，文化与经济发展并无明确的相关性。第四种观点认为，文化对经济发展具有一定的影响作用，这种作用可能是积极的，也可能是消极的。在这种观点看来，某些文化因素对经济发展具有促进作用；而某些文化因素则会阻碍经济的发展。第五种观点将文化意识形态看作是一种影响合约实施的不可缺少的变量，而合约的实施则最终决定了经济发展状况。这一论点由道格拉斯·C. 诺思（Douglass C. North）于 1981 年提出。

尽管专家学者们对文化与经济发展的关系莫衷一是，然而，随着社会不断发展进步，文化发展逐渐成为人类社会发展的重要动力和支配性要素，其明显的标志就是文化对社会、经济发展的影响力和渗透力越来越强。经过仔细考察，人们不难发现，在当今国际化社会里，几乎所有的经济活动和物质产品都包含各自的文化因素和文化内涵。而随着文化力量的扩张，这些蕴含丰富文化元素和内涵的经济活动和经济产品已成为当代社会生产力前进的原发性因素和经济发展的基本支撑力量。换句话说，正是有了文化的支撑，生产力才有了实现质的提升和量的扩展的可能。随着文化及文化产业的发展，其对经济增长的影响越来越显著，文化对经济的发展有促进作用的观点逐渐成为主流。

随着现代经济、社会的发展，越来越多的学者开始强调文化对经济发展的促进作用。例如，阿玛蒂亚·森（Amartya Sen）认为，事实上，资本主义经济的高效率运行依赖于强有力的价值观和规范系统。① 他论证说，经济的成功运行是以相互信任以及对对方道德标准的信心为基础的。同时，依据自己的论点，森就发展中国家的社会经济发展提出了以下建议：发展中国家必须不仅要重视审慎行为的优良品德，还要重视那些补充性价值观的作用。② 经济的不断增长是建立在先进技术以及所需要的制度和思想意识之相应调整的基础上的。

库兹涅茨根据历史资料总结了经济增长的六个特征：一是按人口计算的产量的高增长率和人口的高增长率。经济增长最显著的特点就在于产量增长率、人口增长率、人均产量增长率三个增长率都相当高。二是生产率的增长率也是很高的。生产率提高正是技术进步的标志。三是经济结构的变革速度的提高。四是社会结构与意识形态结构迅速变革。五是增长在世界范围内迅速扩大。六是世界增长是不平衡的。

经济增长的六个特征中，前两个均是关于生产力的提高，而后四个都涉及文化因素。经济结构的变革中，文化产品比重的变化促使经济结构的调整和变革；意识形态结构自然属于精神领域，是文化的一部分；而一国想要使其增长在世界范围内迅速扩大，必须提高其文化软实力，向全世界推广其文化，增强其在全球的影响力；而世界增长的不平衡也绝不仅仅是经济增长的不平衡，更重要的文化软实力的不平衡，一个国家和地区的经济相对发达，其文化软实力必然也相对发达，诸如美国、英国、德国、法国以及日本和韩国等，反之亦然。

从历史的角度看，历代有不少学者承认文化对经济发展的影

---

① 谢立中，孙立平. 二十世纪西方现代化理论文选 [M]. 上海：上海三联书店，2002.

② 阿玛蒂亚·森. 以自由看待发展 [M]. 北京：中国人民大学出版社，2002：265.

响作用，但是他们并没有研究经济发展同某一种特定文化的联系，而是主要研究了哪些文化因素促进了经济的发展，哪些文化因素阻碍了经济的发展。发展经济学家如熊彼特（Joseph Alois Schumpeter）、阿瑟·刘易斯（Arthur Lewis）和冈纳·缪尔达尔（Gunnar Myrdal）等认为传统文化对经济发展具有阻碍作用。

熊彼特的经济发展观强调创新的作用，他认为文化对创新具有影响作用，进而得出文化对经济发展有影响的结论。他认为，人们的行为、习惯等受到文化的影响，传统习惯对不同人群的影响也有所不同。如对于普通民众来说，传统习惯可能使人们在日常生活中更加节约，而对于工商业者而言，传统习惯却可能会制约他们的创新思想。在他看来，人们在开始做一件新的事情时，通常不愿意着手去做，因为人们受到习惯性和惰性的制约，想当然地以为从未做过的事情比自己已经熟悉的并且已由经验检定的事情更加困难。无论这种经人们主观设想的客观困难存在与否，人们在开始做一件新事情前都不情愿。这就是文化对人们行为的制约和规定作用。

阿瑟·刘易斯认为"节约的意愿""工作态度""冒险精神"等几点是影响经济增长的重要原因。他看到，"经济增长依赖于人们对工作、财富、节俭、生育子女、创造性、陌生人和冒险等等的态度，所有这些态度都是从人的头脑深处产生的"[1]。刘易斯总结了影响经济增长的态度，并将其分为两类，一是人们对财富的态度，人们努力获取财富的意愿受其眼界的影响。在刘易斯看来，"各个社会在局限性程度上的差异是大不相同的，这取决

---

① 阿瑟·刘易斯. 经济增长理论［M］. 周师铭，等译. 北京：商务印书馆，1983：11.

于积累的物质资本和文化资本、习惯和禁忌以及纯粹的愚昧无知"①。二是人们对工作的态度，人们为取得财富所需做出努力的态度，并且，他认为人们的态度往往受宗教信仰的影响。

冈纳·缪尔达尔则认为传统价值观会阻碍经济的发展，并据此分析了南亚国家经济发展落后的原因是受制于其价值观尤其是宗教信仰方面的约束和影响。

强调文化对经济发展具有促进作用的学者历来也很多。如劳伦斯·哈里森（Lawrence E. Harrison）、迈克尔·波特（Michael E. Porter）、阿玛蒂亚·森（Amartya Sen）等。

1985年，劳伦斯·哈里森在其所著的《泛美梦》（*The Pan-American Dream*）一书中，以全球多元文化为背景，将文化区分为"进步文化"和"停滞文化"，并从文化与经济的关系入手，分析了进步文化与停滞文化在促进经济社会发展作用方面的差异，深刻揭示了文化对社会尤其是经济发展所产生的促进或阻碍作用。

1990年，迈克尔·波特在其所著的《竞争战略》（*Competitive Strategy: Techniques for Analyzing Industries and Competitors*）一书中，从竞争力的视角肯定了文化在人类行为和进步中的作用。波特认为，文化，以及能促进经济进步的信念、态度和价值观，是经济繁荣的决定因素，对此人们逐渐达成共识。在波特看来，有利于生产率提升的经济文化已成为"生产率文化"，在新的"生产率范式"中，生产率文化将起到决定性的作用。

阿玛蒂亚·森认为，文化对经济发展具有极其重要的作用。

---

① 阿瑟·刘易斯. 经济增长理论［M］. 周师铭，等译. 北京：商务印书馆，1983：28.

一方面，文化是发展的手段和工具；另一方面，文化又是发展的目的和结果。在森看来，文化能够带来经济利益，影响经济行为。

在新兴学派中，诺思（Douglass North）看到文化对经济的作用，并用文化因素来解释经济增长。他认为，经济绩效是由制度和意识形态共同决定的，在影响经济绩效的因素中，意识形态起着关键作用，人们如何看待游戏规则的公平与公正，对绩效有着显著的影响。此外，诺思还从微观上解释了企业家做出的决策受到知识、观念和意识形态对他的影响。他认为，企业家所设想的利润多少受制于他对制度的了解和想象，而他所设想的利润多少又受到他所持观念和意识形态的影响。通过研究文化对企业家个人的影响，诺思试图从中找到制约经济增长的内在原因。

三、供给与需求理论

（一）供给和需求的一般原理

马克思指出，供给"就是处在市场上的产品，或者能够提供给市场的产品"。"它们不仅是满足人类需要的使用价值，而且这种使用价值还以一定的量出现在市场上。其次，这个商品量还有一定的市场价值，这个市场价值可以表现为单位商品的或单位商品量的市场价值的倍数。"① 这一定义主要有两层含义：一是从质上讲，供给是指产品的使用价值，这些产品能满足人们的某种需要，由生产者提供给市场用来交换以得到自身需要的产品。二是从量上讲，供给是市场上已有的产品（称为"流量"）和生产者能够提供给市场的产品（称为"存量"）之和；每一个个量的供给都具有一定的使用价值量和价值量；而总供给则是一定量

---

① 马克思恩格斯选集（第二卷）[M]. 北京：人民出版社，2012：485.

的个量供给的使用价值量和价值量的总和或倍数。

马克思认为供给和需求都取决于生产，对供给和需求的辩证关系进行了深刻的阐述。马克思认为，供给和需求的联系是"社会必要劳动时间"，二者在量上并没有必然的联系。马克思阐释的供给与需求的这种辩证关系对于政府进行经济的"宏观调控"具有重要指导意义。"总劳动中社会用来生产这种物品的可除部分，也就是这种物品的生产在总生产中所占的数量，和另一方面，社会要求用这种特定物品来满足的需要的规模之间，没有任何必然的联系，而只有偶然的联系。"① 这说明供给和需求未必在任何时候都能达到量上的相等，但它们都是由生产决定的。供求关系的这种看似偶然的联系表明供给和需求都是人类的社会行为，两者的关系反映一种社会关系；供求关系实质上表示的是商品经济条件下，劳动者之间存在劳动交换的关系，这种相互交换劳动的关系就是社会必要劳动时间。

供求关系是商品经济的基本关系之一，但它只作用于价值的表现形式——价格，它对价值关系（商品经济的本质关系）并没有决定作用。价格与供求是互动关系，价格随供求关系上下波动。供求的不平衡在二者互动的作用下有自动消除的趋势。有时这种不平衡可能波动得很强烈，在这种情况下，就需要借助外力调节，完全靠自身调节会给经济运行造成损害。但这种外力调节不能违背供求自动均衡的基本原理，即供求和价格的互动原理。而供求达到均衡的最终调节力量是价值，价值运动是市场的自我调节运动。

马克思认为供给具有使用价值和价值二重属性，它分为个量供给和总供给。这就是说，供给不仅表示商品的一定数量，而且

---

① 马克思恩格斯选集（第二卷）［M］．北京：人民出版社，2012：486.

表示商品的一定价值量，供给与价值是紧密联系的。供给具有价值，这个价值的实体就是抽象劳动。

马克思指出：所谓需求，是指"有支付能力的、实现交换价值的需求"①。这一定义有两层含义：第一层含义是从质上看，需求是建立在支付能力的基础上，受消费者货币购买力的限制。第二层含义是从量上看，需求是"社会需要所要求的商品量，也就是社会能够按市场价值支付的商品量"②；个量需求包含一定的商品量和价值量，而总需求则"等于这同一种商品的买者或消费者（包括个人消费和生产消费）的总和"③，即全体消费者对某种商品有支付能力的需求总量和价值总量。

需求价格是需求价值的货币表现，它受货币购买力的限制；需求价值的确定与供给价值不同，既受客观因素的制约，又受主观因素的影响。马克思认为，需求主要取决于消费者对商品的需要程度、需要层次以及消费者的社会经济地位。需求价值主要由社会必要劳动时间决定，同时受到货币购买力的制约。

需求价值与供给量、需求量与供给价值（价格）是一种反向变化的关系。因为一般说来，"需求按照和价格相反的方向变动，如果价格跌落，需求就增加，反之，价格提高，需求就减少"④。由此可得出需求量与供给价值（价格）的反比函数关系 $D = f(V)$ 或 $D = f(P)$。反映在图形上，即可得到一条从左上方向右下方倾斜的需求曲线（或表示需求价值与供给量反比关系的需求价值曲线），如图 2-2 所示：

① 马克思恩格斯全集（第四十六卷）：上册 [M]. 北京：人民出版社，1979：407.
② 马克思恩格斯选集（第二卷）[M]. 北京：人民出版社，2012：480.
③ 马克思恩格斯全集（第四十六卷）：上册 [M]. 北京：人民出版社，1979：407.
④ 马克思恩格斯选集（第二卷）[M]. 北京：人民出版社，2012：490.

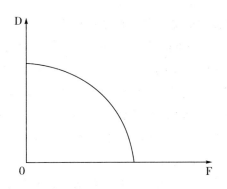

图2-2　需求量与供给价值（价格）的反比函数关系

（二）供给和需求的一般规律

供求规律（Law of supply-demand），指商品的供求关系与价格变动之间的相互制约的必然性，它是商品经济的规律。商品的供给和需求之间存在一定的比例关系，其基础是生产某种商品的社会劳动量必须与社会对这种商品的需求量相适应。供求关系就是供给和需求的对立统一，供求规律是供求关系变化的基本法则。

根据马克思对供给和需求的分析，供给量同价格成正比，需求量同价格成反比（这里的价格指的是均衡价格）。也就是说，供不应求，价格上涨。商品供不应求会引起价格上涨的趋势，可以在供应量不变，而需求量增加的情况下发生；也可以在需求量不变，而供应量减少的情况下发生；还可以在供应量增长赶不上需求量增长的情况下发生。反之，商品供过于求，价格就会下降。供过于求引起价格下降，可以在需求量不变，而供应量增加的情况下发生；也可以在需求量增长赶不上供应量增长的情况下发生。

马克思认为，供求一般规律中供求量同价格的正、反比关系，并不是说任何商品、任何比率的价格变动都会引起供求量的同比例变动，因为不同商品的价格变动、同一商品价格变动的不同比率，对商品供求量的影响是不一样的。也就是说，其他因素不变，市场需求量与价格呈反方向变动，即价格上涨，需求减少；价格下跌，需求增加。同理，市场供给与价格呈同方向变动，即价格上涨，供给增加；价格下跌，供给减少。价格的涨落会调节供求，使之趋于平衡。

马克思还认为，因为某一商品的市场需要和实际的社会需要在量上并不相等，即二种需要之间存在着量的差别，"一方面是所要求的商品量；另一方面是商品的货币价格发生变化时可能要求的商品量，或者，买者的货币条件或生活条件发生变化时可能要求的商品量"①。因而，商品的需求量还受消费者收入变化的影响。

（三）供求状况对商品价值和价格的影响

供求关系对商品价值和价格的影响或调节问题，是马克思供给和需求理论的核心。马克思所讲的供求包含商品的供求量和这个供求量所代表的价值量（供给价值与需求价值）两重含义。马克思指出，供求和价格具有互相调节的作用，"如果供求决定市场价格，那么另一方面，市场价格，而在进一步分析下，也就是市场价值，又决定供求"②。

第一，静态条件下供给和需求对商品价值和价格的调节作用。静态条件下，在微观层次，供求对企业的个别商品价值与价格的调节，不考虑竞争、技术进步、时间变化等复杂因素，从生产者角度来看，单个商品的价值就决定于生产者生产该商品所耗费的社会必要劳动时间，即马克思所说的第一种含义的社会必要

---

① 马克思恩格斯选集（第二卷）[M]. 北京：人民出版社，2012：488.
② 同上，第490页。

劳动时间。由于马克思假定供求一致，即供给量与需求量、供给价值量与需求价值量相等，并舍弃了需求波动对价值的影响，因此，说价值决定于第一种含义的社会必要劳动时间，也就等于说价值同时决定于第二种含义的社会必要劳动时间，因为两种含义的社会必要劳动时间在这时是完全相等的。由此可见，个别商品的价值取决于供给价值和需求价值相等时的水平。静态条件下企业个别商品的价值变化见图 2 - 3：

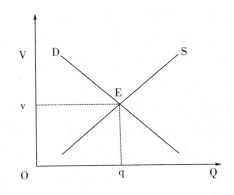

图 2 - 3　静态条件下企业个别商品的价值变化

上图中，S 为供给价值曲线，D 为需求价值曲线，E 为两曲线的均衡点。q 是供求一致时的均衡供求量，v 为两种含义的社会必要劳动时间相等时的均衡价值。图示表明，静态条件下企业个别商品的价值，是由供给价值和需求价值共同决定的。

在相对静态条件下，在中观层面，假定总供给和总需求最终会趋于一致，马克思分三种情况分析如下：

第一种情况，总需求等于总供给，总需求弹性与总供给弹性一致。这时，假设处于中等生产条件下生产的商品的供给弹性充足，而且其产量占该商品生产的一大部分，而处于优等和劣等生产条件下生产的商品的供给弹性不足，其商品生产只占该商品生产的一小部分，那么，这两类商品的个别价值同处于中等生产条件下生产的商品的个别价值的差额互相抵销，其平均价值恰好等于中等生产条件下生产的商品的个别价值，那么，这表明这种商品的总供给与总需求相平衡，总供给弹性与总需求弹性一致，因而该商品的"市场价值就会由中等条件下生产的商品的价值来决定"①。

第二种情况，总需求大于总供给，总需求弹性充足。这时，如果在中等和优等生产条件下生产的商品产量只占该商品供给的小部分，供给弹性不足；而劣等生产条件下生产的商品产量占该商品生产的大部分，供给弹性充足；同时，优等和劣等生产条件下生产的商品的个别价值同中等生产条件下生产的商品的个别价值差额高低也不能抵消，优等和劣等条件下生产的商品的平均价值也不等于中等条件下生产的商品的个别价值，那么，市场价值的决定又会产生两种情况：一种情况是当该商品的总供给小于总需求且总需求弹性充足时，商品的市场价值就取决于劣等生产条件下生产的大量商品的价值；另一种情况是当该商品的总供给与总需求达到平衡，且弹性也一致时，则表明该商品生产只是在数量构成的组合上发生了变化，那么，该商品的市场价值就会决定于优、中、劣三种生产条件下生产的商品的个别价值的平均值。

第三种情况，总需求小于总供给，总需求弹性不足。这时，如果优等生产条件下生产的商品供给弹性大，而且其产量占据了该商品生产的大部分，而中、劣等条件下生产的商品只占一小部分，那么，当总需求弹性不足时，总供给会超过总需求，因而商品的"市场价值就由在最好条件下生产的那部分商品来调节"②。

① 马克思恩格斯选集（第二卷）[M].北京：人民出版社，2012：482.
② 同上。

第二，动态条件下供给和需求对商品价值和价格的调节作用。供求规律和竞争是由静态到动态的发展过程的市场调节机制。从企业的微观层次来看，个别商品的价值是一种短期静态均衡价值。但这并不是商品的现实价值，商品的现实价值还需要在一个部门内根据供求关系来调节；从部门这个中观层次来看，供求规律和竞争机制会对同类商品的供求进行再平衡，各个企业的同类商品的数量及个别价值量都被放到该部门这一类商品的总需求与总供给的范围内来考量。当该类商品的总需求与总供给无法平衡时，该商品的生产者和消费者就会提价或压价，从而使商品的市场价格与市场价值发生背离。市场会通过价格的涨落，把这种价格与价值背离的信号传递给企业，企业就会了解市场供求关系的信息，进而根据市场供求关系来调整自己产品的产量和价格，并在部门内发生资本转移，即从价低利小的企业转向价高利大的企业，从而使一个部门的同一类商品形成统一均衡的市场价格（价值）；从全社会这个宏观层次来看，由于各个部门的资本有机构成不同，各个部门的、不同类商品的价格有高低之差，使有的部门获得的利润多、发展快，而有的部门利润少、发展慢，从而造成各部门利润不均和发展不平衡。这时，供求规律和竞争机制就会通过价格和利润高低的信号，引导社会资本向价高利大的部门转移，从而使社会总资本在全社会范围内进行重新分配。通过反复转移和资本重新分配，各个生产部门的利润最终趋于平均化，生产价格形成。

在我国文化产业的发展过程中，重视马克思的供给与需求理论，从实践上指导我国文化产业体制改革和文化软实力的建设，具有重要的理论意义和现实意义。

四、投入产出理论

投入产出理论又称产业关联理论，是由俄罗斯裔美国经济学家、哈佛大学教授瓦西里·里昂惕夫（Wassily Leontief）创立的。古典经济学把整个经济看作一个系统，采用图表来描绘再生产过程，投入产出理论继承了这一思想和做法，使投入产出应运而生。波兰经济学家兰格说："里昂惕夫的产业间联系的理论是马克思再生产理论的发展。"他在马克思的简单再生产图式的基础上制成"里昂惕夫表"，从而建立了马克思两部类表达式与里昂惕夫表之间的联系。

投入产出分析的理论基础是瓦尔拉的一般均衡理论。这种理论认为，资本主义经济通过供求关系和价格波动，可以自动地均衡发展。

（一）投入产出理论的产生

投入产出理论的产生大致可分为产生前期和正式产生期两个阶段，从 1874 年至 1953 年，历经 79 年。

1874—1925 年是投入产出理论产生的前期阶段。里昂惕夫投入产出理论的来源之一是法国经济学家瓦尔拉斯（Léon Walras）的"全部均衡理论"。1874 年，瓦尔拉斯在其著作《纯政治经济学纲领》中，提出了"全部均衡理论"。他首先提出以下假设：第一，所有商品市场和要素市场是完全竞争市场；第二，消费者偏好、要素供给和生产函数既定不变；第三，规模报酬不变；第四，家庭是商品的消费者和要素的供给者，厂商是要素的需求者和商品的供给者，消费者追求效用最大化，生产者追求利润最大化。并且模型只包括家庭和厂商。他给出了一组使所有市场全部出清的价格 $P_1 \cdots\cdots P_n$，则整个经济体系同时达到均衡。里昂惕夫认为，"全部均衡理论"的主要优点，是它能够使我们考察高度复杂的纵横交叉的相互关系，这种交叉关系把任何局部的最初变动的信号，传送到经济体系极远的角落。他还认为投入产出理论是全部均衡方程体系的简化。里昂惕夫在全部均衡理论的基础上又提出了四个假设：第一，产品必须同质，即具有相同的用途、工艺和投入；第二，已知的产品需求和价格，只是调整产量；第三，生产函数为线性；第四，投入之间不能互相替代。

"全部均衡理论"强调价格的核心调节机制，产业关联理论则将其内生化了，这是两种理论之间的一个重要区别。

凯恩斯的国民收入决定理论是投入产出理论的另一个来源。凯恩斯认为，家庭、企业、政府和国外四个部门组成四部门经济主体。国民收入（M）由四部分组成：消费（C）、储蓄（S）、税收（T）和进口（M）。总支出（AE）也分为四部分：消费（C）、投资（I）、政府支出（G）和出口（X）。在国民收入核算时 $M = AE$，即 $C + S + T + M = C + I + G + X$。根据四部门模型可求出国民收入的均衡解和一系列乘数。

国民收入决定理论和投入产出理论具有共同点，即两种理论都着眼于整个国民经济，数量关系也从国民经济的均衡中确定。在国民收入决定理论中，总收入等于总支出，在投入产出理论中，总投入等于总产出，两者都着眼于从因素入手加以分析。两者的区别在于，国民收入决定理论不考虑中间产品，只涉及附加价值总和（即国民收入），而投入产出理论则是通过对中间产品的研究，分析各产业部门之间的技术经济联系；国民收入决定理论以国民收入的总和作为研究对象，而投入产出理论则将国民经济的各产业部门以及各部门间的关联作为研究对象。

1925—1953 年是投入产出理论正式产生的阶段。里昂惕夫于 1936 年发表了投入产出的第一篇论文《美国经济制度中投入产出的数量关系》；并于 1941 年出版《美国经济结构，1919—1929》一书，该书系统阐述了投入产出理论的基本原理及其发展，标志着该理论的正式提出，从而形成了"把一个复杂经济体系中各部门之间的相互依存关系系统地数量化的方法"。在著作中，里昂惕夫提出了投入产出分析的基本模型。

综上所述，古典经济理论、马克思的再生产理论、全部均衡论和国民收入理论的部分思想被里昂惕夫采纳，魁奈经济表和苏联国民经济平衡表中棋盘式表格也给了他启示，因而可以说投入产出理论是在前人的理论基础上创立的。

（二）投入产出理论的发展

1953 年里昂惕夫出版了《美国经济结构研究》一书，进一步阐述了"投入产出分析"的基本原理。自 1953 年开始，投入产出理论逐步向动态化、最优化和应用多元化等方向发展，步入了一个崭新的发展时期。

1. 投入产出理论模型由静态向动态发展

最初里昂惕夫的投入产出模型是静态的，在计算时只涉及线性代数，因而这一模型不能解决经济发展的动态问题。一方面，该模型中的变量不涉及时间因素；另一方面，模型是开放式的（open model），即假定最终投资需求的信息是静态的外生变量，并非是投入产出模型的内在变量。因此，这一模型并不能反映投资对下一个再生产周期的制约作用，这不同于封闭式模型（closed model），封闭式模型将最终需求和中间需求都作为内生变量来处理，从而使最终需求成为诸因素决定的部门。

1948 年，戴维·哈京斯提出采用微分方程组的形式来设计动态的投入产出模型。1953 年，里昂惕夫在此基础上撰写《美国经济结构研究》一书，将微分方程组的形式纳入模型设计，讨论了投入产出的动态模型，并将其分为封闭式和开放式模型。

1970 年，里昂惕夫发表论文《动态求逆》，文中对以差分方程组的形式设计的动态模型进行了研究。这一动态模型实现了直接消耗系数矩阵和投资系数矩阵的动态化，即可以根据经济问题的需要选取时间区间，又可以考虑投资的时滞等问题。随后，德国学者彼得·卡尔门巴克（Peter Kalmbach）、奥地利学者亨兹·D. 库尔茨（Heinz D. Kurz）相继提出了变系数动态投入产出模型，芬兰学者阿哈马瓦若（Pirkko Aufin Ahmavarra）也研究了包括人力资本的动态投入产出模型。1987 年 8 月，我国学者完成了《辽宁动态投入产出模型研制与应用》。

2. 投入产出理论模型的深化发展

线形规划产生后，投入产出理论向优化方向发展。日本学者筑井甚吉建立了将动态投入产出模型和动态线形规划连接的应用模型。多夫曼（R. Dorfman）、萨缪尔森（Samuelson）和索洛（R. M. Solow）提出了大道定理，这一定理结合线形规划对投入产出结构进行动态分析。西方经济学家运用一般均衡理论的基本思想，引入投入产出表，建立了 CGE（computable general equilibrium），使其成为可计算的模型。该模型包括两部分：一部分是生产供给模型，把投入产出和线形规划相结合而建立；另一部分是最终需求模型，用需求函数建立。

20 世纪 60 年代，瓦·涅姆钦诺夫提出了加边向量法。中国科学院研究员陈锡康将它扩大为生产要素向量，于 1991 年编制了《中国城乡经济投入占用产出表》，该表是世界第一个城乡间的投入占用产出表。英国剑桥大学理查德·斯通（Richard Stone）教授将投入产出表纳入联合国国民经济核算体系，把非物质生产部门也纳入其中。

（三）投入产出理论的应用

投入产出理论的应用范围极为广泛，涵盖了经济领域的宏观、中观和微观层面，以及国际经济领域。里昂惕夫在《投入产出经济学》中，就将投入产出理论应用于地区结构的分析、人口增长与经济发展的问题、国内生产和国际贸易、国民经济核算、裁军对经济的影响、环境问题对经济的影响等。这一理论的应用内容也得到不断拓展，内容从最初的产品投入产出到目前的固定资产、投资、环境、劳力占用等，并被运用到其他专门问题研究领域，如能源、水资源、环境保护、银行、财会、人口、人才、教育、信息等。今天投入产出理论及其实践应用日益广泛，已成为产业经济学的重要组成部分。

五、成本收益理论

（一）成本收益的一般理论

成本与收益理论是与市场经济相对应的产物。成本主要是指为了获得某种收益而必须付出的代价。

从纯经济学角度看，收益大于成本的预期是人们行为的基本出发点，因而是人类社会的首要理性原则。人们之所以要投入一定的物质或钱财，是希望通过这样的投入能够得到更多的物质和钱财。不想得到收益的投入是不存在的，或者说，不想得到收益的投入也就无所谓投入，根本就不存在所谓成本问题。

成本收益分析方法是经济学中一个普遍的方法，它是以货币单位为基础对投入与产出进行估算和衡量的方法。它适用于研究经济学中行为与效果的关系，探究如何使成本最小化而收益最大化。在市场经济条件下，参与经济活动的人们都要考虑他即将进行的经济行为所可能产生的经济价值，以便通过估量投入与产出的关系，考量其经济行为在经济价值上的得失。成本收益分析法量入为出，它通常对成本投入及其预期收益提前进行预算、设计计划方案，以便能掌控未来的经济行动，更好地实现预期经济目标。

实际上，人类的一切行为都可以运用经济学的成本和收益分析方法进行研究和解释，因为人们的行为或多或少都蕴含着效用最大化的经济动机。"当代行为科学已用大量事实证明，决定人的道德行为选择的最根本的动因是人们对其行为结果的预期，这种预期是建立在人们对行为结果的酬赏——代价分析的基础之上。并且，在这种行为结果的预期中，经济利益上的考虑通常起着最重要的作用。"[①] 自利性、经济性、计算性是成本收益分析的基本特征。追求行为者自身的利益是成本收益分析法的出发点和目的，它只不过是行为者为了达到想要的目标、获得自身利益的计算工具。追求效益是这种经济方法的内在精神，而它追求效益的目的是实现行为者自身的动因和效用，和他人无关，因而带有强烈的自利性。由于行为者采用这种方法的动机是自身效益的实现，因而总是希望在其经济活动中以最少的投入获得最大的回报（收益）。

行为者必须对自己的投入与产出进行计算，才能使自己的经济活动达到自利的目的，从而使自己的行为达到经济、高效的目的。因此，量入为出的计算理性是成本收益分析的重要特征，获得好的收益成果离不开这种精打细算的计算。因而，成本收益分析法的计算特性是经济行为者达到经济预期目的的必要手段，也是行为者确保其行为达到自利目的的基本工具。由此可见，成本收益分析法具有极强的功利性。

（二）文化的成本收益分析

如果给文化进行经济学界定，那么文化是指人们所习得的与

---

① 王一多. 道德建设的基本途径 ［C］. //中国新时期社会科学成果荟萃. 北京：中国经济出版社，1999：384.

遵从的特定价值观体系，它构成了人们的主观模型。人们无论是进行生产、交换，还是分配、消费活动，都需要一个特定的价值观体系来帮助人们进行判断和做出决策。人们习得或遵从某个特定的价值观体系，也是在特定情况下追求自身利益最大化的结果。

从经济学角度来说，人类接受某种文化或价值观体系，是因为这种文化本身具有给予其拥有者或享用者使用价值的特性。从满足人类的需求来说，文化为人们提供了一个认知世界和如何在世界上生存、发展的价值观体系。从价值的角度看，我们可以将个人、企业、国家所拥有的能为其带来持续收益的特定文化称之为文化资本，这一观点同诺思所认识的"资本存货"是一致的。

如果把文化比作是一枚钱币，那么在这个"钱币"的一面是文化资本，另一面则是文化成本。由此可以看出，文化成本是指人们放弃或建立某种习得的文化信念或价值观体系时所付出的最高代价。这一成本一般包括认知成本、心理成本、认同成本、信仰成本等。当然，文化具有不同的表象，对于不同的现象而言，我们发现其中所存在的文化成本并不完全相同。同花费最低成本以赚取最高收益的资本家一致，在特定情况下，人们总是倾向于选择文化成本最低的某种价值观体系。

无论是从文化资本积累的角度出发，还是从降低文化成本的角度出发，我们都可以以文化理论来考察经济增长与发展。从经济学视角来说，经济增长与发展就是一个不断积累文化资本与降低文化成本的过程，也就是说，文化变迁是经济发展的一个重要前提，并且制约着制度变迁与技术变迁。

六、产业集群理论

（一）产业集群理论的主要学派

产业集群最早在国外出现，文化产业集群理论也源于西方。西方关于集群理论的研究最早可追溯到亚当·斯密（Adam Smith），"集群"一词由斯密在他的《国富论》一书中首先提出。不同时期对不同领域的研究也各有侧重，在研究过程中，产生了五种代表流派和理论。

1. 马歇尔的集聚理论

新古典经济学代表人物阿尔弗雷德·马歇尔（Alfred Marshall）是系统性研究产业集群现象的第一人，他在继承了亚当·斯密对劳动分工的开创性观察的基础上开始研究产业集群现象。马歇尔对工业组织的研究从新古典经济学的角度展开，他指出企业集聚的目的是为追求外部规模经济。

规模经济被马歇尔划分为外部规模经济和内部规模经济两类。外部规模经济和专业的地区性集中关系密切，指的是产业发展的规模；内部规模经济则取决于单个企业、企业的组织以及管理的效率。外部规模经济与产业集群之间的密切关系被马歇尔发现，他认为，外部规模经济是指企业利用地理上的接近性，为了使生产成本处于或接近最低状态而形成规模经济，使规模较小的单个企业有机会通过外部合作达到规模经济。因此，可以说外部规模经济形成了产业集群。

马歇尔还认为，某些企业在特定地区形成集群后，营造了协同创新的环境，便于知识信息的扩散，有利于新知识、新技术和新创意在企业之间传播和应用。这也能够促使企业不断创新，成为企业不断发展的源泉。与此同时，集群的发展会吸引相关产业的新企业加盟，从而进一步促进这些产业集聚区的经济增长。产业集群的形成也吸引更多的专业技术工人到集群内企业工作，为他们提供了一个共享的劳动市场，许多潜在的劳动力供应和需求在此集聚。此外，产业集群的形成还能够为企业提供共享的中间投入品，使该产业多种类和低成本的产品生产更加便利。

2. 韦伯工业区位理论

阿尔弗雷德·韦伯（Alfred Weber）创立了工业区位理论。韦伯认为，运输成本和工资是决定工业区位的主要因素，并从企业微观的区位阐明了集聚的益处与成本的对比是企业决定是否集聚的决定性因素。

1909 年，韦伯出版了《工业区位论》一书，他在书中讨论了促使工业在一定地区集中的原因，这些原因被他归纳为特殊原因和一般原因。便利的交通、丰富的矿藏，都是吸引工厂集聚的特殊原因；成本的节省、增多的收益是吸引产业工厂集聚的一般原因。韦伯认为一般原因比特殊原因更重要。

此外，韦伯认为产业集聚分为两个阶段：一是集聚的低级阶段，即通过企业自身经营规模的扩大而产生的生产集聚；二是"高级阶段的社会集聚"，即由多种企业在空间上集中产生的集聚。每个大企业以其完善的组织集中化，并吸引更多同类的企业在空间上集中。若干企业在空间地理上的集聚更易带来更多的长远利益和集群效应，韦伯称之为产业集群。韦伯认为以下四个方面的因素促使产业集群的形成：一是技术设备的发展，二是劳动力组织的发展，三是市场化因素，四是经常性开支成本。这四个因素中韦伯认为第三个因素是最重要的。产业集群为商品的出售和购买带来极大的优势，可以最大限度地提高产品批量购买和出售的规模，使企业的生产成本更为低廉；产业集群化的工业形成了大统一的产品市场，不仅带来单个企业的节约，而且带来区域的社会节约，这也是产业集群的优势所在。

3．科斯交易费用理论

1937 年，罗纳德·科斯（Ronald Coase）发表了《企业的性质》一文，科斯认为企业与企业之间形成组织，共同管理资源，可以节约市场运行成本。

科斯提出交易费用理论，并提出了组织的界限问题。交易费用理论说明，作为参与市场交易的单位，企业或其他组织的经济作用在于把若干要素所有者组织成一个单位，共同参与市场交换。这样一来，市场交易者单位数减少了，从而信息不对称的程度也得以减少，这种做法利于降低交易费用。这也是对产业聚集成因的较好地解释。在科斯看来，产业集群内企业众多，易于增加企业间的交易频率，同时，也容易使企业交易的空间范围和交易对象相对稳定，从而使企业降低区位成本，减少交易费用；而众多企业在聚集区内的地缘优势，使企业易于获取更多的信息，从而规避交易中出现的机会主义行为；企业间信息对称性的提高，也帮助企业节省了大量的搜寻市场信息的时间和成本，从而易于降低企业交易费用。

4．波特产业集群理论

1990 年，"产业集群"一词首次出现在迈克尔·波特（Michael Porter）的《国家竞争优势》一书中，波特用"产业集群"这一术语对集群现象进行分析，从而把产业集群理论推向了新的发展高峰。波特的产业集群研究是结合其对国家竞争优势研究而展开的，波特从以下几个方面重新审视产业集群的形成机理和价值：组织变革、价值链、经济效率和柔性，并从这几个方面所创造的竞争优势角度进行了分析。针对不同国家和地区之间的产业集群竞争特点，波特还对国家竞争优势进行了对比分析。波特认为，国家是企业的外在环境，因而，评价一个国家产业竞争力的关键是该国能否为企业创造一个良好的发展环境，使企业更具竞争性和创新性。

在《国家竞争优势》中，波特提出了国家竞争优势的"钻石模型"，这一提法具有创新性。需求条件、要素条件、结构与竞争、相关及支撑产业四个基本因素以及机会、政府两个附加要素是"钻石模型"的主要构架。国内竞争压力和地理集中使得整个"钻石"构架成为一个动态的系统，各个要素相互作用，形成一个动态系统性机制的变化。在国家竞争中，地理上的集中是必要条件，并且每一个要素都积极参与不可或缺，这样才能为企业创造出良好的发展环境，从而也才能更好地促进企业的投资能力和创新能力。此外，波特认为，地理集中可对国家其他行业的竞争者形成竞争压力，从而激发他们的创新能力，使他们能更有效地参与竞争。这种因地理上的集中而形成的产业集群具有更为重要的优势，它能够将四个基本要素整合成一个整体。这样更易于四个要素相互作用和协调提高，进而形成国家产业竞争优势。由此可见，波特的竞争优势理论认为产业竞争是国家获得竞争优势的关键，而这种优势的获得基于国家在国内几个区域内建立起具有较强竞争力的产业集群。

5. 克鲁格曼新经济地理学理论

20 世纪 80 年代末，保尔·克鲁格曼（Paul R. Krugman）打破原有的地理、地域、城市、环境的状况给定的约束条件进行的静态分析，将经济产业集聚与地理区域集聚的相互促进，城市化与生产、贸易的扩张过程进行动态分析，把空间问题引入经济分析之中。克鲁格曼的新经济地理学理论是在垄断竞争模型［迪克西特－斯蒂格利茨（Dixit-Stiglitz）简称"D-S 模型"］的基础上，以规模报酬递增和不完全竞争的市场结构假设为前提的条件下发展形成的。这一理论解释了产业集聚是如何形成的，该理论认为企业的规模报酬递增、生产要素移动和运输成本通过市场传导、相互作用而产生产业集聚现象。1991 年，克鲁格曼的《收益递增与经济地理》一文发表在《政治经济学杂志》上，该文解释了一个国家或区域的制造业企业将区位选择在市场需求大而相对集中的地方，以达到运输成本最小化，从而实现规模经济。

克鲁格曼在张伯伦的垄断竞争思想和 D-S 模型的基础上，发展形成了规模报酬与贸易理论。这一理论基本上是以垄断竞争为基础的。制造业活动倾向于空间集聚的一般性趋势被新经济地理学的产业群模型从理论上得以证明。克鲁格曼的新经济学理论动态地研究地理空间集聚程度的变化，并阐明了经济活动的空间聚集的核心线索：报酬递增、空间聚集和路径依赖。

七、政府规制理论

"规制"一词来源于英文的"Regulation"或"Regulatory Constraint"，为日本学者所译。作为规制经济学的一个重要概念，政府规制又称"政府管制""政府监管"，即政府运用公共权力，通过制定一定的规则，对个人和组织的行为进行限制与调控。史普博（Daniel F. Spulber）认为，它是行政机构制定并执行的直接干预市场机制或间接改变企业和消费者供需决策的一般规则或特殊行为。[1] 日本学者植草益认为，通常意义上的规制，是指依据一定的规制对构成特定社会的个人和构成特定经济的经济主体的活动进行限制的行为。

政府规制是一种行政行为，以效率和公平为目标，对不完全竞争、外部性和信息不对称等市场失灵方面的情况进行行政干预，改变企业与消费者的供需决策，使市场资源配置和社会福利

---

① 丹尼尔·F. 史普博. 管制与市场 [M]. 余晖，等译. 上海：上海人民出版社，1999：45.

达到最优化。

政府规制的产生是市场经济自身演变的结果。在 18、19 世纪，不管是微观层面还是宏观层面，政府极少对市场进行行政干预。但是，随着近代市场经济的演变发展，自 1929 - 1933 年的大萧条以后，政府意识到市场资源自动配置的缺陷，政府规制开始在西方国家兴起，越来越多的学者开始致力于研究政府规制理论。政府规制理论主要经历了规制公共利益理论、规制俘获理论、规制经济理论、激励性规制理论四大阶段。

（一）规制公共利益理论

规制的公共利益理论是建立在规范分析框架的基础上的一种理论。它以市场失灵和福利经济学为基础，认为规制是政府对公共需要的反应，其目的是弥补市场失灵，提高资源配置效率，实现社会福利最大化。该理论产生的直接基础是市场失灵和外部性的存在。

美国著名法律经济学家理查德·波斯纳（Richard Allen Posner）指出，公共利益理论或明或暗地包含两个假设，一是由于市场自身存在缺陷，单靠市场自身的配置，不能实现社会福利最大化；二是政府的规制行为是无代价、无成本的，政府规制是对社会的公正和效率需求所做出的无代价、有效和仁慈的反应。规制公共利益理论中，政府是公共利益而不是某一特定部门利益的保护者。政府应对任何出现市场失灵的地方进行行政干预，从而在确保资源配置效率的情况下，保证公共利益不受损害。米尼克（Minick）、欧文（Owen）和布劳第根（Braentigam）都表达了这种观点。米尼克认为政府规制是针对私人行为的公共行政政策，是从公共利益出发而制定的规则。欧文和布劳第根将规制看作是服从公共需要而提供的一种减弱市场运作风险的方式，也表达了政府规制体现公共利益的观点。

与此同时，一些学者也指出了规制公共利益理论的缺陷。维斯卡西（Viscusi）、维纳（Vernon）和哈瑞格（Harring）指责规制公共利益理论的假定前提是对潜在社会净福利的追求，却没有说明该如何去进行这种追求；且对规制发生的论断没有进行实证检验。斯蒂格勒（Stigler）和佛瑞兰德（Friedland）认为规制仅有微小的导致价格下降的效应，并非理论所宣称的那样规制对价格下降有较大的抑制作用。波斯纳认为，政府规制与外部经济、非外部经济、垄断市场结构并不存在必然联系。许多非自然垄断也非外部性的产业也一直存在价格与进入规制。在现实经济生活中许多厂商支持甚至要求规制。阿顿（Utton）指出公共利益理论以市场失灵和福利经济学为基础的狭隘性，因为除了纠正市场失灵外，政府还有许多的微观经济目标需要实现，因此政府的介入，并不一定是因为市场失灵。克瑞（Crew）和克雷道佛（Kleindorfer）认为公共利益理论中"公共利益"术语本身具有模糊性。

（二）规制俘获理论

规制俘获理论，又称"规制的部门利益理论"，是斯蒂格勒首先提出的，由皮兹曼和波斯纳加以发展。俘获理论认为，政府规制是为满足产业对规制的需求而产生的，即立法者被规制中的产业所俘虏；而规制机构也逐渐会被产业所控制，即规制者被产业所俘虏。

斯蒂格勒在 1971 年发表的《经济规制论》一文中用经济学方法分析了规制的产生，指出规制是经济系统的一个内生变量，其真正动机是政治家和产业部门对规制的供给与规制的需求相结合，各自谋求自身利益的最大化。1976 年，佩尔兹曼（Peltzman）在三个层次上进一步发展了规制俘虏理论：对市场失灵、对政府规制结果的预测以及推断政府规制在经济上的有效性。他认为规制并不具有有效性，而只是收入在各利益集团间的分配。伯恩斯坦（Bernstein）于 1995 年创立 "规制机构生命周期理论"。该理论认为，所谓的公共利益理论是不可能实现的，尽管起初规制机构能独立运用规制权力，但随后逐渐被垄断企业所俘获。"合谋理论"则认为政府规制者从一开始就受被规制者和某些利益集团的影响而被俘虏。

（三）规制经济理论

规制理论分析和长期的规制实践表明，监管和市场失灵的存在并不完全相关，规制者也不完全是生产者的支持者。规制公共利益理论和俘获理论仅仅是一种假设和对规制的一种陈述。

1971 年，施蒂格勒发表《经济规制论》，首次运用经济学的基本范畴和标准分析方法解析规制的产生，开创了规制经济理论。斯蒂格勒对政府规制的分析建立在两个前提下：一是政府规制具有强制性，二是各规制机构在理性的行为选择下追求各自效用的最大化。斯蒂格勒运用经济学的分析方法分析规制的产生，将规制视为由规制需求和规制供给联合决定的经济系统的内生变量，而非外生变量。施蒂格勒通过模型说明生产者对立法过程的影响明显大于消费者。由于生产者的数量明显少于消费者，因此他们比消费者具有更多的同质性，较易形成组织联盟；同时企业的平均收益高于强加给消费者的人均损失。因此，生产者具有更强的行为激励，政府规制的结果必然倾向于生产者。

佩尔兹曼模型对此理论进行了完善。该模型的关键假设在于控制规制政策的个体选择往往倾向于对其政治支持最大化的政策。规制政策的制定在考量其自身的成本收益水平的同时，决定规制受益集团的规模及向他们转移财富的多少。他因此以价格和产业利润为变量，创立了政治支持函数，通过对该函数和立法者

（规制者）的无差异曲线的分析得出结论为：规制者在制定监管政策时不会将价格设定为使被监管产业的利润最大化时的价格，政府的规制多会倾向于具有相对竞争性或相对垄断性的产业。在竞争性企业中从政府规制获益的是企业，而垄断产业中从政府规制获益的是消费者。在斯蒂格勒和佩尔兹曼的模型都以规制者选择政治支持最大化的政策为规制的基础。此外，贝克尔模型认为规制是用来提高势力更强的利益集团的福利。建立在政治均衡理论基础上的贝克尔模型的结论是：如果规制产生的边际净损失增加，那么规制活动的数量就会相应地减少。能改善福利的规制政策决定于利益集团向规制者实施压力的效率，规制政策也更有可能被执行。

（四）激励性规制理论

上述各种理论的缺陷是它们假定规制者与被规制者在方案制定和实施过程中所掌握的信息是均衡的，双方处于一种对称信息博弈的状态。在此假设下的监管方式主要是服务成本规制和报酬率规制。此种规制方式允许被规制企业利用产品或服务收回成本并通过正常经营获得合理的资本报酬率。但服务成本规制或报酬率规制也具有明显的缺点：首先，被规制企业缺乏成本节约的激励，容易将上升的成本转嫁于收费水平上；其次，没有充分考虑需求水平的收费体系存在激励缺陷；第三，信息的不对称性使个别成本的核算方法难以得出公正的结论；最后，规制机构的定价以被规制企业的资本投资回报率为标准，从而会产生如下问题：何为合理的投资回报率？如何确定投资回报率的资本基数？如何避免企业改变投资方式和决策而影响资本基数并导致投资低效的后果？

激励性规制理论在很大程度上有效地弥补了上述缺陷。[①] 植草益认为，在保持原有规制结构的条件下，激励性机制能激励被规制企业提高内部效率，给予被规制企业竞争压力、提高生产或经营效率的正面诱因。[②] 在激励性监管理论中，被规制企业被赋予更多的价格决定权，使其可以利用自身的优势和利润最大化动机主动节约成本、提高内部效率，以增加利润。与传统的规制理论相比，激励性监管理论更注重被规制企业的绩效和外部效应，较少干预企业的具体行为，使企业具有更多的经营自主权。

激励性规制理论主要包括四种方式，即最高价格上限规制、区域竞争、特许权投标以及社会契约制。最高价格上限监管是指监管者仅规定价格浮动的上限，被监管者可以在此价格区间内自由制定自身价格水平，给予了企业一定的节约成本和提高效率的激励。该监管方式下企业通过自我定价，得到拉姆士价格[③]结构。假设企业受平均价格上限的控制条件下，满足以下公式：

$$\sum_{k=1}^{n} w_k p_k \leqslant p$$

其中，$w_1, w_2, \ldots, w_k$ 为每种服务收费的权重。在此前提条件下，企业拥有可自由选择极大化利润的价格的自主权，并自由确定相对价格结构。区域竞争是指在全国范围内的几个地区性企业间的相互竞争，通过别的地区的成就激励另外地区的企业提供内部效率。特许权投标指政府在一定时期内给企业以特许权，企业

① Crew M. A. Paul R. Kleindorfer. Regulatory Economics：Twenty Years of Progress [J]. *Journal of Regulatory Economics*，2002（1）.

② 植草益. 微观规制经济学 [M]. 朱绍文，等译，北京：中国发展出版社，1992：12.

③ 拉姆士价格是一系列高于边际成本的定价，它能资助商品和服务的提供，当某一商品或服务的价格提升所产生的净损失小于运用额外收入所产生的净收差时，经济效率就提高了。

享有特许权的特许期结束后进行竞争投标。社会契约制是指规制者与被规制者之间修订关于收费标准的合同，合同到期时如果被规制者能取得比合同约定更好的成绩，规制者将予以奖励；反之，被规制者将受到相应的惩罚。

第 三 章

文化软实力的经济学解析

随着经济的发展，世界上有先见之明的国家意识到过去注重经济硬实力发展的模式已经不再适应现代信息化社会发展变化的形势，因而，纷纷调整国家战略，由最初的单纯重视经济硬实力发展战略转向重视文化软实力的发展战略。发达国家文化软实力发展的实践证明，文化软实力为它们带来了巨大的经济利益。这种利益既有直接的经济利益又有间接的经济利益，既有现时的经济利益又有未来的经济利益。本章从文化因素与经济发展的关系、文化软实力的经济效应以及文化软实力与经济硬实力的关系三个方面对文化软实力进行经济学解析，深入分析文化软实力的经济学意义。

第一节　文化因素与经济发展的关系

文化与经济都是人类所创造的财富，在这一财富中二者是整体与部分的关系。其中，文化是整体，是物质财富和精神财富的总和，经济是部分。生产力越发达，经济与文化的关系就越密切。经济的竞争，归根到底是文化的竞争。

一、文化经济化

文化经济化，就是将文化中的商品属性剥离出来，将文化要素转变为商品，使其成为活性因子促进经济发展。这样一来，文化便成为现代生产力的重要组成部分。

文化具有二重性，即文化性与商品性，文化经济化便是文化的商品性发挥作用的结果。文化进入经济领域，使人类文化精神产品以商品的形式进入商品流通领域，文化便成了商品。精神产品的生产依托文化市场，同时，文化服务与消费之间靠文化市场连接，因此，文化具有意识形态性，这一属性决定了文化产品与文化服务要讲求经济效益与社会效益的统一。文化经济化的另一个表现是，文化资源不断被人类社会转化为各种形式的商品和科技文化成果，推动了文化产业的发展。文化产业是新兴产业，其目的是提高人们的思想道德素质与科学文化素质，服务于人们的鉴赏力和精神需求。文化产业的兴起将促进文化事业的长足发展，并为其今后的发展增加持续不断的动力。文化具有商品性，这种属性通过经济形式表现出来，跟其他商品一样具有价值和使用价值。除此之外，文化的商品性还具有娱乐功能与经济功能。

著名经济学家——阿玛蒂亚·森博士，1998年诺贝尔经济奖得主，联合国前秘书长加利的经济顾问，曾任英国剑桥三一学院院长、哈佛大学教授。他认为，文化是经济发展的重要因素之一，文化因素影响着人们的经济行为、经济选择以及政治行为。森认为行为文化具有多样性和复杂性两个特征。不同区域的行为文化存在一定的差异，因为不同区域具有不同的文化背景及文化基础。此外，森解释了文化和经济发展的关系，并以日本文化为例加以详细的阐释。他认为，文化是经济发展手段和经济发展目标的结合体，两者呈互补关系。

1999 年 10 月，世界银行提出，文化是经济发展的重要组成部分，也将是世界经济运作方式与条件的重要影响因素。自2008 年金融危机以来，世界经济尤其是欧美经济都受到相当大程度的影响，欧洲许多国家的经济发展甚至出现了衰退；自2012 年起，有些国家甚至出现了二次衰退。在后金融危机时代，如何充分发挥文化产业、优化经济结构、促进持续发展，不断提高文化产业对加快经济发展方式转变的作用，对刺激经济的复苏、促进经济增长起着至关重要的作用。

文化发展了，可以以各种形式促进社会生产力的发展，对社会经济的发展起到助推作用。例如，春秋战国时期，由于铁器的广泛使用和土地日益私有化，生产力水平有了较大的提高，社会大变革征象凸显，代表社会各阶层、集团利益的文化人纷纷发表自己的主张，诸子百家群星璀璨，我国文化的"轴心时代"诞生了。一时文化思潮相互激荡，诸侯列国竞相采纳富国强兵之策，在一定程度上催生和巩固了一些新的社会生产方式，促进了经济的发展。而经济中一旦注入了先进的科技文化，并通过高素质的劳动者将科技文化转化为第一生产力，就能够加速经济发展。

文化可扩展经济活动的天地，开发新的产业，为经济发展提供创新力，并通过改变劳动者的文化观念，更新其价值取向，对经济运行起到导向作用。

首先，文化通过为经济提供人才、技术、创新等支撑，提高经济发展水平。实际上，文化在经济中的作用是切实存在的，也是最实在的，因为它不仅存在于人的观念中，还存在于人以劳动将自己对象化了的物质财富中。经济的发展需要文化的支撑，这已被近代社会经济发展的历史所证明。"经济人"的概念最早出现在亚当·斯密的著作《国富论》中。"经济人"指的是当时社会的新阶层，即市民阶级。普通市民阶级的价值观和道德观，诸如诚信守约、尊重市场伙伴、履行支付承诺等，构成了当时社会特定的文化观念，而正是这些观念，构成了后来市场扩展和经济发展不可或缺的条件。在科技进步和知识经济发达的今天，文化在经济领域、经济活动中的渗透无处不在。地方特色经济与文化的结合、文化人才的复杂劳动、技术创新的价值增值、产品的文化创意设计、品牌的文化构思、企业文化的塑造等，无时无刻不使文化资源源源不断地转变为经济资源，促进经济价值的提高和经济竞争力的增强。

其次，文化产业为经济发展提供了新的路径，有效促进社会及经济结构优化。与传统的工农业生产物质产品不同，作为新兴产业，文化产业生产满足人们精神需求的产品和服务。通过产业的融合和新建，优化经济结构，随着经济的不断发展，这一新的创造价值的产业及产业模式在国民经济中的地位变得越来越重要。例如，美国的影视业所创造的价值早就超过了它的航天工业，尤其是好莱坞电影无论在市场影响力还是在文化影响力方面都处于世界电影的霸主地位。20世纪福克斯、华纳兄弟、派拉蒙等一些大的影视公司都是世界500强企业，影视业已经成为美国国民经济中的一个主要产业。文化产业对经济发展与社会结构将产生重大影响。文化产业可以通过主导、驱动、转换、提升及渗透等多种方式，以多种产业的形式推动经济结构的优化。党的十七届六中全会强调，"加快发展文化产业、推动文化产业成为国民经济支柱性产业"，此举不仅将有力促进文化产业实现跨越式发展，还将进一步促进整个经济的发展和结构优化，增强我国整体经济实力和国际竞争力。

文化产业成为推动经济增长的新生力量，文化价值观念的变化带来了产业结构调整和经济结构的变化：科学技术从以前的从属地位已发展成为经济发展的主导因素，现代人文观念带来了文化旅游，新的环保意识带来了环保产业、绿色产业的发展等。

第三，文化生产力成为推动经济发展的新生力量。文化以生产力的形式作用于经济发展。文化生产力是精神生产力的最集中表现形式，在现代社会中，精神生产力正以一种加速度推动着人类社会的发展，越来越凸显出其不可替代的重要作用。

文化生产力促进经济增长方式的转变。传统的经济增长方式主要依靠物质资源要素来推动经济发展，它推崇粗放型增长的发展理念。传统的产业发展模式注重有形资源和客体资源的开发利用，如自然资源、土地、资金、机器等。而在以文化理念为主导的经济增长方式则强调无形资源和主体资源的开发和利用，如科学技术、知识产权、文化资本等软性资本，以文化要素的推动力量来促进经济的发展。相比而言，传统的增长方式更多地依赖自然资源，而地球上的大部分自然资源是有限的、不可再生的；文化、知识和技术等软资源却是无限的、可以再生的，而且，它也是可以凭借人的创造力不断增长的。

文化生产力拓展了生产力客体要素的范围，使生产要素多样化。一切物质资本、文化资本、知识资本、精神资本以及社会资本等都成为文化生产力的客体。文化生产力对这些客体加以开发利用，使之转化为经济资本，成为促进经济增长的有利资源，这打破了以往仅实物资本是物质资本客体的局限，拓展了文化生产力发展的资源。

最后，文化产业成为国民经济的重要支柱产业。在当今社会生产力系统中，文化生产力发挥着更加重要的作用，也使文化走向实践领域和物质领域，不再局限于意识领域和精神领域的范畴。在文化产业化的过程中，文化产业的市场化程度不断提高；文化产业也正走向集中化，如书籍、报刊、音像制品等也以"文化工业"的形式大批量生产；以文化为导向的精神领域的生产在越来越大的范围内进入物质生产领域。精神文化的创新在日益扩大的范围内被不断转化为物质成果。

此外，文化消费既是一种生活享受，也是一种经济贡献。在我国，文化消费在满足人们精神文化需求的同时，也作为一种内需不断拉动经济发展。随着国民收入的提高，我国文化消费近年来呈迅速增长态势。据有关部门测算，2010 年，我国文化消费总量在 1 万亿元左右，到"十二五"末达到 1.5 万亿元。

随着文化经济化的不断发展，文化的经济功能不断增强，市场、产业中的文化因素越来越多，产品的销售、企业的兴衰、品牌的流行受文化的影响也越来越大。随着文化经济功能的增强，文化本身也发展成为一种产业，在国民经济中的地位和作用日渐突出。文化商品属性的日益增长，增强了文化的造血功能，使文化的发展机制进入良性循环，文化成为社会生产力的重要组成部分，西方国家的文化产业发展便充分印证了这一点。如今，从西方发达国家兴起的娱乐文化如电影、电视、音乐、篮球赛、足球赛等已成为当代世界经济中的新兴产业。自 20 世纪 90 年代以来，信息技术等高科技及其相关产业的迅猛发展掀起了科技革命，世界进入了知识经济、文化经济时代。如今，文化经济在美国国内生产总值中的比例已高达 70%，在加拿大国内生产总值中也已高达 60%。迪士尼公司是全世界最大的传媒娱乐企业；迄今，好莱坞电影《泰坦尼克号》在全球创下的票房收入高达 18.35 亿美元等事实都充分证明了文化的经济价值。文化产业日益成为世界经济新的增长点，被视为 21 世纪的"朝阳产业"。

二、经济文化化

经济文化化，是指经济与文化二者相互作用、相互交融，经济生产不再局限于物质领域，而是拓展到精神领域，并逐渐成为经济发展的重心，已成为当今市场经济条件下的一种特殊经济现象：经济文化一体化。

首先，在经济活动中，文化日益活跃，发挥的作用不断增强。世界各国均注重文化的经济功能，从文化入手来开拓经济发展的新领域。

其次，经济全球化、文化产业化使文化产业在综合国力竞争中的地位愈加重要。当今国与国之间综合国力的竞争不仅是经济实力、军事实力、科技实力等方面的竞争，更是文化软实力的较量。文化市场也不仅局限于国家内部，而是日益国际化。作为国民经济的重要组成部分，文化产业已经成为综合国力竞争的重要因素。

第三，文化经济成为世界经济格局的重要力量。从经济要素的流动趋势来看，文化资本的全球流动将决定世界文化市场的走向、影响国际文化产业格局的变动、改变国际文化产业的秩序，并在资源配置方面发挥重大作用。

例如，西方文化在近现代迅速发展起来，并在全世界产生广泛影响，尤其是美国文化在全球有着极大的影响力。因此，以美国为代表的西方发达国家利用文化的竞争优势，将文化市场的触角伸到全球范围的各个角落，文化领域中的文化娱乐业、电影电视业、图书影像业、文化旅游业、快餐业等产业在国际市场上斩获颇丰，获得了巨额利润，在全球文化市场中独占鳌头。由此可见，文化产业的发展不仅是国家竞争力提升的重要因素，而且也成为发达国家经济增长与财富积累的重要途径。

　　人类所进行的一切经济行为都具有文化意义。经济结构是人类文化发展的一种物质形态；而以精神生产为主要特征的人类文化行为，则是在人类文明发展过程中的另一种表现形态。这也说明在人类社会的发展过程中，文化发展和经济发展是同步的。

　　在世界经济高度发达的今天，经济越来越注重文化因素的融入，经济文化化已成为当今经济社会发展的特征。企业文化（管理文化、产品文化、品牌文化、经营理念等）、服务文化、消费文化等便是经济文化化的典型表现。经济文化化是经济发展过程中文化含量提升、文化要素占有重要地位的表现，也是经济发展不可阻挡的趋势。

　　纵观经济发展历程，经济的文化内涵呈不断提升的趋势。最初的农业经济阶段，经济发展依靠的是自然力。工业经济阶段，经济发展依靠的是资本和大机器。现今的知识经济阶段，经济发展依靠的是知识、技术和人文精神的有机结合。在知识经济的今天，文化因素在经济发展中的作用变得比以往任何时候都更加突出。从横向来看，随着技术水平的提高，商品的同质化趋势越来越明显，因而文化因素成了企业竞争的关键，企业文化在市场竞争中扮演着不可替代的角色。

　　从消费需求的发展历程来看，物质生活水平的提高必然伴随着对精神文化生活需求的不断增长。因而，随着社会的进步，精神文化消费在人们的消费结构中所占的比重也必然越来越大。人们越来越注重商品的文化因素、文化内涵，只有那些文化含量高、文化品位高，既能满足人的物质需求又能满足人的精神需求的商品，才能赢得消费者的青睐。

　　文化不断地向经济渗透，经济日益文化化，为经济的发展提供了强有力的智力支持和保障。经济增长和社会进步的速度取决于文化的发展，文化推动着社会先进价值体系的形成。在经济社会的发展进程中，文化的内在驱动力具有超越经济力和政治力的强大力量，文化的地位和作用愈加重要，已成为企业、地区以及国家竞争力至关重要的因素。文化内涵在经济活动中注入的多少与物质生产中产品的档次和附加值成正比，文化内涵注入的越多，产品的档次和附加值就越高，部门效益就越好，竞争力就越强；文化发展中经济成分和科技含量的比重与文化的覆盖面、文化的影响力、文化的渗透力也成正比，经济成分和科技含量的比重越大，文化的覆盖面就越广，影响力和渗透力就越强。在知识经济时代，产品文化含量的高低直接决定着产品的被接受程度和其价格的高低，服务、知识、信息等第三产业俨然已成为世界经济的重心。在美国、西欧、日本等发达国家，文化要素在经济发展中的比重日益增加，其经济产业结构发生了根本性的变化，经济中的文化因素已跃居重要地位。

经济文化化推动了文化经济的兴起。打造文化经济，举全民之力发展文化事业和文化产业，在经济活动中注重提升产品档次、改善产业层次，提高物质消费产品的文化内涵，才能增强产品的竞争力，满足人们更高层次的精神文化需求，是人类经济社会发展的合理选择。

三、经济文化一体化

所谓"经济文化一体化"，是指在现代知识经济社会中，文化与经济相互渗透、相互作用、相互促进的一种新的文化经济现象。

随着社会的发展，人类越来越追求经济的快速发展。尤其是自 20 世纪中期开始，人类利用更先进的生产工具和更发达的科学技术，无节制地开采自然资源，从大自然中贪婪地攫取物质财富，从而导致了经济、环境、社会的非协调发展，带来了诸如生态失衡、生存环境恶化、气候变暖、通货膨胀、高失业率等一系列难以解决的社会问题。人们意识到文化在人类社会发展中的重要性，开始重新审视人与物质、自然的关系。复杂经济现象的背后往往是文化问题，经济和文化已连成一体，密不可分。经济与文化的一体化发展是双向的，经济需要文化实现创新性发展，而文化需要物质寄托，以在经济的发展中创造新的文明。"经济文化化""文化经济化""经济文化一体化"是当代经济社会发展的一个重要特征。

自20世纪90年代以来，世界经济和科技获得长足发展，互联网的兴起使世界经济和文化联系更加密切，文化的力量日益凸显，文化与经济互动性增强，经济和文化的一体化趋势明显。21世纪的今天，经济文化化、文化经济化已是社会发展常态。

经济与文化从来都是密不可分的。历来许多思想家、艺术家、经济学家、哲学家和学者对经济和文化的关系进行过不懈的研究。约翰·斯图尔特·穆勒（John Stuart Mill）早就注意到了制度因素和知识、道德因素与经济发展密切关联。穆勒认为，政治经济学研究的对象属于道德和社会科学的范畴，并认为人们的道德和心理因素决定了各国的经济状况，经济状况依附于社会制度、社会关系以及人的本性。此外，穆勒还认为一国的法律以及人民的信仰对本国经济状况的作用不可小觑，而经济状况会影响智力发展和社会关系，反作用于人们的信仰和法律。诺思则用文化因素来解释经济增长，他认为制度和意识形态共同决定了经济绩效。他还强调了文化因素在经济发展中的关键作用，并以拉丁美洲为例解释了拉美国家在独立时忽视自身文化背景，一味采用美国宪法或其变种，直接或间接复制了西方的法律体系，但是，期望的经济增长并没有出现，原因就是它们忽视了自身不同于西方的文化因素。

经济与文化相互依存且相互促进。经济是基础，决定了文化的发展；作为人意识产物的文化，是上层建筑。经济的发展能改善人们的生活质量，为文化的发展创造更多的机会和条件；文化的发展可以推动社会环境的改善，提高人的素质和修养，从而促进经济的发展。《马克思恩格斯选集》这样描述文化与经济的关系："思想、观念、意识的生产最初是直接与人们的物质活动，与人们的物质交往，与现实生活的语言交织在一起的。"①

经济的产生，最初是人不满足于大自然的赐予，而自己开始从事生产，创造出自己所需的消费品时产生的。这种有意识的生产活动，是文化，同时也是经济。从文化人类学角度来说，人类的一切经济活动实际上都是文化活动，具有文化意义。文化与经济的关系就是一种共生互动关系。随着社会文明的发展，人类发现文化本身是一个相对独立于经济的另一种力量，发现了文化对经济发展的推动作用后，才慢慢出现了自觉的、有目的的、现代人类学意义上的文化经济活动。

经济和文化是共生共长的。经济是人生存和发展的基本活动，人意识的最初是针对经济活动，随着人类社会的发展，慢慢形成了各种不同的文化。文化也是人类意识中的一部分，而这种意识也是人类社会生活的要素之一。人类整个经济活动的过程是人赖以生存和繁衍的基本活动，也是人与人进行社会交往和活动的基础和主要形式。文化作为对人和社会基本关系的一种意识形态，它的最基本的内容是经济活动，它是在经济活动的基础上产生的。经济的发展促进文化的发展，经济的落后则会阻碍文化的发展，反之亦然。

对 20 世纪经济学理论的发展加以梳理不难发现，经济学家

---

① 马克思恩格斯选集（第一卷）［M］．北京：人民出版社，2012：151.

历来对文化因素非常重视。文化对经济发展的影响难以估量，这是造成国家或区域经济发展差距的重要原因之一。在研究日本经济繁荣时，阿玛蒂亚·森就不仅仅只看到日本表面经济的繁荣，而且注意到经济发展中起关键作用的是日本文化；著名经济学家安纳利·萨克森宁（A. Saxenian, 1994）在美国硅谷的发展中所看到也不仅仅是硅谷科技和经济的高速发展，他还看到了硅谷文化的发展对其经济发展的作用。有远见的经济学家们看到了国家文化或区域文化对经济发展发挥的重要影响。国家或地区文化基础健全，相对来说，其经济发展就快；文化基础极其薄弱，经济发展相对落后。从某种程度上讲，贫困的恶性循环是"贫困文化的恶性循环"。

"文化与经济相互交融"，是经济社会发展的大趋势，是当代社会发展的一个带有普遍规律性的重要现象。即经济和文化越来越密不可分，它们不断接近以至融合甚至部分重合。

第四次浪潮——文化潮对经济的冲击，是文化与经济密不可分关系的典型反映。当代文化发展的三大趋势：文化现代化、文化经济化、文化国际化，突出研究和重点论证了文化经济一体化的发展趋势，并指出"文化经济化和经济文化化"正是这一趋势的重要表现。当今知识经济社会，经济与文化的联系比以往更加紧密，二者水乳交融，优势互补，经济中有文化，文化中有经济。经济的发展为文化的发展奠定了坚实的基础，文化的发展为经济的发展提供了强有力的支撑。各国尤其是新兴发展中国家（也包括发达国家）纷纷打出文化牌。国与国之间的文化交流也比以往更加频繁，多国间相互设立"文化日"，加强在异国领域对本国文化的宣传，以提高本国文化在他国乃至全球的影响力。任何国家或民族的经济活动或经济问题无不与其复杂的文化背景有关，任何民族的文化活动也总是与其经济发展水平和生产力水平相联系。

经济与文化相辅相成，密不可分。每个社会的发展都有经济与文化的双重轨迹，它们的发展几乎是同步的。现代化生产的产品附带的文化价值，提高了物质产品的文化品质，为经济插上了文化之翼，使经济腾飞；通过媒体加以宣传的科技和经济信息，以文化为载体的宣传可使这些信息加速转化为现实生产力，并产生经济效益。

经济为文化的发展提供必要的物质条件。公共文化服务体系的建立、文化人的工薪报酬、文化消费者的消费支出，均离不开物质生产部门的支撑。

经济为文化提供丰富的内容和多变的形式。比如古希腊神话的创作、史诗等艺术的发展和繁荣，是以当时不发达的生产力水平为前提条件的；我国的上古神话传说如女娲补天等也都充满丰富的想象力，也是源自当时比较落后的经济和科技水平。神话故事诞生在生产力不发达的社会中，充满神奇的幻想，由于生产力水平低下，经济和科技落后，社会中存在太多人们无法解决的奇异现象，因而人们凭借丰富的想象，把原始劳动者的主观愿望寄予神话故事，给世界万物的生长变化蒙上神秘的色彩。神话创造出的神的形象，以原始劳动者的自身形象为原型，具有超人的力量，是原始人类自我主观愿望的理想化，是人根据当时社会的生产状况和对自然力的认识想象出来的。不同经济条件下，人们所创造的神话人物也不同，但都跟当时自身的生产力水平相关。如狩猎经济较发达的社会，人们创造的神话大多与狩猎有关；而农耕社会，人们创造的神话多与农业有关。当时相对比较落后的生产力水平决定了人们只能把自然力形象化，借助想象征服自然力。然而，当生产力发展到工业时代，随着生产力水平和科学技术水平的提高，人们不再神话地对待自然，也不再主观地把自然神话。现在，经过长期的历史积淀，经济实践活动即是人们的文化创作的源泉，又是人们文化活动的一部分，两者密不可分。譬如种茶会产生茶文化，酿酒会产生酒文化，烹饪会产生饮食文化等。人们利用文化的吸引力，对居住地的旅游加以开发，使本地区经济得到更快发展。旅游项目的开发，使很多具有悠久历史和文化传统的地方经济和文化比翼齐飞，相得益彰。

此外，文化对经济的发展也起着越来越不可低估的作用。

第一，文化为经济发展提供动力。文化产业是文化与经济相结合的产物。文化产业是经济的新增长点，是极具发展潜力的产业。与其他产业不同，文化产业有能耗低、污染小、市场潜力大、文化附加值可不断增加等特点。一般来说，经济社会发展程度越高，文化产业占国内生产总值的比重就越高，对综合国力的贡献也越大。据统计，目前美国各类文化产业总产值约占国内生产总值的25%，已然成为美国的第二大产业；意大利约为25%；日本约占17%；英国约为10%；而我国文化产业总产值仅占国内生产总值的3%。可见，文化产业在我国尚处于起步阶段，发展空间巨大。在国家创建节约型社会的倡导下，文化产业必将成为我国经济增长方式的战略选择。

企业文化的出现也足以证明文化在经济生活中的重要地位。现代企业之间的竞争和宣传大都在文化层面上展开。成功的现代企业往往有其自身的企业文化，这是企业的核心所在，通过企业文化的强大凝聚力、感染力、亲和力来聚拢人心，创造有企业文化形象的高附加值产品。

第二，文化为经济发展提供资源。人是生产力中决定性的因素，以人为本，加大文化教育的力度，全面提高人的素质，才能推动社会生产力更快地发展。人的文化素质越高，创造物质文化财富的能力就越强，就越能实现人的自由和全面发展。现代社会中经济发展越来越离不开具备精深的专业水平、具有良好的人文精神和丰富的艺术修养的高素质人才，只有充分挖掘这些高素质人才的潜能，使之为社会创造出具有独特价值的东西，并把其转化为生产力，才能推动社会不断向前发展。纵观历史上对社会做出重大贡献、推动社会发展的伟大人物，无不具有高素质文化修养，无不多才多艺。如伽利略、丢勒、马基雅弗利、路德等，他们无不会说四五种语言，在几个不同的领域放射出光芒；再如达·芬奇不仅是大画家，而且也是大数学家、力学家和工程师，在物理学的各种不同领域都有重要的发现。按照科学发展观的要求，坚持以人为本，鼓励广大人民群众发挥创造性，激发群众的创新热情，是我们发展社会主义经济和文化的根本出发点和落脚点。

第三，文化为经济发展提供缓冲。文化不仅是政治与经济之间的黏合剂，同时也是政治与经济之间的缓冲层，可以为经济建设提供稳定的社会政治环境。

德国思想家兰德曼提出"人是文化的存在"的命题，美国学者罗吉尔·基辛提出"文化是人生游戏的规则"的命题，文化的多元化使得社会各阶层都能发现符合自己利益的游戏规则，文化的凝聚力使人能够找到归属感、认同感，找到情绪宣泄口，有效降低社会动荡的风险和处理社会危机的成本。

随着现代社会文化交流的日益频繁，文化的异质性决定了在文化互动交流和相互碰撞的过程中难免会产生文化冲突，但文化的吸引力通常能成功化解矛盾，有效地促进不同国家、不同民族、不同文化的相互了解和尊重。在世界对中国文化兴趣渐浓的今天，中华文化与世界各国的交流有助于增进世界对中国的全面了解，有助于营造良好的国际环境，为中国的和平崛起创造机遇。

随着社会的发展和物质资源的丰富，在物质需要得到满足以后，人们更多地关注文化的、精神的、心理的需要，即便是物质层次上的需要，也尽可能地与文化结合起来，这是信息时代社会的重要特征：经济文化化和文化经济化，文化与经济相互融合、密不可分。

知识和人才是文化经济的主要特征，这种经济形式要求管理者和劳动者首先应具备文化素质。企业管理者的文化素养、道德品质、聪明才智等综合文化素质，对企业的运行管理、决策发展等具有举足轻重的作用；企业普通员工的文化素质，对企业文化、企业发展和企业竞争力也至关重要。企业全体员工的文化素质越高，该企业的竞争力就越强。文化素质的作用不仅对企业如此，对事业部门、政府部门、国家或地区具有同样的作用。如果部门、国家或地区的领导不具备较高的文化素质，就难以以先进的思想理念正确引领部门的发展，难以运用先进文化理念和现代高科技手段提高部门和地区的管理质量和工作效率，难以促进地区经济社会的协调发展和全面进步。

文化是复杂的，文化作为整个上层建筑的重要组成部分，具有相对独立性。从大的趋势上看，文化与经济的发展是相对平衡的，但文化与经济的关系有时也会呈现不平衡状态。文化的发展有超越经济制约的事例。如三国西晋时期，战乱频发，经济凋敝，却诗人辈出；文化与经济是相互作用、相互影响的，文化能够推动经济的发展，而经济的发展必然有助于文化的进一步发展和繁荣。

总的来说，经济与文化相互交织，构成新时代全新的生产形态和发展模式。在当今知识经济的时代，文化与经济的联系日益密切，当今知识经济的时代特征就是经济文化化和文化经济化。经济与文化相互依存、相互交融，没有离开了文化的社会经济，也没有离开了经济的社会文化。经济文化一体化协调发展已经成为一种趋势。这种趋势表现出来的特征是：智力优势正在取代传统的自然资源优势，文化和科技在产业发展中的贡献越来越大，文化产业已经成为 21 世纪经济持续增长的核心产业。

第二节　文化软实力的经济效应

根据文化软实力的定义和内涵构成，文化软实力可大致分为五种基本形式：文化生产力、文化凝聚力、文化认同力、文化创新力和文化辐射力。文化软实力的五种形式分别产生不同的经济效应。

一、文化生产力的价值创造效应

文化生产力是文化软实力的重要表现形式，是文化软实力的实体因素，主要是指人类创造意识形态产品的能力。在当今文化与经济共生共融的时代背景下，文化生产力成为影响经济社会发展的重要资源，作为社会生产力系统的重要组成部分，在当今社会的经济发展中，日益成长为推进经济发展的新生力量。尤其是自 2008 年经济危机之后，文化生产力更是以自身特有的吸引力成为拉动众多发达国家经济增长的主要力量。许多发达国家诸如英国、美国、法国、韩国等更是在经济领域的各个行业（尤其是旅游业）大打文化牌，以期刺激经济的复苏。

文化生产力作为精神生产力的最集中表现形式，在文化与经济相融的今天，其重要作用是不可替代的，突出表现在以下几个方面。

（一）文化生产力拓展了生产力客体要素的范围

文化生产力使生产力客体要素的范畴扩展到一切社会资本、

物质资本、知识资本、文化资本、精神资本以及潜意识资本。文化生产力不局限于物质资本的狭隘范围，从而具有更广阔的资源，为其作用的发挥提供更宽广的空间，使生产力主体和客体以更加多样的形式相结合，也使其有力地推动社会经济的动态式发展。一方面，一些具有文化底蕴的物质载体如建筑、神话传说等都被文化生产力纳入了自己的范畴，成为文化生产力的客体和资源，并对这些客体和资源加以开发利用，如开发成旅游胜地，把一些历史人物、神话传说中的人物等制成各种带文化附加意义的产品，使其成为促进经济增长的资源；另一方面，通过开发创意产业概念，对本国文化进行产业化运作，进而进行产品生产和销售，从而实现人的创意思想的物质化，把人的思想转化为经济资本。

（二）文化生产力促使经济增长方式的转变

以下两方面是经济增长方式转变的主要表现：一是驱动经济增长要素的质变，二是驱动经济增长途径和手段的质变。当推动经济增长的主导要素转变为文化要素和人的创造力时，必将促使经济增长方式的转变。传统的经济增长方式推动经济增长主要是依靠物质资源要素和物质生产力，而文化生产力推动经济发展主要依靠精神生产力和文化资源要素，它秉持集约型增长的发展理念。传统的经济增长方式和文化生产力的作用、表现也不同，传统的增长方式强调对有形资源和客体资源的开发利用，资本构成以硬性资本为主，自然资源、资金、机器等是驱动经济发展的主导要素。而文化生产力则强调对主体资源和无形资源的开发利用，人力资本、技术资本、知识产权资本和文化资本等软性资本是驱动经济发展的核心要素。其中，人的创造力发挥巨大作用，对文化要素的推动力量受到特别关注。

（三）文化生产力促进经济结构的优化

文化生产力能够对产业进行融合和新建，从而起到优化经济结构的作用。渗透性、融合性和创新性是文化生产力的特征，这些特征使得它能够在实践过程中打破传统产业的界限，将不同的产业相融合，使不同的产业相互渗透，实现产业结构的重构，进而促进经济结构的优化。此外，运用渗透机制和提升机制，文化生产力可对传统产业进行解构。渗透机制是指将文化理念渗透到传统产业的各个环节，如产品的设计、营销、市场、品牌乃至经营管理等环节，进而改变传统产业的价值创造链条。文化产业中的产品设计、品牌策划和营销推广等，可增加产品和行业的附加值，同时，可使产业结构趋于软性化。转换机制是指随着文化产业的发展，资源逐步从传统产业流向文化产业，从而促进传统产业自身内部的结构调整。提升机制是指文化产业通过提升工业、服务业的文化含量与经济价值，提升整体社会经济的发展水平。

文化软实力的一个重要特征是能够将"看不见、摸不着"的精神价值转化为"看得见、摸得着"的文化产品，从精神到物质，以物化的形态直接创造价值，这也是文化生产力的特殊功能。文化产业、创意产业，以及涵盖人文资源、附带人文价值的旅游产业通过文化生产力在市场中可实现自身的文化价值。国内外学者对软实力进行研究建立软实力指标体系时把文化赋予较高的权重，这充分表明，文化是软实力资源中的核心要素。建立在一定的文化基础上，具有文化价值的精神产品如影视作品、文学作品、音像制品、报纸杂志等都在市场上体现了自身价值，创造了巨大的经济价值，成为国民经济的重要组成部分，促进了经济的增长。

美国自20世纪中期开始，推行一系列的政策和措施，美国文化产业开始蓬勃发展，美国文化产品逐渐占领全球市场，成为头号文化输出强国。当前，美国拥有 1500 多家日报、8000 多家周报、1.22 万种杂志、1965 家电台和 1440 家电视台，其中美国广播公司、哥伦比亚广播公司、全国广播公司三大电视巨头以及全球最具影响力的电影生产基地好莱坞影响甚广。好莱坞大片、肥皂剧、迪斯尼乐园、流行音乐、全球传媒业、《时代》杂志和《读者文摘》这些大众文化产品在 21 世纪的今天，悄然走进了其他国家，风靡全球。美国文化产业的经营总额高达数千亿美元。据资料显示：目前，美国文化产业的产值已占国内生产总值的 18%～25%，每年创造近 9000 亿美元的价值，文化产业已成为美国的支柱产业之一，美国占世界文化市场总额的 42.6%。

英国文化产业的发展在整个国民经济中的地位越来越重要，政府部门、社会团体和组织、研究单位及商业机构对文化作为一种特殊产业的认识不断加深，从而促进了文化产业的更快发展。迄今，英国文化产业规模相当大。1995 年的统计数字表明，文化产业净收入约为 250 亿英镑，其产值约占国内生产总值的 4%，超过了任何一种传统制造业所创造的产值。英国政府官网显示，2017 年，英国文化产业产值达 295 亿英镑，比 2016 年增长 7.2%。[1] 根据 1998 年英国政府授权进行的调查统计，文化产业所创造的年产值接近 600 亿英镑，直接从事文化产业的就业人数接近 100 万人，间接就业人数约为 45 万人，文化产业就业人数占全国总就业人数的 5%。创意产业[2]也是英国容纳就业的第一大产业，1997—2006 年，创意人群从 156.9 万人上升至 190.6 万人，平均年增长 2%；2007 年进一步增至 197.8 万人，增长率达

---

① 参见 artsprofessional. co. uk/news. 30 November 2018.
② 英国于 1998 年提出"创意产业"（creative industry），从此，"文化产业"的说法被"创意产业"所取代。

4%；2010年下半年，创意人群总数接近230万，已与金融业规模相当。英国政府官网2018年11月28日显示，英国创意产业已突破1000亿英镑。①

再看看韩国。1998年，刚当选韩国总统的金大中提出"文化立国"新战略，确定将低消耗、无污染、立足于创新创意的文化产业作为21世纪国家经济发展的重点产业，并启动相应的政策、法规和资金等加以扶持。在文化产业振兴的政策引领下，短短五年韩国再次崛起。韩国的影视剧、动漫、网络游戏等文化产品产值已成为国民经济增长的一个重要支柱，其中动漫业产值已占全球的30%。电影出口1995年仅为21万美元，到2001年已高达1100多万美元，增长了50多倍；自1998年至2002年韩国网游业产值翻了一倍，《2019年韩国游戏产业白皮书》指出，2018年韩国游戏市场规模为14.29万亿韩元，折合人民币约852亿元，同比增长8.7%。韩国网络游戏产值已超过汽车制造业，跻身国民经济的三大支柱产业之一。② 作为韩国三大电视公司之一的韩国文化广播公司（MBC），2000年前后在上海电视节电视片仅售出5万美元的片子，2002年却售出了100多万美元，翻了20倍。韩国文化体育观光部2019年7月4日发布的统计数据显示，2017年韩国文创内容产业出口总值为88.14亿美元，同比增长46.7%，增幅远超韩国整体产业出口。此外，2017年文创内容产业从业人员为64.48万人。③

由此可见，文化软实力的价值创造效应是不可估量的。

---

① 参见 www. gov. uk/government/news, 28 November 2018.

② 韩国文化体育观光部：2019年韩国游戏产业白皮书，www.199it.com.

③ 统计韩国文创内容出口同比增加47%，韩联社，2019 - 07 - 04. https://cn. yna. co. kr/view/Ack20190704003100881.

二、文化凝聚力的集聚整合效应

文化凝聚力是指在文化认同的基础上，某文化体系对其文化共同体成员所形成的统摄力、吸引力、感召力，这种力量促使文化共同体成员紧密地团结起来，自觉维护其文化共同体的利益。文化凝聚力是文化特有的精神力量，也是实现文化共同体所在区域和国家文化软实力提升的不可或缺的精神基础和力量。

文化凝聚力是文化的纽带，其作用的发挥首先是通过特定文化激发内部成员的民族情绪、民族感情，产生强烈的归属感和亲和力，这是社会认同、民族认同、国家认同的基础。

文化凝聚力表现为两个不同方向的力量：一方面是文化对个体的统摄、引导、吸引和关怀，另一方面是人们对文化的自觉皈依和遵守，即文化对个体的力量和个体对文化的反作用。文化凝聚力强的国家和地区，可为文化软实力的发展提供相对优越的空间和环境，更利于文化软实力的提升。文化凝聚力的主要作用是维持文化共同体的团结，增强共同体成员之间的协调性、整合性，从而保证共同体的稳定，促进共同体的发展。

具有凝聚力的文化能够在一个国家、地区和企业内部形成某个区域特有的道德、价值观和凝聚力，从而对生活在那个区域的人们产生有效的约束和激励，提高人们的诚信度、责任感和职业素养，使国家、地区、企业在处理与"人"有关的经济活动时能更有效地解决社会中存在的"道德风险"等问题。

三、文化认同力的资源配置效应

文化凝聚力建立在文化认同的基础之上。文化认同是指人们对自己所属的文化的认知、赞同和感情依附。文化的认同度直接影响文化凝聚力的强弱。人们对其所生活环境的文化认同度越高，其生活在同一区域的人们的文化凝聚力就越强，反之则越弱。

影响文化认同度的因素至少包括以下三个方面：第一，文化内容的先进性。代表先进生产力和生活方式的文化，包含科学的、合理的思维方式及有效价值原则的文化，才能吸引人，才能获得人们的高度认同。第二，文化体系的有序性和一致性。文化体系内部的有序性、一致性确保了文化的权威，满足人们精神安全的需要及情感归属的需要，这样的文化才能获得高度的认同。第三，人们对文化的主观评判和选择。作为文化认同的主体——人，总是生活在一定的文化环境和文化氛围之中，而其所生活环境中的文化如果能契合人们的价值标准，符合人们的利益，迎合人的情感，则能获得高度的认同，反之亦然。然而，人们的价值标准、思维模式又是在一定的文化环境中形成的，人们对文化的认同度与文化对人们的熏陶是相辅相成的。鲜明的文化认同会增强人们的主体意识，促使人们自觉奉行其文化的价值原则。文化的认同度越高，其感召力就越强，这种感召力会通过社会舆论等形式表现为一种强制力，迫使人们的思想和行为服从本文化体系的规范。

文化认同是民族认同、国家认同的重要基础。在当今经济全球化的时代，作为民族认同和国家认同的重要基础的文化认同成为综合国力竞争中最重要的“软实力”。文化认同具有感召力，使人们不自觉地为本文化体系服务，发挥最大能动性、积极性和创造性，创造出新的更强的文化生产力和社会生产力。

文化认同力之内的文化、制度、政策、价值观等软实力所涵盖的优势，必将在全球化和信息化的 21 世纪成为引导国际和国内资源流动和重新配置的重要力量。那些具有更强大软实力的国家、地区、部门和企业，会因其颇具感染力的文化、富有诚信的投资环境、具备较高素质和较高技能的劳动力、丰富活跃的科技创新环境，以及高效廉洁、公平正义的社会环境而吸引国际国内的生产要素，使资源在全球范围内重新配置，进而影响国家、地区、部门和企业的投资决策。

四、文化创新力的创新推动效应

创新是文化繁荣的根本，创新是文化的本质特征，创新是民族文化保持生机和活力的源泉。文化创新力是指在原有文化的基础上，对原有文化注入新的创意，促使原有文化在质量上、数量上发生改变，从而产生更加丰富的文化要素，更富有成效的文化成果，实现文化创造力的提升。文化的创新力决定文化主体的竞争力，衡量文化软实力的一个重要指标就是文化创新力的大小。周正刚在其《文化国力引论》中指出，文化创新带来文化发展和繁荣，推动民族和国家的文化增殖，促进民族和国家的文化积累。[1]

文化创新力以科教实力、智力资源为基础，通过文化教化与塑造功能而生成文化发展的内驱力，激发和弘扬文化的创新精神。人类发展史近两百年来，人类文明先后经历了工业时代、信息时代，文化创新浪潮更是紧跟经济社会发展的潮流，一浪高过一浪。而一个国家、一个民族，必须具备一定的文化创新力，不断推陈出新，才能更好地弘扬自己的文化，才能使本民族文化更具吸引力和影响力，进而提升国家文化软实力。

文化创新力是现代经济社会发展的强大推动力，也是民族复兴的重要标志。创新文化经营模式，扩展文化内涵，创造出更多带有文化价值的产品，以软文化的发展驱动生产力。在知识经

---

① 周正刚. 文化国力引论 [M]. 长沙：湖南人民出版社，2002：304.

济、信息时代、生态文明的今天，大力发展文化经济，既符合时代潮流，也是社会发展的需要。创新是一个国家、一个地区获得持续竞争力的源泉，是社会发展的核心。通过文化创新推进经济结构调整，转变增长方式，提升区域竞争力，建设社会主义新农村，构建和谐社会，全面实现经济社会发展规划目标，文化创新是最佳途径，也是必然选择。从历史上看，凡是技术创新活跃、经济繁荣的时代，无不是由重大的创新文化引领的。发展创新文化，是培育创新思维、造就创新人才、激发创新活力的重要前提。创新文化为经济发展提供智力和精神的支撑，没有创新精神推动社会的深刻变革，提供促进创新的环境和条件，提高自主创新能力，实现经济的更快更好发展就无从谈起。文化创新可推动思想观念、体制机制创新，为自主创新营造良好的氛围和环境。

加强自主创新是党中央审时度势、高瞻远瞩作出的重大战略决策。科学技术现在已成为推动经济社会发展的主导力量，新科技革命推动着世界产业结构调整和升级。创新能力成为综合国力的核心，是国际竞争格局变化的主要动因，我国的国情和需求决定了必须走自主创新、建设创新型国家的发展道路。在科技发展层面上，加强原始创新、集成创新，在引进先进技术基础上的消化、吸收与再创新；在国家总体战略层面上，中国的科技进步、经济社会发展必须建立在自主创新的基础之上；在精神文化层面，要大力弘扬自主创新精神。加强自主创新、促进增长方式转变和结构调整要着力抓好的几个重点：整理发展思路，切实把自主创新作为转变增长方式和调整经济结构的中心环节；实现关键领域自主创新能力的突破，支撑经济社会发展；提升科技持续创新能力，发挥科学技术的引领作用；建立有利于自主创新的良好环境，确立企业在技术创新中的主体地位，大力推进产学研结合，建设一支规模宏大的创新型人才队伍。

创新是一个国家、地区、部门或企业经济保持长期增长的不竭动力，这样的国家、地区、部门或企业能创造出更大的经济价值，从而推动经济更好更快地增长；反之，一个创新精神匮乏的国家、地区、部门或企业的经济状况必将缺乏竞争力和可持续发展的能力，其后果必将是经济的停滞不前，甚至倒退。整合软实力资源，合理配置高等教育资源、科研资源，可为社会生产提供充足的智力支持，提升人力资本水平和科研水平，为创新能力的增强提供前提条件。创新能力的增强又必将推动创意产业的发展，把更多的精神产品源源不断地转化成高附加值的物质文化产品，提升国家、地区和企业的创意产业水平，进而推动经济高速增长。

五、文化辐射力的品牌放大效应

文化辐射力指文化主体的独特魅力对文化主体的外部系统发生的作用力。文化辐射力可体现主体文化价值，获得文化竞争力，是文化的外化过程。如果一个国家的文化极具吸引力，那么它会对周边国家乃至全世界产生极强的文化辐射力，如美国的文化软实力。美国以其强大的经济和文化实力赢得了世界经济和文化霸主的地位。虽然它没有悠久的历史和文化传统，但美国文化却对整个世界产生了强大的辐射力和影响力。世界上越来越多的人在吃快餐、喝可乐，看好莱坞电影、看美剧。可见，一国的文化软实力越强，其文化辐射力也相对越强，反之亦然。

由于文化辐射力的作用，一个国家会在其原有文化的基础上营造出新的文化环境，继而为本国人民的生产生活打上新的经济文化烙印。如果人们认同并仿效这种文化生存方式，这个国家将会逐渐接纳新的文化。当然，一国的文化辐射力虽强，但对不同国家、不同文化产生的影响却不尽相同。如美国文化对英国、加拿大及欧洲国家的文化辐射力必然强于对亚洲国家的辐射力，因为它们的文化虽不尽相同，但却都是建立在西方文化的基础之上的。美国和英国等文化软实力比较强的国家，对其盟国的文化辐射力必然强于它们对别国的文化辐射力。以英国为例，英国对印度的文化辐射力必然强于它对中国的文化辐射力。梅乐科说："文明各个部分之间的关系和它们同整体之间的关系规定了它们的各个部分。如果文明是由一些国家组成的，这些国家彼此之间的关系将多于它们同该文明之外的国家的关系。它们可能更多地相互打仗和更经常地建立外交关系……"① 国家与国家之间通过文化辐射力建立互惠友好关系，从而遏制和平衡潜在的威胁国，发挥无形的威慑力量，如现在仍存在的北约组织便是一个典型的例证。

软实力的文化辐射力能够放大品牌效应，扩展品牌形象。品牌形象包括具有文化软实力感召力、影响力和辐射力的代表性人物、物品和事件等。例如，奥运会和世博会等都是向世界展示良好国家形象、城市形象的重要方式。好的品牌形象可以增强他者对某一国家、地区或企业的信任感，而良好形象的成功展示也能够增强吸引力，唤起他者与该国家、地区或企业合作决策的信心。文化辐射能够加速知名度的扩散，吸引更多的相关高质量生产要素的流入，进而提高产品品质，增强产品的技术含量，从而增加文化产品的附加值。文化辐射力能吸引更多的国家、地区和企业前来投资、拓展市场，这些国家、地区和企业的合作也将加强技术合作，从而利于推出更具创新性、富含更高科技含量的产品，获得更高的收益。通过良好的品牌效应，这些具有文化辐

第三章 文化软实力的经济学解析

---

① Toynbee. *Study of History*, pp. 8 – 9; Braudel. "On History", quoted in Melko, *Nature of Civilizations*, p. 202.

射力的国家、地区和企业参与国际市场的竞争，可提高产品的国际竞争力。

基于同一文化辐射力下的各个国家，其经济、政治关系必然更加密切，这些国家间的互惠友好关系，不仅保障了国家安全，也确保了经济的发展。

第三节　文化软实力与经济硬实力的关系

约瑟夫·奈在分析软实力与硬实力的关系时指出，两者首先是相辅相成的，因为"两者都是我们通过影响他人行为实现我们的目标的能力"[①]（Both are aspects of the ability to achieve one's purposes by affecting the behavior of others）；其次，两者又存在区别，因为两者"行为的性质和资源的实质不同"[②]（The distinction of hard and soft power is one of degree, both in the nature of the behavior and in the tangibility of the resources）。软实力资源倾向于与同化性或者吸纳性力量联系在一起，而硬实力资源则与命令性或者支配性力量联系在一起。

从约瑟夫·奈关于软实力的界定和解释可以看出，软实力是国家竞争力的构成要素。软实力与硬实力是相对的，两者共同构成国家的综合国力和竞争力。软实力是无形的，它来自文化、政治价值观、外交政策等，其中文化是主要构成要素；硬实力是有形的，来源于军事力量、经济力量和科技力量。本节主要对文化软实力和硬实力中的经济实力的关系和相互作用进行研究。

文化软实力与硬实力是国家综合国力的重要组成部分。美国

[①]　约瑟夫·奈. 美国霸权的困惑：为什么美国不能独断专行 [M]. 郑志国，等译. 北京：世界知识出版社，2002：187.

[②]　同上。

中央情报局前副局长、乔治敦大学战略与国际研究中心主任雷·克莱因（Ray S. Cline）在其代表作《世界权力的评估》（*World Power Assessment*，1975）中制订了一个"国力方程"：$Pp = (C + E + M) \times (S + W)$，综合国力是主要物质因素之和与精神因素之和的乘积。两者既有联系，又有区别，同时又相互作用，相辅相成，是辩证统一的关系。本节着重分析文化软实力与经济硬实力的关系，下文所说的硬实力均指经济硬实力。

一、二者密切联系、不可分割

文化软实力与硬实力是密切联系，不可分割的。一方的存在以另一方的存在为前提，双方互为发展条件。确切地说，硬实力是软实力的有形载体，软实力是硬实力的无形延伸。软实力的提升离不开硬实力的物质基础，而硬实力的强大亦离不开软实力的增强。从历史的发展来看，一个民族、一个国家的软硬实力必须保持相应的协调发展才能真正地屹立于世界之林。文化软实力弱小、硬实力强大的民族和国家，或者硬实力弱小、文化软实力强大的国家，都不能保持持续发展。

软实力和硬实力建立在相同的根基之上，那就是生产力。马克思认为："一切重要历史事件的终极原因和伟大动力都是社会的经济发展，是生产方式和交换方式的改变，……"① 因而，一个国家软实力与硬实力发展的根源，归根结底都是生产力。生产力根源是我们科学地、透彻地认识软实力与硬实力之间辩证关系的基础。

（一）经济硬实力是文化软实力的载体和基础

文化的软实力要有国家的硬实力作为基础和支撑。经济是文

---

① 马克思恩格斯选集（第三卷）[M]. 北京：人民出版社，2012：760.

化软实力的基础和载体，文化软实力要靠经济发展水平的硬实力来支撑。从历史上看，无论是以秦始皇兵马俑、万里长城、丝绸之路为代表的发达的古中国文化，还是以庞贝古城、雅典娜神庙为代表的欧洲古希腊、古罗马文化，都建立在经济高度发达的基础上。没有强大的经济实力做后盾，建设规模宏大、雄伟壮丽、数千年后仍然屹立并享誉世界的历史文化遗产是不可能的。古中国、古希腊、古罗马都是当时世界上经济最发达的国家，经济实力雄厚，创造了辉煌灿烂的人类文化和文化软实力。

硬实力在一个国家的综合国力中具有不可撼动的基础性地位。"经济基础决定上层建筑""只有发展才是硬道理""科学技术是第一生产力"等论断都强调了硬实力的重要性。

一个国家只有拥有强大的经济硬实力，才能创造灿烂辉煌的文明和文化，才能拥有强大的文化软实力，才能在国际上产生广泛的文化影响力，也才能真正拥有可以支配世界、参加国际事务的话语权。因此，强大的硬实力，尤其是强大的经济实力是一个国家创造强大软实力的前提和首要条件。强大的软实力也是一个国家强大硬实力的反映。

只有当一个国家的经济发展到一定阶段，在人民丰衣足食的基础上，才可能谈及精神文明的发展，才能发展文化软实力。中国古语"仓廪实而知礼节，衣食足而知荣辱"道出了经济硬实力的基础地位和重要作用。发达国家在经济发达的基础上发展文化产业、创意产业，使文化产业成为国民经济的重要支柱产业之一。文化产业的发达可极大促进其文化软实力的发展，使得这些国家在经济发达的同时，拥有发达的文化软实力和综合国力。

（二）文化软实力是经济硬实力的延伸和动力

文化软实力是现代社会发展的精神动力、智力支持和思想保证，是民族凝聚力和民族创造力的重要源泉，是21世纪综合国力竞争的重要因素。民族的复兴必须依靠文化的复兴作为支撑，缺少了文化的复兴，民族复兴便是空谈。美国学者迈克尔·波特从竞争优势形成的视角认为：基于文化的优势是最根本的、最难替代和模仿的、最持久的和最核心的竞争优势，要加强国家的竞争力最艰巨的任务之一就是如何改变经济文化。①

在我国经济保持高速发展的同时，"中国梦"和"大国复兴"等字眼成为时下最流行的词语。而相对经济的发展，文化的振兴变得日益重要，中华文化的繁荣兴盛，必然以提升我国的文化软实力为根本途径。

美国经济管理学家彼得·德鲁克强调文化资源的重要性时说：今天真正占主导地位的资源以及绝对具有决定意义的生产要素，既不是资本，也不是土地和劳动，而是文化。因此，我们必须认识到文化软实力对经济的强大助力。在经济发展到一定阶段后，"软实力"的提高必须被重视，特别是要重视发挥文化软实力对经济发展的作用。我们必须秉承"文化软实力是重要国力"的思想，加大文化体制的改革，完善文化产业政策，把文化产业作为国家重要战略加以推动和扶持，使文化产业成为我国国民经济的重要战略性支柱产业。

21世纪，发达国家的经济发展早已不再依赖粗放型、劳动力密集型、能源浪费型的经济发展方式，而以高新技术产业为第一产业支柱、以智力资源为首要依托的知识经济将逐渐成为经济发展的主要方式。高新技术产业、知识经济要求具有高文化素质的人力资源，因而，通过文化素质教育和科技教育，提高劳动力的文化素质、技术涵养和劳动技能，发展具有竞争力的文化软实

---

① 迈克尔·波特. 国家竞争优势 [M]. 李明轩，邱如美，译. 北京：华夏出版社，2002.

力的劳动力和企业，开发和挖掘他们的创新潜能，提高文化软实力，才能推动社会文化创新、科技创新，进而促进经济向科技核心型、知识型方向的转变，增强经济发展的支撑力，拉动经济更快、更好发展。

二、二者性质、构成要素、谋取方式、作用方式和作用周期不同

（一）软实力与硬实力性质不同

软实力是无形的能够影响他者意愿的精神力，难以进行准确的量化和测量，它具有超强的扩张性和传导性，能超越时空，对他者的生活方式和行为产生巨大的影响；硬实力则是指经济、科技、军事等表现出来的实力，是有形的物质要素，通常情况下可以量化和测量。例如经济增长总量、增长速度，科技新发明数量和贡献率等，实力和影响力均可以量化。

（二）软实力与硬实力的构成要素不同

关于软实力的构成要素，约瑟夫·奈指出："国家的软力量主要来自三种资源：文化（在能对他国产生吸引力的地方起作用）、政治价值观（当它在海内外都能真正实践这些价值时）及外交政策（当政策被视为具有合法性及道德威信时）。"[①] 由此看来，一个国家的软实力构成要素包括"文化、政治制度和价值观、外交政策"，其中，文化的吸引力是其核心要素，即我们所说的文化软实力。硬实力的构成要素主要包括以下几个方面：资源（如土地面积、人口、自然资源）、经济力量、军事力量和科技力量等。二者构成要素的不同，决定了二者发挥作用的主体、

---

① 约瑟夫·奈. 软力量——世界政坛成功之道 [M]. 吴晓辉，钱程，译. 北京：东方出版社，2005：11.

作用方式、建设周期长短以及发展程度等的不同。

（三）软实力与硬实力的谋取方式不同

软实力是一种"看不见"的无形资产。它具有扩散性和共享性，在信息化和网络化时代，一个国家的文化软实力越强大，影响力就越大，相应的辐射力就越大，发挥的功效也越显著，其软实力的潜在发展力就越大，因而，软实力具有明显的外源性特征。硬实力是一种"看得见"的有形资产。硬实力的提升离不开对有形资源的耗费，虽然在经济全球化条件下这些有形资源可以在国际范围内进行配置，但它的这种配置是有条件的，通常只能在一定的政治共同体内部获取，因而是一种内源性获得方式。

（四）软实力与硬实力的作用方式不同

约瑟夫·奈认为："软力量使用的是不同的手段（既非武力，亦非金钱）来促进合作，即由共同的价值观产生的吸引力，及为实现这些价值观做贡献的正义感和责任心。"[①] 可见，软实力是通过吸引力而非强制力来起作用。软实力主要以文化价值观为核心的吸引力，这种吸引力的实施主体是灵活多变的，既可以通过政府也可以通过民间行为来进行。而一个国家的硬实力如经济力量是通过交易、制裁等引诱、胁迫的手段进行，通过援助、贿赂、制裁等行为体现出来。因而，硬实力通过强迫和利诱达到实施主体想要达到的目的，军事上则表现为通过恐吓、胁迫、武力等手段来实行或通过强制性外交、战争、同盟等政府政策的方式呈现出来。

约瑟夫·奈强调了软实力作用方式的优越性。他说："如果一个国家借助机构和规则来鼓励别的国家按照它喜欢的方式来行

---

① 约瑟夫·奈. 软力量——世界政坛成功之道 [M]. 吴晓辉，钱程，译. 北京：东方出版社，2005：7.

事或者自制，那么它就用不着太多昂贵的胡萝卜和大棒。"① "如果国家能使其力量在其他人眼中合法化，它们所遭遇的有违其愿的阻力就要少得多。"②

（五）软实力与硬实力的作用周期不同

由于软实力和硬实力的性质及作用方式的不同，因此，一般来说，软实力是一个长期积累的过程，它发挥作用的速度比硬实力慢得多，作用实现的周期比硬实力长得多。相对而言，硬实力的建设周期则较短，可以在短时间内见到成效。软实力的建设具有长期性和艰巨性，运作的难度也较大。关于这一点，奈在他的《软力量——世界政坛成功之道》 （ *Soft Power—the Means to Success in World Politics*）一书中亦有所提及："吸引力通常具有扩散效应，产生的是一般性的影响，而非某种具体易测的行为。"③ 因而软实力的建设和作用发挥需要很长的时间，"软力量的众多重要资源均非政府所能掌控，其效果极大地依赖于受方的接受度，此外，软力量往往通过塑造政策环境间接地运作，有时要花数年的时间才能产生预期结果"④。

需要强调的是，软实力与硬实力之间并不是简单的互补关系。两者相互作用，相互影响。"若两者和谐发展，则相互扶持；若两者非和谐发展，则相互干扰乃至破坏。"⑤

三、相互影响、相辅相成

一方面，文化软实力的提升能够产生一系列的经济效应。文

---

① 约瑟夫·奈. 软力量——世界政坛成功之道 [M]. 吴晓辉，钱程，译. 北京：东方出版社，2005：10.
② 同上。
③ 同上，第15页。
④ 同上，第110页。
⑤ 刘相平. 对"软实力"之再认识 [J]. 南京大学学报，2010（1）：154.

化软实力提升后，能够促进国家、地区和企业的产值增长和可持续发展。

浙江大学教授马庆国、楼阳生等对区域软实力的研究表明，在人均国内生产总值接近 2000 美元时，软实力会以更快的边际增长超越区域硬实力，此时软实力对经济等目标的实现便会起到重要作用（见图 3-1）。[①] 21 世纪，国家间的较量主要是软实力的较量，软实力的增长会产生积极的经济效应，促进资源的优化配置以及资本、劳动力和生产技术的构成和流动，推动经济实力的增长，反之则会起阻碍作用。

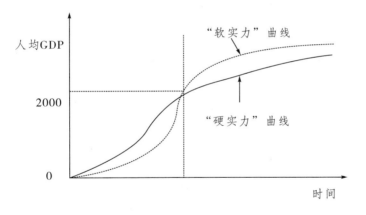

图 3-1 软实力与硬实力对比演进图

另一方面，硬实力决定软实力。硬实力是软实力的支撑，是软实力提升的基础和保障。

如美国正是有发达的经济和强大的科技实力做支撑，其文化和价值观才能够得到迅速扩散，在全世界产生巨大的影响力。美

---

① 马庆国，楼阳生，王小毅，等. 区域软实力的理论与实施［M］. 北京：中国社会科学出版社，2007：21.

国的文化和思想观念渗透到世界各个角落，大大增强了美国的软实力。反之，硬实力较薄弱的国家和地区，其软实力也会受到较大的影响。如古代中国的大唐帝国农业经济发达，手工业生产力较高，国家富裕，硬实力雄厚，大唐文化因而盛极一时，具有极强的影响力，长安一度成为世界文化中心；而近代中国则国力衰弱，经济发展迟缓，以致屡遭侵略，被一些美国学者认为那时的中国毫无文化软实力可言。意大利是欧洲文艺复兴的发源地之一，彼时的意大利经济实力雄厚，其建立在古希腊罗马文化基础上的软实力也雄踞欧洲；但近代史上的意大利硬实力逐渐衰弱，它的软实力的影响力甚至远不如一些欧洲小国。

因而，一个国家硬实力的强大往往使其文化更具有吸引力。

第 四 章

文化软实力的生成机制

文化软实力对于一个组织（国家、企业）具有重要的作用和意义，它决定了一个组织的生存质量、持续发展能力和生命周期。

文化软实力一开始是用在宏观层面来衡量国家的实力，随着研究的深入，后来渐渐被用来衡量企业的实力。企业生存管理专家、企业"未来生存管理理论"创始人邓正红认为，企业软实力是企业核心生存力的主导性内容，是贯穿企业未来生存管理理论的唯一神脉。它是企业综合实力和核心竞争力的重要组成部分。本章主要从物质层面和制度层面来分析文化软实力的生成机制。物质层面上，主要从企业文化软实力的生成入手，着重分析企业品牌、企业创新、创意文化等的作用及它们如何生成具有竞争力的企业文化软实力；进而从国家层面入手，着重分析文化产业、文化创意产业的作用及它们是如何生成具有竞争力的国家文化软实力。制度层面上，主要从政策引导力和资源运用入手，分析文化软实力是如何在制度层面生成的。

第一节 物质层面的生成机制

物质层面文化软实力是对财、物、器、技术、贸易及居民生活条件等有形可感知资源的运用能力。首先，它是其他层面文化软实力形成和发展的基础。其次，物质层面文化软实力是体现国与国之间联系交往的最基本载体。此外，它也是文化软实力体系中最活跃的部分，能够及时准确地反映国家文化软实力整体体系发展程度的变化。在全球化和国与国之间相互依存度日益加深的21世纪，各国间在经济、政治、军事等各方面的联系也越来越密切，形成了"我中有你，你中有我"的格局。最后，物质层面文化软实力是依靠感染力、影响力和说服力等动态方式发挥作用，通过贸易、支援、交往和媒体等各种手段和途径让他人了解自己，产生认同感和文化吸引力。如美国的好莱坞、欧洲的艺术、日本的动漫和韩国的影视等，都是通过这些途径和方式产生影响力和吸引力的典型。美国学者戴维·兰德斯在《国富国穷》一书中写道："如果经济发展给了我们什么启示，那就是文化乃举足轻重的因素，同时也是研究一个国家地区和企业持续发展的重要视角。"[①]

一、企业文化软实力

（一）企业文化软实力的内涵

软实力是指企业组织模式、行为规范、价值理念、科学管理、创新能力、企业文化、品牌战略、社会公信度、企业内外部

---

① 戴维·S. 兰德斯. 国富国穷 [M]. 门洪华，等译. 北京：新华出版社，2010：403.

环境和谐指数等所构成的影响企业发展的长期性和战略性的要素，是一种文化力。企业软实力是相对于产品、资产、技术、设备等企业硬实力而言的，依靠员工的素质、文化和思想以达到企业目标的能力。

企业软实力具体表现为企业文化、创新能力、价值观、行为规范、企业的经营理念、员工的凝聚力、品牌的号召力、企业信誉等形式。"企业文化软实力"则是以企业文化为基础的企业软实力，是企业综合实力和核心竞争力的重要组成部分。企业之间的竞争跟国家间的竞争一样，是硬实力和软实力的竞争。而在竞争中，企业软实力是根本的决定性因素。从长远看，软实力比硬实力更具持久性和持续影响力。

企业的文化软实力是指能够适时为企业提供战略支持、精神支持、适应企业内外部环境不断变化需求的管理体系、管理思想和价值体系。

中国人民大学教授李义平说过，"企业软实力对于企业的发展相当重要，比尔·盖茨、邱继宝们即使什么都没有了，但只要有软实力存在，企业就会迅速地恢复起来"[①]。具有竞争力的企业软实力，是一个企业充满活力、持续发展的根本所在。

（二）企业文化软实力的构成

从企业的资源整合能力可以看出一个企业文化软实力的水平。一个具有竞争力的企业文化软实力具有协同性、可塑性和包容性，甚至关键时刻能起死回生。企业资源整合是企业的核心生存力，只有具备这种核心生存力的企业，才能在市场竞争中立于不败之地。企业的软实力主要包括以下方面。

---

① 中国人民大学的李义平教授在"中国民（私）营经济研究会 2007 年年会暨第三届中国（台州）民营经济发展论坛"上的讲话，2007 年 8 月 11 日。

1. 精神层面

精神层面的企业文化软实力指一个企业和这个企业领导及所有员工的价值取向，有把企业做大做强的追求，而不只追求眼前利益。企业的领导和员工拥有一定的奋斗目标并甘愿为了这个目标而付出自己的劳动，为企业创造更多的价值；具有锲而不舍的奋斗精神；具有敬业精神，一丝不苟，认真勤勉；具有积极向上的乐观精神，为企业创造一种欢乐的氛围，员工的积极性、主动性和创造性可被激出来。

2. 能力层面

企业的领导层和员工层都应具备一定的学习能力和观察能力。领导层视野开阔，知识广博，才能做出正确的决策，并把决策落到实处。员工层也应不懈学习，不断学习新知识、新技术，不断创新，善于捕捉瞬息万变的技术信息和社会信息，才能为企业创造更大的价值。一个企业必须具备创新能力，才能创造出有特色的产品，吸引更多的顾客和消费者。

3. 规章制度

彼得·德鲁克曾经说过，一个平稳发展的企业毕竟是管理到位的企业，因为一切都在企业制度的预料之中，并且通过企业文化的熏陶，遵守企业制度成了人们的自觉行动，人们只要照章办事就是了。一个具有雄厚文化软实力的企业，必定具备精炼的、贴切的、可操作且行之有效的规章制度，而这都来自企业的实践和经验积累。规章制度使得每一位企业人有章可循，员工对企业更具忠诚度、认同感和归属感，也彰显了企业有效的管理模式和操作模式，使企业人可以更高效地参与企业的生产和创造。

（三）企业文化软实力的形成机制

在资本积累阶段，为了获取更高的剩余价值，企业往往只注重劳动者个人的生产效率，追求利润最大化，相应的管理方式也注重企业的制度管理，管理方法和管理手段低下。在以知识经济为主的经济全球化时代，现代企业管理理念和模式发生了巨大变革。以前那种以"胡萝卜"加"大棒"为主的管理方式不再适应时代的要求和时代的发展，企业管理者注重提倡先进的文化经营理念，注重通过提升企业文化塑造企业文化软实力，实行体制创新和管理创新带动技术创新，满足市场的不同需求，增加企业在全球市场的竞争力。

哈佛商学院的研究结论表明："一个企业本身特定的管理文化，即企业文化，是当代社会影响企业本身业绩的深层重要原因。"卓越的企业文化是企业竞争力的源泉，是经济发展的深层推动力。

在企业具备了一定的物质生产要素和有效的组织管理后，企业文化就会孕育成功。企业管理者会逐步推行与企业生产和发展相关的价值观和信条，如果这些价值观和信条具有先进性和说服力，那么就会被员工所接纳，进而会在员工中产生一定的导向力和凝聚力。员工自觉融入这样的企业文化，不断提高自身的价值修养、文化修养、知识修养和技术修养，促进企业生产效率的提高，创造更高的利润。除了生产要素外，企业制度也是企业文化形成必不可少的物质基础。企业文化是一种无形的精神力量，而企业制度则会产生有形的约束机制。在规范化机制的约束下，企业员工把自己的行为限定在企业的规范制度内，使得制度对劳动者产生约束和激励作用，进而刺激生产力的增加。此外，企业文化的形成还受民族、种族特征和社会大环境的影响。因此，企业在建立、推行其文化时，应充分考虑这些影响因素，使企业文化具有吸引力、说服力和影响力。

企业文化具有很强的功能，一旦形成，便可产生不可估量的作用，影响每位员工的价值观念、意识观念、个人信条和个人行为等个体意识，并提高个体对自我发展和企业发展的心理预期。"员工的个体意识在企业文化的约束调整下，会呈现出一致性的特点，使全体员工彼此之间能够达成共识，形成心理契约。"①心理契约对人的思维和行为具有重要影响。心理契约可使企业劳动者自觉提高生产效率，减少内耗，服从企业管理。企业文化最终会融入企业的整个生产、经营、销售过程，对企业本身和企业外部环境产生巨大影响，提高企业竞争力，推动生产力的发展。

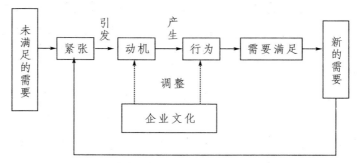

图 4 - 1　企业文化作用于个体意识的心理过程②

（四）企业文化软实力的功能

1. 导向功能

企业作为社会的一个经济细胞，必然难以同文化截然分开。首先，企业的一切活动以经济效益为中心，企业的文化价值决定了企业的行为，确定了企业价值观的取向。其次，企业文化可以确定企业的规章制度，对企业成员的行为形成约束和规范作用，对个体员工的价值观念和行为方式产生引导作用，为职工的行为指引方向，使企业职工有章可循，违章必究。第三，企业文化可

---

① 戴维·S. 兰德斯. 国富国穷［M］. 门洪华，等译. 北京：新华出版社，2010.
② 隋敏，朱孔来，董琦玮. 企业文化软实力研究：内涵、形成机理与提升路径［J］. 济南大学学报（社会科学版），2011（5）：58.

为企业确定明确的目标。在企业文化的熏陶下，每个员工会受到企业文化潜移默化的影响，能够自觉地运用企业价值观来规范自身的思想和行为，为实现企业的目标而努力。卓越的企业文化还可以引导企业员工不断提高自身素质，勇于创新，增强企业竞争力。

2. 约束功能

企业文化的约束功能，主要是通过企业制度文化和职业道德规范发生作用的。企业制度文化是被员工认可的、愿意自觉接受的关于企业制度管理的文化。企业职工自觉地把行为约束在该制度规范内，从而保障企业生产运作的有序进行。企业从道德激励、舆论监督等方面对企业职工的观念意识进行渗透，发挥道德的软实力功能，约束员工的思想和行为，为企业的生产创造良好条件，创造最大的经济效益。

3. 凝聚功能

企业文化所确定的企业目标容易被全体职工接受并产生凝聚力，使职工充分认识到企业目标的价值和意义，以及企业目标的实现和自我价值实现的密切关系。这种企业文化所造就的团体意识把职工紧密联结在一起，使职工能产生巨大的向心力、使命感和归属感，将个人发展和企业发展紧密联系在一起，进而同心协力，为实现共同的目标而努力。企业文化能将企业员工紧密地团结在一起，协调员工与领导以及员工与员工之间的关系，激发员工的积极性、主动性和创造性，增强企业竞争力，促进企业的持续发展。

4. 激励功能

企业文化是具有延续性的共同的认知系统，这种认知系统是企业职工衡量自身思想、行为的标准，在这种标准的约束和引导下，产生激励作用。企业管理者可通过对员工的信任、关心、表扬和奖惩等形式，激励员工积极向上，充分调动员工工作的积极性和创造性，实现员工自我价值与企业价值的协调发展，以及自我目标和企业目标的内在统一，为企业创造更多的经济效益，促进企业的进一步发展。

二、文化产业：提升文化软实力的关键

从世界上发达国家提升文化软实力的历史经验来看，文化产业的发展是提升文化软实力的最重要支撑。

（一）文化产业是提升文化软实力的物质基础

文化是国家软实力的基础；文化软实力是国家软实力的核心因素，集中体现了一个国家的影响力和感召力。

当今时代，随着经济全球化的深入发展，文化与经济、政治相互交融的程度不断加深，与科学技术的联系也日益密切。经济文化化、文化经济化是当今经济社会发展的典型特征，经济中的文化因素日益增多，文化的经济功能越来越强。

文化生产力是文化软实力的重要体现，一国的文化生产力越强，其文化软实力就越强。文化生产力已经成为国家文化软实力和核心竞争力的重要体现。纵观世界经济发达国家，文化产业早已成为国民经济发展的支柱产业。文化是经济发展不可或缺的重要资源，是经济发展的深层驱动力。随着文化经济影响力的逐渐显现，"文化经济"不再是一个陌生的词语，早已经成为综合国力的重要内容。提高国家文化软实力的关键就是大力发展文化产业，进一步解放和发展文化生产力，这也是文化软实力得以提升的物质基础。

可以说，文化产业是文化软实力的"硬实力"，是提升文化软实力的物质基础。文化软实力是文化、精神、价值观层面的吸引和认同，而文化产业的生产和消费过程就是一种建构性的对文

化价值观的认同行为的实施，文化软实力的发展在极大程度上以文化产业为支撑。

文化产业是对传统文化的艺术创新和经济挖掘，它包括多种产业，诸如知识产业、版权产业和影视产业、广告产业等，可以大规模复制和进行批量化生产，形成规模化的文化市场和文化消费。文化产业的发展离不开创新，属创新密集型产业。文化产品的生产过程便是文化创新的过程，文化产品的生产、消费和流通是商品实现经济价值的过程，具有不可估量的商业价值和经济产值。

与传统产业不同，作为创新型和知识密集型产业，文化产业具有内生收益递增发展机制。知识具有低复制成本以及重复使用等特点，把它与其他生产要素进行有机结合，可以使各种投入的生产要素的边际效应得到有效提高，最终实现边际效益递增。

（二）文化产业是提升文化软实力的重要途径

文化产业是文化生产力的重要组成部分和重要体现。在现代市场经济条件下，文化生产力成为一种创造巨大经济价值的产业化的力量。在经济文化化和文化经济化的进程中，文化生产逐步走向标准化、专业化、批量化和联合化，形成了一种新型产业——文化产业。文化产业以市场为导向，以创意为核心，把文化要素与生产要素结合起来进入市场领域，再通过技术的运用进行生产，以产业化的方式制造形态各异的文化产品，最后进入市场流通领域。文化产业的市场开发、生产、消费，已成为各国文化软实力竞争的重要内容，它对国家文化软实力的提升起到了巨大的支撑作用。这主要体现在以下几个方面。

实现经济与文化的良性互动，以文化创新推动经济发展，以经济发展提升文化软实力。文化产业的一个主要功能就是运用文化元素来创造价值、聚拢资金、发展经济，再用聚拢来的资金通过文化产业化的形式来发展文化，进而实现文化与经济的良性互动。

自 20 世纪 90 年代开始，西方发达国家就开始注重文化的产业功能，大力发展文化产业，把发展文化产业提到重要战略地位，并制定相应的文化产业政策，推动文化产业发展。经过一二十年的发展，在大部分西方发达国家，文化产业规模超过了多种传统产业，在国民经济中的比重逐年攀升，成为这些国家国民经济的支柱产业之一。例如，美国大力发展广告业、媒体业、影视产业、出版产业等，文化产业从前两年占国民经济的 10% 上升到现在的三分之一。文化产业在美国已经成长为国民经济中地位仅次于军事工业的支柱性产业，成为第一大出口创汇产业。规模化的文化产业产生了巨大的经济和社会效益。美国好莱坞生产的电影占世界电影产量不足十分之一，却占全世界电影票房的70%。美国出版业占全球图书销售的 30%，而唱片业的发行量占全世界发行总量的 20%。英国自 20 世纪 90 年代初提出"创意文化"概念并制定创意文化产业政策，大力推进创意文化产业发展，文化创意产业引领英国其他产业，其增长率是整个国家经济增长率的近两倍。日本大力发展动漫产业，其动漫行业经营收入已经超过了汽车等传统支柱产业的收入，极大地促进了日本的经济发展，提升了日本文化软实力。在 2018 年世界权威杂志 MONOCLE 的国家软实力排名中，日本排世界第五名。文化产业的高度发展，不但提高了这些国家国民经济水平，而且在客观上保护并传承了本国传统文化，并以一种全新的理念创造了强大的生产力和巨大的经济效益，促进本国经济的进一步发展，提升了文化的生命力与创造力，推动了文化软实力的极大发展。

文化影响力的提升需要传播能力的提升。文化传播能力对一国文化在世界上的影响力产生直接影响，是文化生产力和文化软实力的重要构成元素。如果一个国家的文化具有独特而强大的吸引力，但该国传播手段和传播能力落后，那么该国的文化就难以形成强大的影响力，因为一个国家文化的影响力与传播能力是紧密相关的。当今时代，具有先进传播手段和强大传播能力的国家，才能掌握世界的话语权，其文化理念和价值观念才能更广泛地得到推广和宣传，才能对世界其他国家产生强有力的影响。从这个角度看，作为文化产业主要组成部分的传媒产业的发展水平，在很大程度上决定了一国文化的影响力。据统计，目前全球六大传媒集团——宏盟集团（Omnicom）、WPP集团、IPG（Interpublic）集团、阳狮集团（Publicis Groupe）、电通集团（Dentsu）以及哈瓦斯集团（Havas）——在2003年的市场份额就占到了全球的66%。

（三）文化产业的经济作用

文化资源一旦与科技等产业融合，就会创造出极大的经济价值，凸显出巨大的经济意义，成为一种新的经济资源，进入经济开发中心，与其他产业共同作用，产生关联度极高的对经济的拉动效应。这种新经济资源的转化和实现过程，就是让文化这个生产要素与其他产业相互渗透、相互融合，形成新的产业形态和产业分支，优化产业结构，重组和调整各相关行业，完成产业的优化升级。

如把艺术融入服装设计，就会诞生时尚产业，进而拉动纺织业和制造业等产业的发展；把新的文化产品和人文服务融入旅游市场，就会产生旅游文化产业；把新的内容和创意融入以网络为主的科技产业市场，就会诞生信息文化产业；把游戏与娱乐注入教育，改变旧的知识传播方式，就能创造出新型的教育娱乐产业。以文化创新、新颖设计、精心策划为特点的创意产业能创造可观的经济价值。因而，文化因素在整个国民经济的产业链中扮演着难以替代的重要角色，它能够引起经济制度的变更、经济结构的调整、经济发展方向和方式的调整和变化。从这一意义上说，文化产业是经济的新的增长点，为经济的发展注入新的生机和活力。因此，积极发展文化产业具有深远的意义。

（四）文化产业推动产业结构调整

文化产业被誉为 21 世纪的黄金产业，已成为一些发达国家的支柱产业。这一新兴产业的快速发展，正在对产业结构的调整产生深远的影响。产业结构演进是社会劳动分工不断深化的结果。社会分工从早期的自然分工、工场手工业分工、机器大工业分工、区域分工和国际分工等以技术为主线的演变，到 20 世纪后期的文化与经济相互交融、难以分割，产业发展获得了文化支撑，形成了文化产业。文化成为企业、地区和国家竞争力的核心要素之一，成为综合国力的重要组成部分，因而文化产业也成为国民经济的支柱性产业之一。随着人们生活水准的日益提高，人们对文化的需求空前高涨。在强劲的文化需求带动下，消费者对物质产品的文化要求越来越高，经济产品被赋予越来越多的文化内涵。文化对产品价值的贡献越来越大，文化产品的经济价值也越来越大，使得产品价值链发生相应变化。这一变化引发了技术开发路径的改变。技术开发更多地着眼于如何把抽象文化体现在具体产品中，进行产业创新，创造更大的经济价值。如此一来，文化在技术开发中扮演着重要角色，成为引领产业结构调整的重要力量。

当今世界，文化娱乐业、文化设计业、传媒产业等迅速发展，成为第三产业的领军行业；网络文化业、信息文化业等新兴第三产业迅猛崛起。同时，文化还渗透到餐饮业、商业等传统第三产业，提升了这些产业的层次，衍生出商业文化、网络文化、饮食文化等一系列新兴文化形态。因此，产业结构演进呈现出以文化为逻辑的特征。

文化产业推动产业结构调整的主要方式首先是渗透机制。渗透机制是指文化理念渗透到传统产业的设计、生产、营销、品牌和经营管理等环节，从而改变传统产业的价值创造链，使传统产业生产的产品更具文化品位，富含更多的文化内涵。其次是转换机制。转换机制是指随着文化产业的发展，传统产业的资源逐步流入文化产业，资源的减少促使传统产业间竞争加剧，传统产业在文化产业的带动下，开始关注产品价值的提升，为产品注入更多的文化元素，从而促进传统产业的结构调整。第三是提升机制。文化产业在工业、服务业的融入，能够促进产品的文化含量与经济价值的提升，进而提升整个社会经济的质量，促进经济增长方式的转变。在渗透机制和转换机制的基础上，提升机制为产业结构带来质的飞跃。

文化产业推动产业结构调整的主要路径如下：文化产业的发展促使文化渗透到传统产业，文化的渗透引起产业结构的改变和调整；文化产业的发展促使文化对产业的提升，进而文化渗透到传统产业，引起产业结构的调整；文化产业的发展拉动传统产业发展，进而文化渗透到传统产业，引起产业结构的调整；文化产业的发展，拉动其他产业发展，进而促进其他产业发展，最后文化渗透到传统产业，引起产业结构的调整。

文化产业当中的文化创意产业是知识经济的核心产业之一，在极大程度上推动了经济的腾飞。在知识经济社会中，产品和服务所附带的文化价值和创意价值为产品和服务带来更高的经济价值。在现代信息社会和高科技发展的推动下，文化创意产业和创意经济正成为文化工业的一个重要的发展方向：以文化为主体内容的工业成为当今社会经济的核心，其中以创意为基础的文化工业正在成为经济发展的新引擎。越来越多的发达国家和地区在文化产业高度发达的基础上，开始纷纷制定文化产业的新策略，走上发展文化创意产业的道路。现在，文化创意产业正在成为提升产业结构、提高综合国力和国际竞争力的主要手段。例如英国最早提出"创意产业"，并在政府的带领下专门成立"创意产业特别工作组"来规划和指导创意产业的发展。韩国政府在其发达的文化产业的基础上又提出了"资源有限，创意无限"的战略口号，着力推动韩国创意产业和创意经济的发展，进一步提升本国文化软实力。

（五）发达国家文化产业的兴起与发展现状

20世纪90年代以来，文化产业的迅猛发展吸引了全球的目光。时至今日，文化产业在一些发达国家，已经成为重要的支柱产业，不仅推动着本国经济的发展，而且提升了国家参与世界竞争的软实力。越来越多的国家将文化产业定为一种战略产业，加以谋划、发展和推动。在世界舞台上，文化已成为国与国之间竞争和较量的利器。

纵观文化发展的历史及其在人类社会发展中所扮演角色的演化，不难看出，国家越发达，文化产业的比重在其国民经济中所占的比重就越高，反之则越低。

世界经济强国美国、日本、韩国及欧洲多国都早已意识到文化的经济作用，自20世纪中期就不断推出各自的文化发展战略，刺激并促进本国经济转型，发展本国文化产业，且收效显著。

在许多发达国家，文化产业不仅是国家文化的基本形态之一，而且成为强大的经济实体，创造出了可观的经济效益，成为经济发展的引擎。今天的文化，已实实在在地成为社会生产力的重要组成部分，并成为综合国力的最直观、最具体的反映。美国的电影业和传媒业、日本的动漫产业、韩国的电视剧行业和网络游戏业、德国的出版业、英国的音乐产业等都已成为国际文化产业的标志性品牌，文化产业的繁荣为这些国家创造了巨大的经济价值，也成为这些国家国民经济发展的重要推动力。

文化产业除了对国民经济做出直接贡献外，还为各国创造了潜在的社会经济价值，提供了更多的就业机会和工作岗位。在美洲地区，文化产业每年为加拿大人提供约60万个工作岗位。① 欧洲委员会1998年发布的文化产业就业工作报告《文化、文化产业与就业》指出，20世纪八九十年代，整个欧盟的文化产业就业人口无论从人数上还是从所占比例上都呈强劲增长之势。其中西班牙在1987~1994年间增长了24%；法国在1982~1990年间增长了36%，是同时期该国总就业人口增长率的10倍；英国在1981~1991年间增长了34%，而同时期该国的总就业人口基本没有增长；而德国在1980~1994年间增长了23%。② 1995年，欧盟15个成员国文化产业的就业人数大约为300万，约占总就业人口的2%，这个数字较1990年有较大增加。到了2002年，欧盟文化产业的就业人口进一步攀升，达到416万人，占总就业人口的2.5%，比1995年又有较大增长。至2010年，欧盟文化与创意产业占欧盟GDP的3.3%，直接就业岗位670万个，占欧盟就业总数的3%。③ 在西方发达国家，文化产业在国内生产总值中所占的比重都普遍高于10%，美国则高达25%~28%，在其国内产业结构中仅次于军事工业，位居第二，400家最富有的美国公司中有72家是文化企业。美国2003年的文化产业总收入是4000亿美元，产值占国内生产总值总量的10%甚至更高，电

---

① Cultural Industries in the Latin American Economy，参见美洲国家组织网站：http://www.oas.org.en/topics/culture.asp.

② Culture, the Cultural Industries and Employment. Commission Staff Working Paper, Brussels, 14 May 1998.

③ 张志勤，吴鹏. 欧委会召开科技支撑文化与创意产业高层圆桌会议. 2013 - 11 - 08. 中华人民共和国驻欧盟使团. www.fmprc.gov.cn/ce/cebe/chn/zogx/kjhz/t1097247.htm.

影的出口额在所有产品中雄踞第二，音像制品占据40%以上国际音像市场份额。2011年美国的国民生产总值是15万亿美元，其中，文化产业1.6万亿左右。美国的文化产品出口超过航天工业，成为第一大出口创汇产业，成为美国的第二大产业。2015年，美国的文化产业总产值为7636亿美元，占国内生产总值的4.2%。① 从1998至2015年间，文化产业对国内生产总值的增长了40%。② 英国文化产业也已发展到相当大的规模，凭借其悠久的历史文化和近些年创意文化的发展，到2001年，文化产业所创造的年产值接近900亿英镑，超过了任何一种传统制造业所创造的产值。英国创意产业年平均产值接近600亿美元，占国内生产总值的11%左右，超过任何一种传统制造业创造的产值，是英国经济增长的动力和财富源泉。英国政府最新的数据分析表明英国2015年文化产业年增长率为10%，是英国经济年增长率的5倍，2015年英国文化产业产值已达118亿英镑。③ 以制造业著称的日本，文化产业在2001年就占国内生产总值的18.3%，仅次于制造业。截至2016年，日本与动漫有关的市场规模已超过2万亿日元，动漫产业成为日本第三大产业。④ 根据澳大利亚统计局2014年的报道，澳大利亚文化创意产业对国民经济的年均贡献已超过860亿澳元。⑤ 是澳大利亚第三产业中的支柱产业和主

① National Endowment for the Arts, The Arts Contribute More Than ＄760 Billion to the U. S. Econorny, and U. S. Department of Commerce, Bureau of Economic Analysis, Value Added by Industry as a Percentage of Gross Domestic Product, 2017.
② U. S. Department of Commerce, Bureau of Economic Analysis, Data for 1998 –2015, 2018.
③ Arts and Culture Contribute ￡11. 8bn to UK Economy, www. artsprofessional. co. UK.
④ Anime Industry Report 2017, The Association of Japanese Animations, January 2018.
⑤ Cultural Industry Contributes ＄86 billion a year to Australian GDP, The Sidney Morning Herald, www. smh. com. au

要出口行业。正如美国学者沃尔夫所言，"文化、娱乐——而不是那些看上去更实在的汽车制造、钢铁、金融服务业——正在迅速成为新的全球经济增长的驱动轮"①。

（六）全球文化产业的发展趋势

20世纪90年代以后，随着全球文化产业发展浪潮的到来，无论是发达国家还是发展中国家，都将发展文化产业提升到新的战略高度——提高国家软实力、增强竞争力和综合国力。目前，全球文化产业的发展主要呈现以下趋势。

1. 产业内容向多样化方向发展

在传统的文化产业如广播、报业、出版、影视、音乐制作、广告、动漫等不断纵深发展的同时，信息产业、创意产业也正在兴起和发展，使文化产业的内容日趋多样化。到20世纪90年代中期，信息产业已超过了汽车、钢铁等产业部门，成为世界第一大产业。尤其是近十几年来，世界信息产业发展异常迅速，对世界经济增长起着举足轻重的作用。发达国家众多的创意产品、营销和服务正形成一股巨大的创意经济浪潮，可为本国创造可观的经济价值。

2. 相关产业间的合作日益紧密，产业集群化、垄断化趋势明显

在经济全球化的背景下，20世纪90年代后期，世界上许多文化产业集团不断打破行业分工界限，并逐步实现跨地区间的合作，在资金、技术、经营以及组织方式等方面进行重新整合，调整产业结构，形成了电信业、电脑业、出版业与传媒业、娱乐业、旅游业相互融合、相互渗透的新格局。在欧美国家，涌现出一批大型的跨行业、跨国界的文化产业辛迪加。目前，这些通过

---

① 米切尔·J. 沃尔夫. 娱乐经济：传媒力量优化生活［M］. 黄光伟，邓盛华，译. 北京：光明日报出版社，2001.

兼并融合组成的超大型文化产业集团控制着世界上绝大部分的文化产业市场份额。仅就媒介产业而言，以新闻集团为代表的综合性传媒集团近十几年迅速崛起，超大型媒体集团充分利用报刊业、广电业、因特网三种媒体之长，形成优势互补、综合发展的趋势。美国在线与时代华纳公司的合并就是最成功的强强联合的案例之一。合并之前，美国在线是全球最大的因特网服务提供商，拥有美国在线、网景、数字城等著名网站，提供广泛的电子商务和网络内容服务，但是只通过电话线和调制解调器的"窄带传输"，已经不能满足网络用户要求。时代华纳是世界上实力雄厚的传媒集团之一，涉足的领域包括电影、电视、有线电视、出版、通信、娱乐等，尤其是它庞大的有线电视网具有"宽带传输"的速度提升功能。二者合并后如虎添翼，既实现了传统媒体的数字变革，又利用网络系统为受众提供了更多类型、更大范围的交互式服务，从而占据了世界市场的更多份额。世界传媒界的九大巨无霸（美国在线—时代华纳公司、迪士尼公司、贝塔斯曼公司、维阿康姆公司、新闻集团、索尼公司、TCL、环球公司、日本广播公司）已经实现了广播、电影、电视、图书报刊、音像制品、有线卫星网络、音乐、娱乐、体育、网上服务等商贸一体化的多媒体经营，并基本垄断了当今世界的传媒市场。它们的市场已遍及欧美和亚洲各地，年收入都以百亿美元计算。在九大传媒巨头引导下，全球50家大的媒体娱乐公司占据了当今世界文化市场份额的95%。目前传播于世界各地的新闻，90%由美国等西方国家垄断，其中70%由跨国大公司垄断。在拥有全球电影市场60%的美国电影公司中，82%左右的利润由时代华纳和哥伦比亚等跨国电影公司创造。全球音乐制作被美国5家大型跨国文化公司所掌握，超级跨国文化产业集团日益成为世界文化生产的主导者。

3．带动新的经济业态涌现，创造更多新的就业机会

20 世纪 90 年代以后，文化产业的发展触角逐渐延伸到旅游业和体育业等行业，并带动了相关行业的发展。创意文化产业的兴起，更使经济的发展趋于多样性。现在，在文化产业经济蓬勃发展的浪潮下，世界各国意识到文化对经济增长的重要性，十分重视挖掘本国历史文化的潜力，依托于本土历史文化资源的产业拓展。而旅游业是跟历史文化资源紧密相关的行业，因而在这一大背景下，旅游业业已成为世界各国注重开发的行业，正日益发展成为世界上最大的新兴产业。据世界旅游组织报道，国际入境人数每年平均增加 4300 万，每年国际旅游业的交易额已超过 3000 亿美元。据最新《中国旅游发展报告 2016》披露，预计 2020 年，中国国内旅游规模将达到 68 亿人次，出境旅游人数将超过 2 亿人次。① 2014 年 10 月，联合国世界旅游组织发布了最新世界旅游趋势与展望报告。报告预测，到 2020 年，全球旅游人数将达 14 亿人次；到 2030 年，全球旅游人数将达 18 亿人次。② 在 21 世纪初，旅游业已成为一些国家最大的创汇产业，如新西兰、古巴等国。在不久的将来，旅游业将取代石油工业、汽车工业，成为世界上最大的创汇产业。

此外，由于大众体育的发展和竞技体育的社会化，体育产业已经成为西方主要发达国家国民经济的重要增长点，并有发展成为支柱产业的趋势。美国是全球体育产业非常发达的国家，体育产业年产值占 GDP 的比重从 80 年代的 1%，90 年代的 2%，到现在已接近 3%，美国体育产业产值是汽车产业的 2 倍、影视产

---

① 2020 年中国出境旅游人数将逾 2 亿人次. 中国新闻网，2016 年 5 月 24 日. 参见 www.chinanews.com.

② 联合国世界旅游组织：2020 年全球旅游人数达 14 亿人次，新华网，2014 年 10 月 14 日. 参见 www.xinhuanet.com.

业的 7 倍。① 2013 年全球体育产值为 7.5 万亿元，占 GDP 比重约为 2%。其中，美国体育产值高达 2.87 万亿元，占 GDP 的 2.93%，欧盟整体的体育产值占 GDP 比重也远高于 2%。② 随着文化产业体系的发展和成熟，文化产业正大范围向信息产业、会展业、餐饮业、代理业、家用电器业渗透，并覆盖更多的受众群体。

文化消费市场潜力巨大，将成为最能创造新的就业机会的一个行业。文化产业在创造巨额利润的同时也带来了巨大的社会效益。世界旅游组织提供的数据，早在 1993 年，世界旅游业已为全球提供了 1.27 亿个就业机会，占从业人员的 1/15；到 2010 年，旅游业已为超过 2.35 亿人提供了工作机会，相当于 2010 年全球新增就业总人数的 8%。据世界旅游组织预计，到 2019 年旅游业将为全球经济提供近 3 亿个新的工作岗位。据国内一项研究表明，旅游业每投资 8 万美元，就会相应制造 41 个就业机会，比投资石油工业多 26 个就业机会。英国的体育业在 1987 年从业人数已达 37.6 万人，相当于整个化工和人造纤维工业的就业人数，超过了煤炭、农业和汽车零件制造业的人数。

4. 文化产业的全球化趋向

全球化是市场经济发展到一定程度的必然结果。市场激烈的竞争打破了地域限制，把世界各国的经济连为一个整体，营造了无国界的国际统一大市场。全球化的影响力和扩散力绝不会仅停留在国际政治、经济和贸易往来层面上，全球化的发展，必然会带动文化走向全球化。

---

① 2016—2017 年国际体育产业概况及发展趋势分析报告，https://wenku.baidu.com/view/cf6ef92103020740be1e650e52ea551810a6c93c.html. 2016 年 12 月。

② 国际及国内体育产业发展现状分析. 搜狐财经，2016 年 5 月 6 日. www.sohu.com.

随着文化全球化的发展，人们对世界的了解不再仅仅局限在本民族文化层面上，而是日益具备了国际化的文化意识和素养。因此，要使文化产业获取高额利润，必须在全球范围内对文化资源重新进行国际化整合和配置，优化文化产业生产要素。跨国大公司对文化审视敏锐度的增强，进一步引领了文化产业的全球化浪潮。目前，文化产业对文化资源的国际化吸收和整合的态势已趋明朗。如好莱坞电影中除了美国元素外，大量运用外国文化元素。近些年，随着中国经济的腾飞和文化软实力的崛起，中国文化也越来越多地被外国人所了解甚至推崇，中国文化元素也越来越频繁地出现在多种国际场合，连一向以商业环节、市场利润为首要考虑因素的好莱坞，在近十年的电影中不断融入中国文化元素。从《花木兰》到《功夫熊猫》，中国文化元素（花木兰、熊猫、中国功夫）备受青睐；《黑客帝国》（1999）、《木乃伊3》（2008）、《功夫之王》（2008）、《变形金刚2》（2009）、《2012》（2009），中国文化元素被越来越多地演绎和融入好莱坞电影作品中。虽然好莱坞对中国文化的理解并不到位，但中国文化的融入无疑为好莱坞赢得了更多的人气、更高的票房，从《花木兰》的过亿票房到《2012》的4亿票房，好莱坞的票房不断突破新高。在文化自觉的基础上汲取其他民族的文化营养并对其进行重新编码，转换演绎大众性的价值观念和思维方式，好莱坞电影成功实现了跨语境旅行与文化互动，实现了市场的全球化。

文化产品国际化的合作生产也是文化产业全球化趋向的具体表现之一。近年来大公司跨国合作生产的文化产品不断增多，如美国电影公司面对日趋激烈的竞争，采取把电影的生产制作移向海外的新策略，以降低生产成本，规避贸易壁垒。在国际化的大背景下，电影与电视制作的跨国合作越来越普遍。如2002年，韩国与加拿大、德国签约共同制作电视动画片，总投入500万加元,加拿大出资 42.55%,德国为 36.17%,韩国为 21.28%。①
在这种趋势下,电视节目也开始加强国际合作,跨国联合制作节目,以提高节目质量,赢得更多的观众。如陕西电视台与新西兰自然历史制作公司经过三年的共同调研、深入探讨,联合推出了《消失的金字塔》《亡灵秦军》纪录片。② 2009 年 5 月 10 日美国国家地理频道(国际)也表示愿意与陕西电视台和新西兰自然历史制作公司签署战略性合作协议书。这样,三方顺利实现了电视节目的跨国合作。

文化产品与其相适应的服务、消费方式、市场流通也日益呈现出全球化趋向。随着文化传播技术的发展,文化产品的传播具有其他产品无可比拟的优势,它可以更便捷地传播到世界各地。现在在大多数国家的文化市场上可以轻易找到其他国家的文化产品。好莱坞新片在全球同步上映,经典文学作品同时被翻译成多国文字在全球流通,音乐作品在全球同时发行,各大媒体电台(如英国广播公司)、音乐电台可以在全球同步收听,世界各大报纸的新闻可以在网上随时查阅。总之,随着经济、文化全球化进程的加速,文化资源不再只是某一国或某一地区内部资源,越来越多的文化产品和服务实现了全球共享和产品的国际化整合。

5. 文化产业和高新技术产业结合更加紧密,数字化、网络化、智能化将主导未来文化产业的发展

随着计算机网络技术的飞速发展,文化产业的网络化趋势势不可挡。互联网的出现为人们的文化消费提供了不同于以往更加便利的空间,人们不出家门就可享受到丰盛的文化大餐,电子书、新闻、音乐、电影、电视、视频、广播、游戏等文化娱乐方

---

① 张永文,李谷兰. 韩国发展文化产业的战略和措施 [J]. 北京观察,2003 (12).
② 高平. 试论电视纪录片跨国合作走向双赢 [J]. 新西部,2010 (9).

式都可以通过互联网来实现。网络技术、信息技术与文化产业的联姻使文化产业各个业态的融合程度进一步加深，以网络化形态存在的文化产业将会成为文化产业发展的主流趋势。

高新技术极大地推进了文化产业的发展。在高技术的支持下，计算机娱乐软件在发达国家市场上势头强劲，多媒体软件发展的速度比图书、报纸、广播等传统媒体快了一倍。一项针对计算机网络服务的专项调查发现，网络越普及的地方，文化产业所占的比例越高。在全球 25 个互联网普及程度最高的国家中，文化服务业所创造的价值比开通互联网前平均增加 17.5%，从业人员增加 43%。[①] 在美国，因特网普及之后，文化产业所创造的社会价值占社会总产值的比例，从过去的 20%上升至 30%以上，达到 9000 亿美元。[②] 以美国国会图书馆为例，随着国际互联网的开通，该馆成为北美乃至世界最大的网络信息服务商，每天上网访问国会图书馆网站的读者就达 3 万人次，围绕网络进行数据库服务的年收入达 3 亿多美元。其文化产品也由原来的图书、胶片发展为光盘、网站、数据库等形式，成为全球进行文献信息服务的最大企业。

在发达国家，以网络化、数字化高科技技术为装备和载体的文化产品，为现代社会创造了全新的生活理念。调查显示，美国许多报纸和杂志拥有自己的互联网网站，而传播媒介的普遍网络化也直接冲击了纸质报业，使美国报业深陷倒闭潮。

6. 文化市场竞争日趋激烈，各国文化产业发展不平衡加剧

随着文化产业发展的全球化，国际文化市场的竞争日趋激烈。西方国家的强势文化产业集团，凭借其强大的经济实力、高

---

① 高析. 国际文化产业发展新趋势与新战略. http://www.zgxxb.com，2009 年 6 月 3 日

② 中国动画网，2009 年 6 月 3 日。

科技的大量投入、丰富的经营经验和花样翻新的文化产品，向全球进军，不断扩大对国际市场的占领，挤压弱势国家的文化发展空间，加剧了各国文化产业发展的不平衡。

在传媒业方面，近年来西方文化媒体企业为了提高经济收益，分散投资风险，不断向发展中国家倾销大量影视节目，扩大其卫星电视覆盖网。目前在亚太地区上空有 200 多个卫星电视频道，其中绝大部分是西方三大电视集团对亚洲开办的电视频道。美国更是控制了全球 75% 的电视节目生产和传播，许多第三世界国家的电视节目有 60% ~80% 的栏目内容来自美国，几乎成了美国电视节目的转播站。

在视听业方面，西方国家借助较高的艺术质量、新颖的制作手法、富有创意的想法、变化多样的营销方式等优势吸引消费者，大量视听产品通过多种渠道进入发展中国家，尤其是通过互联网的方式，吸引了发展中国家的众多消费者，对这些国家广播电视电影的收视市场造成了严重的冲击。

在出版业方面，2018 年 8 月 31 日，在法兰克福书展上，法国出版杂志《书业周刊》（Livres Hebals），发布《全球出版 50强》（Global 50，the Ranking of the Publishing Industry，2018）研究报告。2018 年全球排名包括 53 个出版集团营收总额为 515.37亿欧元。其中，前十名总营收额为 306.67 亿欧元（见表 4 - 1）。

表 4 - 1　2017 年全球出版企业前十强

排名	出版企业	国家	母公司/所有者	2017（百万欧元）	2016（百万欧元）	2015（百万欧元）
1	培生	英国	培生公开有限责任公司	5 077	5 312	5 072
2	励德·爱思唯尔（RELX Group）	英/荷/美	英国励德·爱思唯尔公开有限公司、荷兰励德·爱思唯尔公共有限公司	4 691	4 600	4 774
3	汤森路透	美国	The Woodbridge Company Ltd.	4 116	4 593	5 291
4	贝塔斯曼	德国	贝塔斯曼	3 548	3 503	3 717
5	威科集团（Wolters Kluwer）	荷兰	荷兰威科集团	3 342	3 206	4 208
6	阿歇特出版集团	法国	拉加尔代尔传媒集团	2 289	2 264	2 206
7	行星集团	西班牙	行星集团	1 652	1 790	1 658
8	施普林格·自然	德国	施普林格·自然	1 637	1 625	1 471
9	学乐	美国	学乐	1 451	1 594	1 494
10	麦格劳－希尔教育集团	美国	阿波罗全球管理有限责任公司	1 432	1 674	1 681
10	威立	美国	威立	1 432	1 646	1 545

2008～2017 年十年间，排名前几位呈现出很强的稳定性，没有很大的波动（见图 4 - 2）。

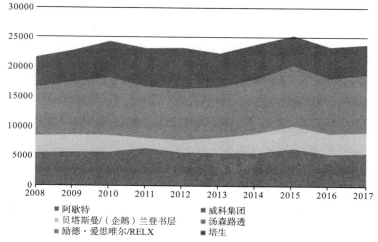

图 4 - 2　2008 - 2017 年排名前六位出版集团每年营收额（单位：百万欧元）

从图 4 - 2 可以看出，占据前十位的均是美、英等欧洲国家的出版集团，前几位中没有中国出版集团的身影。从 2018 年全球出版业五十强排名来看，排行榜具有很强的连续性，前几名仍由相同的几家公司占据。前五十强中，前十大公司的营收在所有上榜公司总收入中所占比重在过去十年中基本未变。无论是不断的产业整合，还是 2008 年的金融危机，都没有对排名的整体矩阵有任何较大的影响（见图 4 - 3）。

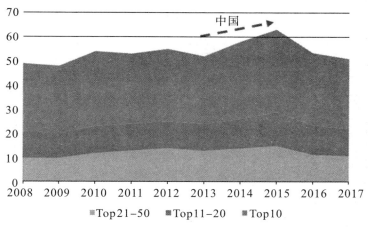

五十强营收变化（2008-2017年，十亿欧元）

图 4 - 3　2018 年全球五十强中排名前 10、排名 11 至 20、排名 21 至 50 的出版商的营收份额

2018 年全球五十强中排名前 10、排名 11 至 20、排名 21 至 50 的出版商的营收份额，全球前 50 强出版集团的总营业额自 2013 年大幅增长后，在 2015 年再次出现明显提升。这归功于出版公司的强劲营收，主要得益于中国出版集团的迅速扩张所带来的影响，但 2016 年和 2011 年因其财务数据无法获取它们并没有加入排名。

表4-2 全球出版50强排名及其创收（2015-2017）

Rank 2018 (Data 2017)	Publishing Company (Group or Division)	Country Publ. Company	Parent Corporation or Owner	Country Mother Corporation	2017 (Rev mEUR)	2017 (Rev mUSD)	2016 (Rev mEUR)	2015 (Rev mEUR)
1	Pearson	UK	Pearson PLC	UK	€ 5.077	$6.070	€ 5.312	€ 6.072
2	RELX Group (Reed Elsevier)	UK/NL/US	Reed Elsevier PLC & Reed Elsevier NV	UK/NL/US	€ 4.691	$5.609	€ 4.600	€ 4.774
3	Thomson Reuters	US	The Woodbridge Company Ltd.	Canada	€ 4.116	$4.941	€ 4.593	€ 5.291
4	Bertelsmann *	Germany	Bertelsmann AG	Germany	€ 3.548	$4.240	€ 3.503	€ 3.827
5	Wolters Kluwer **	NL	Wolters Kluwer	NL	€ 3.342	$3.994	€ 3.206	€ 4.208
6	Hachette Livre	France	Lagardere	France	€ 2.289	$2.735	€ 2.264	€ 2.206
7	Grupo Planeta	Spain	Grupo Planeta	Spain	€ 1.652	$1.974	€ 1.790	€ 1.658
8	Springer Nature	Germany	SpringerNature	Germany	€ 1.637	$1.956	€ 1.625	€ 1.471
9	Scholastic (corp.)	US	Scholastic	US	€ 1.451	$1.742	€ 1.594	€ 1.494
10	McGraw-Hill Education (Incl. McGrawHill Global Education & School Group)	US	Apollo Global Management LLC	US	€ 1.432	$1.719	€ 1.674	€ 1.676
10	Wiley	US	Wiley	US	€ 1.432	$1.719	€ 1.646	€ 1.545
12	Harper Collins	US	News Corp.	US	€ 1.363	$1.636	€ 1.569	€ 1.527
13	Cengage Learning Holdings II LP	US	Apax and Omers Capital Partners	US/Canada	€ 1.217	$1.461	€ 1.547	€ 1.496

Rank 2018 (Data 2017)	Publishing Company (Group or Division)	Country Publ. Company	Parent Corporation or Owner	Country Mother Corporation	2017 (Rev mEUR)	2017 (Rev mUSD)	2016 (Rev mEUR)	2015 (Rev mEUR)
14	Holtzbrinck	Germany	Verlagsgruppe Georg von Holtzbrinck	Germany	€ 1.174	$1.403	€ 1.162	€ 1.128
15	Houghton Mifflin Harcourt	US	Houghton Mifflin Harcourt Company	US/Cayman Islands	€ 1.173	$1.408	€ 1.308	€ 1.297
16	Informa	UK	Informa plc	UK	€ 1.028	$1.229	€ 910	€ 984
17	Oxford University Press	UK	Oxford University	UK	€ 953	$1.139	€ 888	€ 1.042
18	Kodansha Ltd.	Japan	Kodansha Ltd. (Kabushi-ki- gaisha Kodansha)	Japan	€ 873	$1.045	€ 961	€ 888
19	Shueisha	Japan	Hitotsubashi Group	Japan	€ 869	$1.041	€ 1.008	€ 928
20	Kadokawa Publishing (Kadokawa Shoten)	Japan	Kadokawa Holdings Inc.	Japan	€ 834	$998	€ 926	€ 925
21	Shogakukan	Japan	Hitotsubashi Group	Japan	€ 720	$862	€ 784	€ 779
22	Simon & Schuster	US	CBS	US	€ 691	$830	€ 731	€ 714
23	Grupo Santillana	Spain	PRISA SA	Spain	€ 656	$784	€ 633	€ 643
24	Klett	Germany	Klett Gruppe	Germany	€ 612	$731	€ 537	€ 495
25	Egmont Group	Denmark/ Norway	Egmont International Hold-ing A/S	Denmark	€ 553	$661	€ 573	€ 638
26	Bonnier	Sweden	The Bonnier Group	Sweden	€ 547	$650	€ 633	€ 760
27	Mondadori	Italy	The Mondadori Group	Italy	€ 529	$632	€ 475	€ 321
28	Woongjin ThinkBig	Korea	Woongjin Holding	Korea	€ 488	$584	€ 495	€ 544

第四章　文化软实力的生成机制

续表 4 - 2

Rank 2018 (Data 2017)	Publishing Company (Group or Division)	Country Publ. Company	Parent Corporation or Owner	Country Mother Corporation	2017 (Rev mEUR)	2017 (Rev mUSD)	2016 (Rev mEUR)	2015 (Rev mEUR)
29	Les Éditions Lefebvre Sarrut	France	Frojal	France	€ 450	$ 538	€ 419	€ 396
30	Groupe Madrigall (Gallimard, Flammarion)	France	Madrigall	France	€ 432	$ 516	€ 437	€ 438
31	Messagerie / GeMS (Gruppo editoriale Mauri Spagnol)	Italy	Messagerie Italiane	Italy	€ 406	$ 485	€ 408	€ 364
32	Somos Educação (formerly Abril Educação)	Brazil	Somos	Brazil	€ 347	$ 418	€ 408	€ 177
33	Media Participations	France	Media Participations	Belgium	€ 345	$ 412	€ 352	€ 340
34	Cambridge University Press	UK	Cambridge University Press	UK	€ 344	$ 412	€ 314	€ 366
35	EKSMO-AST (since 2012: EKSMO)	Russia	privately owned	Russia	€ 320	$ 387	€ 305	€ 213
36	Sanoma	Finland	Sanoma WSOY	Finland	€ 320	$ 382	€ 283	€ 280
37	Westermann Verlagsgruppe	Germany	Medien Union (Rheinland-Pfalz Gruppe)	Germany	€ 300	$ 359	€ 300	€ 300
38	Haufe Gruppe	Germany	privately owned	Germany	€ 298	$ 356	€ 267	€ 256
39	Prosveshcheniye (formerly OLMA Media Group)	Russia	privately owned	Cyprus	€ 284	$ 343	€ 199	€ 175
40	Cornelsen	Germany	Cornelsen	Germany	€ 259	$ 310	€ 272	€ 260
41	WEKA	Germany	WEKA Firmengruppe	Germany	€ 241	$ 288	€ 242	€ 232

Rank 2018 (Data 2017)	Publishing Company (Group or Division)	Country Publ. Company	Parent Corporation or Owner	Country Mother Corporation	2017 (Rev mEUR)	2017 (Rev mUSD)	2016 (Rev mEUR)	2015 (Rev mEUR)
42	Gakken Co. Ltd.	Japan	Gakken Co. Ltd.	Japan	€ 233	$ 279	€ 250	€ 232
43	Kyowon Co. Ltd.	Korea	Kyowon Co. Ltd.	Korea	€ 217	$ 260	€ 240	€ 258
44	C. H. Beck	DE	Verlag C. H. Beck oHG	DE	€ 197	$ 235	€ 185	€ 172
45	La Martinière Groupe	France	La Martinière Groupe	France	€ 196	$ 234	€ 206	€ 225
46	Groupe Albin Michel	France	Groupe Albin Michel	France	€ 192	$ 229	€ 195	€ 178
47	France Loisirs	France	ACTISSIA Club	US	€ 177	$ 212	€ 217	€ 250
47	Bungeishunju Ltd.	Japan	Bungeishunju Ltd. (Kabushiki-gaisha Bungeishunjū)	Japan	€ 177	$ 212	€ 211	€ 184
49	Editora FTD	Brazil	Editora FTD	Brazil	€ 165	$ 199	€ 176	€ 120
50	Thieme	DE	Georg Thieme Verlag KG	DE	€ 162	$ 195	€ 150	€ 149
51	Bloomsbury	UK	Bloomsbury Publishing Plc	UK	€ 161	$ 216	€ 145	€ 124

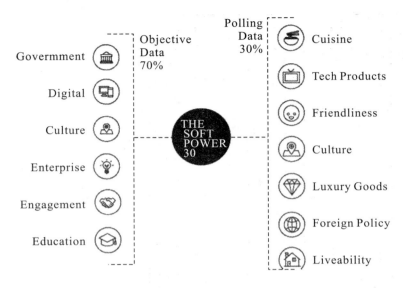

图 4 - 4   《2018 年全球软实力研究报告》评价标准

今后，随着国际文化市场竞争的加剧，不同文化之间的碰撞和冲突将会激增，发达国家和发展中国家文化产业发展的不平衡会越来越严重。上述种种趋势都要求我们，既要放眼全球，深刻认识文化产业发展在综合国力竞争中的战略意义，又要从中国的实际出发，加快制定我国文化产业发展的战略和对策，推动文化产业成为 21 世纪中国经济和社会发展的新的增长点。在虚心学习别国发展文化软实力经验的同时，结合本国国情，以本国深厚的文化底蕴为根基，创造富有中国特色的文化产业，切实提高我国文化软实力，为中国在未来发展成文化大国和文化强国铺路。

第二节　制度层面的作用机理

文化软实力制度层面的运用是指能够科学地运用国家对各种制度体系、规范等进行社会活动或参与国际制度建设等方面的能力。制度层面的文化软实力是引导一国从物质层面的文化软实力过渡到精神层面文化软实力的推动力。它能够在对一国某种经济制度、法律规范和风俗习惯了解的基础上，深化对某国的认识，使该国人们普遍接受其所蕴含的核心价值观念。制度层面文化软实力的作用机理，一是促使并引导人们从表层现象到深层内涵的认识；二是对国家形成的各种制度、规范和习俗等的资源运用，但这种运用必须建立在对一国制度、规范和习俗长期接触、交流并能够正确认识的基础之上。如国际贸易规则的形成，就是在国与国之间长期合作和沟通交流，不同价值观念的碰撞、磨合和调整，最终达成一个大家都能接受的结果，进而形成基于某种框架下的贸易规则。这种贸易规则背后体现了不同国家迥异的价值目标。建立在这种基础之上的国际贸易秩序具有稳定性和合法性，同时其制度体系、规范习俗等秩序能保持持久的吸引力。

一、制度的含义

同文化的概念类似，制度的概念也有广义和狭义之分。从广义上说，制度是一系列用来调节、规范人们行为的规则体系、组织机构体系和实施机制的总和。诺思（1994）认为，制度既包括国家规定的正式规则，也包括社会认可的非正式规则。可以看出，制度分为正式制度和非正式制度。正式制度是以正式形式加以确定的各种制度安排，包括宪法、法律、规章、契约等，它是人们的一种有意识行为，具有明确的强制性。非正式制度是指人们在长期的社会生活中逐步形成的意识形态、价值观念、文化传统、习惯习俗、伦理道德等对人们行为产生非正式约束的规则。从历史发展来看，在正式制度建立之前，人们之间的关系主要靠非正式制度来维持，"即使在现代社会，正式约束也只占整个约束很少的一部分，人们生活的大部分空间仍然由非正式规则来约束"①。从狭义上说，制度就是指正式规则及组织机构体系，非正式规则不在制度的外延之内。其原因是非正式制度中的伦理道德、价值观念等和文化观念交叉。学术界对制度含义的界定各异，日本制度经济学家青木昌彦认为："关于制度的定义不涉及谁对谁错的问题，它取决于分析的目的。"②

二、制度生成文化软实力的条件

国家文化软实力生成的前提条件是通过与他国进行对外接触和交流沟通来解释、宣传和推广自己的制度、价值观和文化精神，对他国产生吸引力，逐渐获得理解、熟悉直至认同。③ 如美国就长期注重文化交流、文化出口、国际援助、对外贸易等各种方式来宣传其"民主制度"，推广其价值观。

制度要生成文化软实力必须具备以下四个条件。

（一）是否有硬实力的支撑

前面已经讨论过软硬实力的概念："硬实力"是指经济、科技、军事等"看得见"的有形力量，"软实力"是指文化、意识形态、政治制度等"看不见"的无形力量。文化软实力主要是

---

① 卢现祥. 西方新制度经济学 [M]. 北京：中国发展出版社，2003.
② 青木昌彦. 什么是制度？我们如何理解制度？[J]. 周黎安，王姗姗，译. 经济体制比较，2000（5）：33.
③ 汉斯·摩根索. 国家间政治——寻求权利与和平的斗争 [M]. 徐昕，郝望，译. 北京：中国人民公安大学出版社，1990：297.

指一个国家或地区基于文化而具有的凝聚力、创新力、吸引力和传播力以及由此而产生的感召力和影响力。文化软实力是一种精神性力量，而硬实力则是一种物质性力量。文化软实力和硬实力是相互联系、相互影响、相互作用、相互转化的。一个国家、地区和企业的发展必须同时具备文化软实力和物质硬实力，二者缺一不可。

一方面，硬实力是文化软实力的物质基础，是文化软实力的物质支撑。在塞缪尔·亨廷顿看来，硬实力是软实力的基础，硬实力决定软实力，硬实力是软实力得以实现和增强的基础和前提。文化软实力的发展必须以强大的硬实力作为基础和支撑，才能得以迅速提升。文化软实力的提升会推动物质硬实力的更快发展，从而使文化软实力转化为硬实力。美国世界第一大经济体的地位为其文化软实力的发展提供了强大的物质基础和后盾，使美国文化在短短几十年内风靡全球，对世界各国产生了重要影响。试想如果美国没有物质力量的发达，它的文化软实力也不可能拥有像今天这样如此强大的影响力和传播力。那些经济落后的国家、地区、企业或个人，其文化软实力会受到物质薄弱的影响而使其影响力大大降低。

（二）是否实用，即能否解决实际问题

文化软实力并不是完全抽象的，它具备不可忽视的强大能力。一国的文化软实力能解决该国发展道路上的问题，为国家解决现实问题，推动国家的发展。这样的文化软实力才具有影响力和吸引力，才能令他国向往，进而试图对这种文化生产力进行学习甚至模仿。尤其是一国的发展模式能否得到别国的认可，是一国的文化软实力是否能解决实际问题的标志。

一个国家的经济社会发展道路和制度模式，即经济社会发展方式和经济政治制度就是一国的发展模式。众所周知，经济属于硬实力范畴，但是，经济成就所产生的示范效应便成为文化软实力的一种。而制度本身即属于文化范畴，又属于经济范畴。发展方式和制度蕴含了经济和文化的双重理念，如果一国的发展模式能成功解决发展过程中遇到的国内外政治、经济、文化等各种问题，那么该国的发展模式必定会对他国产生巨大影响，对他国具有借鉴和启示作用，那么该国的发展模式必然是符合实际、切实可行的。

（三）是否具有全球性

约瑟夫·奈说："一个国家的文化具有全球性，它具有建立一套良好的规则和机制以约束国际行为的能力，是其力量的重要源泉。"[①] 文化软实力既具有民族性，又具有世界性。

从文化软实力的发展规律来看，它首先形成于一个国家和民族在发展过程中体现的文明、民主、自由公平等价值观念，并对本国本民族人民产生影响力、凝聚力和吸引力。在与他国人民的交流中，其独特的品质和魅力得到他人的认同，从而完成民族性向世界性的价值转换，被他国人民所认同和接受，产生国际吸引力和影响力。

（四）是否具有吸引力

在奈看来，吸引力是"能让其他人做你想让他们做的事"的力量，"它强调与人们合作而不是强迫人们服从你的意志"。[②] 也就是说，吸引力是一种说服力，而不是强制力。如果一国的文化具有足够大的吸引力，那么别国就会追随它，并效仿其制度和发展模式。如约瑟夫·奈所说："如果一个国家的文化和意识形

---

① 约瑟夫·奈. 美国霸权的困惑：为什么美国不能独断专行 [M]. 郑志国，等译. 北京：世界知识出版社，2002：11.

② 同上，第9页。

态是有吸引力的，其他人就会乐于效仿；如果它能够建立与自己的社会相一致的国际规则，它大概就无需改变自己；如果它能够帮助建立一种机制，鼓励其他国家按照它所希望的那样行动，它大概就不再需要过多使用代价高昂的胡萝卜和大棒。"①

一国的制度若能得到本国人民的拥护，人们就会自觉遵守这一制度的规定，团结一致，政治环境稳定，人民安居乐业。如果一国的制度所倡导的价值观念被他国接受和认同，那就证明它具有普遍意义，并会形成巨大的国际吸引力和影响力。如美国的民主政治理念得到一些西方国家的认同，形成了所谓的"华盛顿共识"。在此基础上，美国与世界上35个国家形成了政治同盟和军事同盟。这些盟国拥有共同的政治理念和价值观，并为它们之间经济和贸易往来铺平了道路，进而推动彼此经济的发展。随着中国经济的强劲发展，中国的软实力也呈现出了不可小觑的一面。中国模式对广大发展中国家产生了强大的吸引力，证明中国制度和中国模式的魅力，甚至有西方学者提出了"北京共识"的说法。

三、制度对文化软实力生成的影响

在《"软权力"再思索》中，奈指出："一个国家的'软权力'资源由三部分构成：对他国有吸引力的文化、在国内和国际上都能得到遵循的政治价值观、被视为合法和享有道德权威的外交政策。"② 文化不仅本身是重要的软实力，而且往往构成了同样体现软实力的政治价值和外交政策的核心内容。政治制度作为文化的重要组成部分，自然成了重要的软实力资源。

---

① 约瑟夫·奈. 美国霸权的困惑：为什么美国不能独断专行 [M]. 郑志国，等译. 北京：世界知识出版社，2002：11.
② 约瑟夫·奈. "软实力"再思索 [J]. 国外社会科学，2006 (4)：90.

政治制度对文化软实力的产生有重大影响。文化软实力的产生必然需要稳定的社会环境。一个国家的政治体制关系到国家的经济发展、社会的稳定有序。我们不能想象一个社会动荡、政治混乱的国家会对其他国家产生吸引力和影响力。政治制度对一国政治稳定极其重要，而强大完善的政治体制必然受到国际社会的关注。这个关注的过程实际上就表明了已对他国产生了影响力，就是文化软实力产生的过程。如中国特色社会主义政治制度不仅带来经济的迅速发展，也使国内社会稳定有序。中国政治制度的优势受到了西方国家的广泛关注。

政治制度对文化软实力作用的发挥也有重大影响。软实力是一种"能让其他人做你想让他们做的事"，"它强调与人合作而不是强迫人们服从你的意志"。文化软实力作用的发挥来自其自身所产生的吸引力，表现在他人愿意模仿。政治制度是文化软实力的重要体现，其所体现出来的政治理念和政治价值观能产生软实力效应。完善的政治制度对内产生凝聚力，对外产生吸引力。强有力的政治制度对内产生的凝聚力能将分散的力量整合，发挥整体功效，还可以促进社会的稳定和成员的团结，减少和消除矛盾和冲突。其对外所产生的吸引力能使该国提升国际地位，增强国际话语权，并获得他国的认同和效仿。

政治制度可促进文化软实力的发展。软实力与硬实力是实力的两个方面，软实力和硬实力在相互作用的过程中发展。硬实力带动软实力的发展，软实力促进硬实力的提升。一方面，政治制度通过不断改革和创新提出与时俱进的价值理念和价值观，不断推进文化软实力的进一步提升。另一方面，适应社会需要的政治制度能保障社会的稳定和经济的有序进行，从而促进国家经济硬实力的发展。

第三节　文化软实力的经济衡量指标的构建

一、投入指标

投入指标指国家、企业和个人用于文化软实力生产、消费和交换的投入支出状况。它包括以下方面：政府投入文化软实力（包括文化产业）的公共财政投入，其中主要有国家对文化事业、文化产业、科技和教育的费用；企业投入文化软实力的费用数额，主要指企业用于科技研发以及文化产品生产经营和消费的数额；居民个人用于教育、文化、娱乐方面的支出数额。

二、产出指标

产出指标是指文化产品及相关文化产品生产经营所获得的文化价值量，它应该反映文化生产力总体状况的产出价值、文化产业增加值、通过创新转化的文化核心结果的价值、高新技术产品的增加值。

国家统计局发布的《文化及相关产业分类（2012）》指出："我国文化及相关产业的范围包括：1. 以文化为核心内容，为直接满足人们的精神需要而进行的创作、制造、传播、展示等文化产品（包括货物和服务）的生产活动；2. 为实现文化产品生产所必需的辅助生产活动；3. 作为文化产品实物载体或制作（使用、传播、展示）工具的文化用品的生产活动（包括制造和销售）；4. 为实现文化产品生产所需专用设备的生产活动（包括制造和销售）。"[1]

---

① 国家统计局，http://www.stats.gov.cn/tjbz/t20120731_ 402823100. htm.

依照 2012 年国家统计局对文化产业最新分类，文化及相关产业分为五层：第一层包括文化产品的生产、文化相关产品的生产两部分；第二层根据管理需要和文化生产活动的自身特点分为10 个大类；第三层依照文化生产活动的相近性分为 50 个种类；第四层共有 120 个小类，是文化及相关产业的具体活动类别；第五层为" ＊ "小类下设置的延伸层。

第一部分是文化产品的生产，包括新闻出版发行服务、广播电视电影服务、文化艺术服务、文化信息传输服务、文化创意和设计服务、文化休闲娱乐服务、工艺美术品的生产。其中新闻出版发行服务，包括新闻服务、出版服务和发行服务。其中，新闻服务包括新闻业；出版服务包括图书出版、报纸出版、期刊出版、音像制品出版、电子出版物出版以及其他出版业；发行服务包括图书、报刊、音像制品及电子出版物批发，图书、报刊零售以及音像制品及电子出版物零售。广播电视电影服务包括广播电视服务、电影和影视录音服务。广播电视服务包括广播和电视；电影和影视录音服务包括电影和影视节目制作、电影和影视节目发行、电影放映、录音制作。文化艺术服务包括文艺创作与表演服务、图书馆与档案馆服务、文化遗产保护服务、群众文化服务、文化研究和社团服务、文化艺术培训服务和其他文化艺术服务。文化信息传输服务包括互联网信息服务、增值电信服务（文化部分）、广播电视传输服务。文化创意和设计服务包括广告服务、文化软件服务、建筑设计服务和专业设计服务。文化休闲娱乐服务包括景区游览服务、娱乐休闲服务、摄影扩印服务。工艺美术品的生产包括工艺美术品的制造、园林、陈设艺术及其他陶瓷制品的制造、工艺美术品的销售。

第二部分是文化相关产品的生产，包括文化产品生产的辅助生产、文化用品的生产、文化专用设备的生产。其中，文化产品生产的辅助生产包括版权服务、印刷复制服务、文化经纪代理服务、文化贸易代理与拍卖服务、文化出租服务、会展服务、其他文化辅助生产。文化用品的生产包括办公用品的制造，乐器的制造，玩具的制造，游艺器材及娱乐用品的制造，视听设备的制造，焰火、鞭炮产品的制造，文化用纸的制造，文化用油墨颜料的制造，文化用化学品的制造，其他文化用品的制造，文具乐器照相器材的销售，文化用家电的销售、其他文化用品的销售。文化专用设备的生产包括印刷专用设备的制造，广播电视电影专用设备的制造、其他文化专用设备的制造，广播电视电影专用设备的批发、舞台照明设备的批发。

延伸层文化生产活动包括专业性团体（的服务）、其他未列明教育、其他电信服务、卫星传输服务、软件开发、数字内容服务、工程勘察设计、野生动物保护、野生植物保护、园林、陈设艺术及其他陶瓷制品制造、知识产权服务、贸易代理、拍卖、娱乐及体育设备出租、其他未列明商务服务业、机制纸及纸板制造、颜料制造、信息化学品制造、照明灯具制造、其他电子设备制造、家用电器批发、通讯及广播电视设备批发和电气设备批发。

依照国家新的分类标准，对文化软实力硬指标中的产业增加值进行核算，本着遵循"务实可操作、先易后难、尽可能多囊括"的基本原则构建文化产业的产出指标。

三、相对指标

相对指标的构建主要基于文化产业增加值所占国内生产总值的比重以及人均文化产业增加值。

（一）文化产业增加值占国内生产总值的比重

该指标主要用于反映一个国家或地区文化力的相对水平变

化，便于比较以及建立文化力统计评价模型。[①] 增加值是国内生产总值的一个组成部分，其在国内生产总值中的比重是反映文化产业对国民经济的贡献。

（二）人均文化产业增加值

这一指标以常住人口计算出的文化产业增加的人均值，体现平均的文化生产力水平，消除文化与人群的一般差异，体现评价意义。

（三）文化软实力综合指数

依据文化软实力的价值和实物指标，借鉴西方净福利经济学观点以及人地关系理论上的"集合理论"研究方法，从其价值和实物两个方面来编制文化软实力综合指数，即以上述文化软实力 X 个价值指标的年增长率相乘，再按文化产业增加值率比例折算，加上 N 个实物指标的年增长率相乘，再按文化产业增加值率折算，以权数为1，两者相加之绝对平均后得出文化软实力综合指数。

杨新洪设置的计算公式如下：[②]

文化软实力综合指数 =（$\sqrt[n]{X}$ 个价值指标的年增长率相乘之积 × 文化产业增加值率 + $\sqrt[n]{X}$ 个实物指标的年增长率相乘之积 × 文化产业增加值率）之绝对平均数（即权数为1，需除以2）

杨新洪在《关于设置文化软实力产业统计评价指标体系的意义及其路径问题研究》一文中，分析并制作了文化软实力产业的指标，见表4-3和表4-4。

[①] 杨新洪. 关于文化软实力量化指标评价问题研究 [J]. 统计研究，2008（9）：45.
[②] 同上，第46页。

表 4-3 文化产业分行业核算指标①

指标名称	指标功能	序号
总产出	总体发展规模和水平的价值量指标	1
中间消耗	核算产业活动过程中消耗的物质产品和劳务的价值之和	2
增加值	文化产业活动的最终成果	3
劳动者报酬	劳动者个人参与增加值创造而获得的原始收入	4
固定资产当年折旧额	全部固定资产在本期生产中的资产转移价值	5
生产税净额	按规定上交给国家的各种税金之和	6
营业利润	行业参与增加值创造而应得到的原始收入份额	7
年平均从业人员数	文化产业各行业年初与年末从业人员的平均数	8
固定资产年平均占用额	文化产业各行业固定资产年初与年末占用余额的平均数	9
事业单位经费自给率	衡量文化事业单位经费自给的程度，反映其市场化程度	10

表 4-4 文化产业单位（行业）统计分析指标②

名称	统计指标	序号	指标作用
经营条件	年末从业人员数	1	反映文化产业单位进行活动所具有的现有的条件、环境
	年末资产总数	2	
	年末固定资产原价	3	
	经费收支结余数	4	
	所有者权益	5	

---

① 杨新洪. 关于设置文化软实力产业统计评价指标体系的意义及其路径问题研究 [J]. 统计教育，2009（3）：23.

② 同上。

名称	统计指标	序号	指标作用
效益状况	净资产收益率	6	反映文化产业单位经营活动成果的状况
	总资产收益率	7	
	资产保值增值率	8	
	销售利润率	9	
	成本费用利润率	10	
资产运营	总资产周转率	11	反映文化产业单位的经营活动资产运行状况和效率
	流动资产周转率	12	
	存货周转率	13	
	应收账款周转率	14	
	不良资产周转率	15	
	资产损失率	16	
偿债能力	资产负债率	17	反映文化产业单位近期或长期偿还到其债务的能力
	已获利息倍数	18	
	流动比率	19	
	速动比率	20	
	现金流动负债比率	21	
发展前景	销售增长率	22	反映文化产业单位可持续经营的能力
	资本积累率	23	
	总资产增长率	24	
	固定资产成新率	25	
	三年利润平均增长率	26	
	三年资产平均增长率	27	

第 五 章

发达国家文化软实力
与经济发展良性互动的借鉴

　　美国和中国，作为世界上最强的两大经济体，在全球化的大背景下，其综合国力的较量日趋激烈。美国在经贸领域、政治领域、文化领域、军事领域不断地给和平发展的中国制造阻力，宣扬中国"威胁论"，试图阻碍在由美国引起的后金融危机中仍旧保持高速发展的中国。因为美国早已意识到，中国的发展，对它造成的不仅仅是财政方面的恐慌（包括世界通用货币美元的霸主地位），更是文化的恐慌。英国人弗朗西丝·斯托纳·桑德斯在其《文化冷战与中央情报局》一书中披露：为了渗透美国的霸权思想，中央情报局在文化领域展开了长达半个多世纪的文化输出活动：举办讲座和研讨会，创办学术刊物，开设图书馆，资助学者互访，捐助讲座教授位置等。①

　　值得一提的是，在最近几年，英国文化软实力取得强劲发展。根据 *MONOCLE* 杂志发布的最新报告，英国首次超过美国，

---

①　费朗西丝·斯托纳·桑德斯. 文化冷战与中央情报局［M］. 曹大鹏，译. 北京：国际文化出版公司，2002.

成为 2012 年世界上文化软实力最强的国家。2018 年 7 月，美国南加州大学外交研究中心联合英国波特兰公关公司、脸书（Facebook）共同发布《2018 年全球软实力研究报告》（The Soft Power 30—A Global Ranking of Soft Power 2018）。在 2018 年的最新排名中，英国超越 2017 年排名第一的法国，再次跻身全球软实力榜首。报告正文指出，这项研究对国家软实力的评判标准包含政府、数字化、文化、企业、全球参与度、教育 6 个类别的客观数据，占总评分的 70%。此外，该项研究还采用了全球民意调查，包含美食、科技商品、友好度、文化、奢侈品、外交政策、宜居程度 7 个维度，占总评分的 30%。具体评价标准见表 5-1。

表 5-1　《2018 年全球软实力研究报告》评价指标

Objective Data 70%	Polling Data 30%
Government	Cuisine
Digital	Tech Products
Culture	Friendliness
Enterprise	Culture
Engagement	Luxury Goods
Education	Foreign Policy
	Liveability

资料来源：《2018 年全球软实力研究报告》（The Soft Power 30），由美国南加州大学外交研究中心联合英国波特兰公关公司共同发布。

除了客观数据，还有一些比较主观的因素，比如"007"电影、王子大婚、英国网球好手穆雷夺得大满贯冠军等，都是英国文化软实力的体现。排名第二、第三的分别是美国和德国，而中国则连前 20 名也未进入。2018 年的这份全球软实力研究报告中，中国排名全球第 27 位。中国要想成为真正的文化大国和文化强国，还有很长的一段路要走。

英国能在 2012 年超越美国，成为头号软实力强国。究其原因，除了 2012 年伦敦奥运会的贡献外，最主要的原因还是英国多年来一直倡导的文化创意产业。自 1997 年布莱尔提出"新英国"构想，成立创意产业特别工作小组以来，英国政府部门及英国一些重要社会团体、相关研究机构和商业机构都非常重视文化创意产业，并从各个方面推动文化创意产业的快速发展。

20 世纪末的亚洲金融危机使韩国政府认识到，要真正走出金融危机的泥潭，打破传统经济模式的藩篱，实现本国经济的复苏，必须寻找一个新的经济增长点。为此，韩国开始将目光转向文化产业，力图以文化战略推动本国经济的振兴。现在，文化产业已经成为韩国仅次于汽车产业的第二大出口创汇产业，韩国政府更是计划使韩国进入世界五大文化产业强国的行列。在 2012年 *MONOCLE* 杂志发布的最新报告中，韩国软实力排名第 11 位，远超中国。但在 2018 年的全球软实力最新排名中，韩国却下滑到了第 20 位。

事实上，虽然中国在多年经济改革与和平发展的大背景下，一跃成为当今世界第二大经济体，但文化软实力与我国的国际地位尚不相称。可以说，现阶段的中国，随着经济的腾飞，已看到发展文化软实力的重要性，并于 2007 年把这一提法正式列入党的十七大报告："提高国家文化软实力，使人民基本文化权益得到更好保障，使社会文化生活更加丰富多彩，使人民精神风貌更加昂扬向上。"这一新提法表明我们党和国家已经把提升国家文化软实力作为实现中华民族伟大复兴的新的战略着眼点。文化软实力作为现代社会发展的精神动力、智力支持和思想保证，成为民族凝聚力和创造力的重要源泉、综合国力竞争的重要因素。一个民族的复兴，必须有文化的复兴作支撑。实现中华民族的伟大复兴必然伴随中华文化的繁荣兴盛。而繁荣中华文化，必然以提升我国文化软实力为根本途径。

那么，中国要想成为世界文化大国和文化强国该向发达国家学习些什么？又该如何在有中国特色的社会主义背景下，借鉴这些与中国国情迥然不同的发达国家的文化发展经验？这些都是我们中国政府、社会团体、相关研究机构和商业机构需要认真思考的问题。发扬先人"师夷长技以制夷"的精神，在党的十八大提出的国家建设目标——创新型国家、法治国家、现代化国家、文化强国、人才强国、人力资源强国、海洋强国、美丽中国、负责任大国，党的十九大提出的新时代文化建设的基本方略的号召和引导下，在 21 世纪文化主导世界的潮流下，走上文化强国之路。

第一节　美国文化软实力与经济相互促进的经验

一、美国文化软实力的兴起与发展现状

美国是世界上最早开始发展文化软实力的国家。自冷战结束后，美国意识到一个国家的强大不仅仅在于其硬实力，软实力才是国家发展的长久之计。而要把软实力做强，就必须打文化牌，实行并推广其文化战略，排除各种困难，实施经济转型，推动文化产业的发展。自 20 世纪中期开始，通过推行一系列的政策和措施，美国文化产业开始蓬勃发展，美国文化产品逐渐占领全球市场，成为头号文化输出强国。近年来，美国文化产业的经营总额高达数千亿美元，拥有 1500 多家日报、8000 多家周报、1.22 万种杂志、1965 家电台和 1440 家电视台，还拥有美国广播公司、哥伦比亚广播公司、全国广播公司三大电视巨头以及全球最具影

响力的电影生产基地好莱坞。文化产业约占美国国内生产总值的 25%。

美国文化产业领域中的众多跨国公司，诸如迪士尼公司、维亚康姆公司、有线新闻广播公司、好莱坞大公司等都采用全球化战略，充分利用全球的媒介、人才、资源和资金去占领世界文化市场。

世界强国美国，从经济头号强国发展到今天的文化强国，它真正用来征服世界的并不是其先进的航母、导弹，而是每年给它带来数以亿计收入的好莱坞电影、风靡全世界的流行音乐和全球闻名的迪士尼。20 世纪 60 年代以来，美国政府意识到文化在经济发展中起着举足轻重的作用，意识到经济结构转型的必要性和重要性，开始重点发展文化产业。当时的美国不顾世界舆论的反对，将大量的不动产出售给日本企业，将这笔资金用来发展文化产业，坚持发展文化产业，取得了举世瞩目的成就。好莱坞大片、肥皂剧、迪士尼乐园、流行音乐、全球传媒业、《时代》杂志、《读者文摘》等大众文化产品在 21 世纪的今天，已经席卷世界。据资料显示：美国文化产业的产值已占其国内生产总值的 18% ~ 25%，每年创造近 9000 亿美元的价值。[①] 文化产业已成为美国的支柱产业之一，美国占有世界文化市场总额的 42.6%。

拥有世界顶级娱乐产业和奢侈品牌的好莱坞，票房收入自进入 21 世纪以来暴涨。近 20 年来，好莱坞的票房收入从 1990 年的 51 亿美元，在 2009 年翻倍增长，达到了 106 亿美元，创造了新的历史纪录。2019 年，好莱坞票房已近 90 亿美元。除此之外，相关产品的销售，不但能提高影片的影响力，更重要的是能为影片带来更多的额外收益。例如，《变形金刚》在 20 多年前只

---

① 赵小娜. 论文化在综合国力中的重要作用 [J]. 新长征，2004（12）：36.

是一个简单的动画形象，在制造商美国孩之宝公司成功的商业化运作下，变形金刚摇身成为风靡几十年的"变钱金刚"，一年的营业额达到 40 多亿美元。据不完全统计，从 20 世纪 80 年代到现在，变形金刚仅仅在中国就累计赚了至少 50 亿元。从最初无人欣赏的玩具，到被疯狂抢购，其衍生产业链不断延伸，变形金刚的成功成为商界的一个营销传奇。经过几十年的发展，好莱坞成功地营造了其神话般的产业模式。经过多年的竞争磨炼，好莱坞电影企业面对市场的竞争和消费者的挑战，逐步摸索出一套成熟的经营策略。

通过对不同人口、不同社会经济和不同地理环境的消费群体进行定位，使用不同的营销组合策略进行营销，电影从制作发行到放映都能最大限度地提高电影的影响力与票房收入。

通过将成功的影视产品系列化和连续化，打造品牌，这是推广电影的最高境界。系列电影是塑造品牌的一个有效手段之一。"007"系列电影、星球大战系列电影、哈利·波特系列电影等都是电影品牌化、系列化的成功案例。中国电影只有培育品牌、启动品牌化运作，才能取得长足发展。此外，明星策略、影片发行战略、窗口化行销模式、差异化营销，推广电影副产品如主题公园、玩具等，制度的垂直整合和水平整合以及联合制作等方法和手段，使好莱坞产业的运作逐渐成熟，形成了完整的市场化投资模式、工业化生产模式、商品化发行模式和消费化放映模式的运作体系。

表 5-2　世界主要国家电影产业综合指数（2010—2017 年）

年份	中国	法国	德国	印度	日本	韩国	俄罗斯	英国	美国
2010	0.28	0.26	0.28	0.41	0.35	0.21	0.17	0.2	0.63
2011	0.31	0.26	0.31	0.42	0.35	0.22	0.19	0.26	0.59

年份	中国	法国	德国	印度	日本	韩国	俄罗斯	英国	美国
2012	0.31	0.28	0.3	0.41	0.36	0.33	0.16	0.21	0.6
2013	0.35	0.25	0.31	0.4	0.32	0.32	0.18	0.23	0.63
2014	0.39	0.24	0.3	0.37	0.32	0.32	0.17	0.22	0.64
2015	0.47	0.26	0.3	0.37	0.32	0.31	0.13	0.26	0.62
2016	0.45	0.22	0.3	0.39	0.33	0.3	0.12	0.22	0.62
2017	0.48	0.21	0.29	0.39	0.31	0.33	0.14	0.22	0.62

数据来源：张璐. 电影蓝皮书：中国电影产业升至第一阵营，跃居世界亚军. 2019 - 08 - 29.

《读者文摘》自 1992 年创刊以来，迄今已发展成拥有 48 个版本，涉及 19 种语言，畅销世界 60 多个国家，年收入 20 亿美元的国际性大企业；《泰坦尼克号》一部影片自 1997 年公映以来就创造了 18 亿美元的利润；2000 年美国的体育与娱乐总营业额达到 4000 亿美元，超过房地产业与国防开支；2002 年仅体育产业创造了 2130 亿美元的总收入，是汽车制造业总收入的两倍，体育产业已是美国经济领域的龙头产业[①]；到 2003 年 9 月 30 日，迪士尼总资产达 499.88 亿美元，销售收入 270.61 亿美元。[②] 据华特迪士尼公司官方网站数据，2018 年，迪士尼总资产已达 957.89 亿美元，销售收入 551.37 亿美元。[③]

二、政府引导与市场运作相结合，促进了文化软实力的发展

1929 年世界经济大萧条时期，其影响面和波及的国家超过历史上任何经济低迷期，那时，全世界大多数文化行业都相当不

① 田军. 透视美国体育产业 [J]. 体育博览，2004 (2).
② 樊五勇. 迪士尼传奇 [M]. 北京：中国社会出版社，2004.
③ 见迪士尼官方网站. www.thewaltdisneycompany.com.

景气，而美国正在崛起。当时的美国政府很快认识到文化对经济的巨大推动力和刺激经济发展的特殊功能，率先开始转变经济发展观念，改变经济发展模式，倡导以文化促发展。在政府的主导下，一系列促进文化发展的政策法规出台，包括《联邦戏剧计划》《联邦音乐计划》《联邦艺术计划》《联邦作家计划》《历史调查记录计划》等。这些政策培养了众多优秀人才，为美国文化软实力的崛起提供了人才保障。而与此同时，卓别林幽默搞笑的影片、诙谐有趣的《猫和老鼠》、秀兰·邓波儿主演的电影等文化产品在世界上吸引了众多的文化消费者。

大萧条过后，美国政府依旧坚持对文化的倾斜政策。1965年，美国政府出台了《国家艺术及人文事业基金法》，创立国家艺术基金会与国家人文基金会，保证了文化艺术领域的资金投入。其他与文化发展相关的法律法规还有《文娱版权法》《合同法》《劳工法》等。1996年出台了《电信传媒市场竞争与解禁法案》，降低管制限度，维持市场竞争。为保护非商业性电台与电视台还成立了联邦通讯委员会。此外，美国政府也积极介入有潜力的新兴文化领域，以保持和增强其在全球范围的竞争力，如新的卫星技术规范降低了卫星直播电视业务经营成本，公共机构直接投资卫星直播电视业务等。

毫无疑问，美国政府的上述举措对美国文化产业的发展影响深远，同时在一定程度上促进了美国文化软实力的发展。文化的繁荣给美国人带来了信心，使美国人看到了国家发展的希望，乃至直接促生了"美国精神"。

美国政府通过采取灵活有效的文化政策和机制扶持文化发展，在很大程度上助推了软实力的发展。在发展文化事业方面，形成了政府、公共组织、基金会和私人机构四位一体的体系。美国国务院设立的教育和文化事务局（Bureau of Educational and

Cultural Affairs，简称 EDA），负责协调全国文化事务，颁布相关法律法规，保护文化产业的顺利发展。由政府主导运作的文化项目，卓有成效地提高了美国文化软实力。美国政府对文化事业的资金投入不断增加，如国家人文基金会 2007 年度的财政预算为1.41 亿美元，与 2006 年基本持平，2008 年比 2007 年增长 40 万美元，2009 年为 1.55 亿美元，2010 年为 1.71 亿美元，2011 年则达到了 1.61 亿美元。①

同时，美国政府注重文化发展与市场相结合。公共组织、非政府组织、私人机构等加强了民间层面的交流，促进了美国文化政策和制度的进一步完善。"软实力已经超出了美国文化和美国政策的范围，从好莱坞到高等教育，市民社会比政府在引导人民方面做得更多。"② 市场化高度发达的美国以公共资金为杠杆，支持和鼓励非营利性文化团体的发展，同时鼓励机构募资和民间捐款，社会和民间力量在文化事业中占很大比重。美国公共资金和民间资金每年为文化艺术提供的赞助总额约为 120 亿美元。资金支持保证了文化事业发展的连续性和艺术的独立性，在极大程度上激发了文化创新，而文化创新在增强文化吸引力的同时，又推动了经济发展。这种良性循环不仅增强了文化软实力，而且创造了经济效益，增强了国家的综合实力。

灵活高效的文化政策、多样化的文化投资、文化产品的科技投入、创新政策鼓励、商业化运作，使美国形成了庞大的文化产业链。美国文化产业发展迅速，其文化产值已占国内生产总值的25%，其文化产品占全球市场份额的 40%。美国文化事业和文化产业的有机结合促进了美国文化的快速发展，推动了美国文化

---

① 参见美国国家人文基金会网站。

② Joshua Kurlantzick. The Decline of American Soft Power ［J］. *Current History*, December 2005：419.

在全球范围内的扩张。

三、大力发展文化产业，增强文化软实力

从世界上经济发达国家和文化软实力强国提升文化软实力的经验来看，经济发达国家都把文化产业作为增强文化软实力的重要途径之一。大众文化诸如影视、音乐、媒体、餐饮文化等跟人们的现实生活息息相关，具有强大的文化渗透力，可以跨越文化障碍。在美国政府的大力推动下，美国的文化产业发展迅速，好莱坞影片、流行音乐、可口可乐、快餐连锁麦当劳连同美国所标榜的"普世价值观"一起迅速扩散。美国和英国通过政府计划大力推动文化产业的发展，这一点在上文亦有提及。在美国和英国，文化产业早已成为国民经济的支柱产业，并多年来居于全球领先地位。

在当今全球化时代，美国在国内建构主流文化与价值观的同时，通过实现文化产业化，不断加大文化产品输出，以文化产品为载体，积极向全世界宣传、推广其价值理念，并试图用美国的文化价值观来"重塑"世界。在2001年的《美国国家利益》报告中，美国政府明确把"在全球信息传播中保持领先地位，确保美国价值观继续积极地影响其他国家的文化"作为重要的利益之一。

（一）美国重视运用电影、电视、报纸、广播、互联网等大众媒体向全世界输出其文化价值观

美国建立了庞大的对外宣传机构和各种类型的媒体。据美国新闻署的统计，早在20世纪80年代，美国就控制了世界75%的电视节目和60%以上广播节目的制作，每年向国外发行的电视节目总量达30万小时。许多国家电视节目中美国节目占60%～70%，有的占80%以上。美国有线电视新闻网（CNN）向全世

界 137 个国家和地区传输电视节目。美国之音是世界上最大的国际广播电台之一，用 52 种语言对外广播，宣传美国政府的对外政策、美国的政治制度和价值观念，为美国的全球战略服务。美国电影占世界电影总放映时间的一半以上，占据世界电影市场总票房的 2/3，许多发展中国家的电影市场几乎被好莱坞所垄断。在传统传媒行业，美国以 34 种语言印制发行了 200 余种外文报纸，其报纸杂志发行量居全球首位。在 2008 年世界最具影响力的 15 种期刊中，美国占 12 种，并包揽前 10 名。随着现代信息通信技术的发展，互联网作为重要的传媒方式迅速崛起，美国互联网协会主席唐·希斯指出："如果美国政府想要拿出一项计划在全球传播美国式资本主义和政治自由主义，那么互联网就是最好的传播方式。"[1] 美国的网站占全球网站的 70% 以上，互联网访问量最大的 100 个站点中，有 94 个设在美国境内。通过这些强大的传播媒介，美国有意识地进行有利于自己国家形象的宣传报道和价值观输出，这是美国谋求全球文化霸权的重要途径和方式。

（二）美国文化产品特别是大众流行文化在海外的销售，为其文化价值观输出发挥了重要作用

美国大众文化产品的输出在获得巨大商业利益的同时，还公开或隐蔽地推销其政治制度、价值观念、意识形态和生活方式，促使其他国家民众对美国价值观和生活方式的认同。"美国文化公司和广告业的经营者、好莱坞电影公司的老板们，不仅向世界其他国家销售他们的产品，而且也推销美国的文化和价值观。"[2]

---

① Steve Lohr. Welcome to Internet, the First Global Colony [J]. *The New York Times*, January 9, 2000.

② Richard Pells. *Not Like Us*: *How Europeans Have Loved*, *Hated*, *and Transformed American Culture since World War II* [M]. New York: Basic Books, 1997: 33.

随着消费主义的全球化，美国大众文化超越国界，成为大众文化产品全球范围的流行文化。美国在向其他国家销售的同时也"销售"着美国式的生活方式。美国充分利用其自身文化优势，用文化产品排挤其他国家的文化，获得了许多国家民众的推崇，如许多亚洲年轻人甚至把美国的标准作为衡量生活方式的尺度。"美国大众文化具有一种磁铁般的吸引力，尤其是对全世界的青年。它的吸引力可能来自它宣扬的生活方式的享乐主义特征，但是它在全球的吸引力却是不可否认的。美国的电视节目和电影大约占世界市场的3/4，美国的通俗音乐居于同样的统治地位。同时，美国的时尚、饮食习惯甚至穿着，也越来越在全世界被模仿。"①此外，美国还把文化产品的制作等工业迁至其他国家，在促进当地消费的同时，也更易于得到当地的文化认同。

四、强大的文化软实力助推经济发展

跨文化传播在人类文化的发展长河中扮演着重要角色，是一种伴随着人类成长的历史文化现象，也是文化发展的内在动力。欧美文化尤其是美国文化之所以有强大的生命力，正是由于它不断地向文化强国（包括古代的中国）学习，吸收人类灿烂文化的精华，不断更新、丰富、发展本国文化。

以"个人主义、平等、自由、敢于冒险、创新"为中心的"美国信条"在18世纪末开始的西进运动中进一步发酵，从而塑造出通过自我奋斗实现个人梦想的"美国精神"。"美国精神"集中体现了美国文化对创新、竞争的尊重，从而推动了19世纪末20世纪初进步主义运动时期的创新热情。19世纪上半叶，被

---

① 兹比格纽·布热津斯基. 大棋局——美国的首要地位及其地缘战略 [M]. 中国国际问题研究所，译. 上海：上海人民出版社，1998：34-35.

誉为"美国文化精神"代表人物的爱默生在一次题为《美国学者》的演讲中，宣布美国文学、文化与欧洲独立的时代来临了。与此同时，来自世界其他地方的移民也纷纷涌入美国社会。移民文化与本土文化的交融丰富了美国文化，而这种文化上的多元一体一直延续至今。

1894年，美国的工业总产值跃居各国之首，成为世界第一经济强国。经济的发展，促使美国开始对外扩张，并力图向全世界宣扬美国价值观，企图建立一个唯我独尊的文化帝国。

在包容、多元的文化大框架内，美国人的自我意识也在不断增强。美国文化不仅促进了美国自身经济和文化的飞速发展，而且在美国对外政策上也发挥着重要影响。美国文化中有强烈的"天定命运"和"美国例外"情结。美国负有"天定命运"，是"救世之国"和"不可或缺的国家"。① 经济上强大起来的美国，试图在全世界推行其文化与价值观，实现其文化帝国的野心。冷战结束后，美国凭借其强大的经济实力，开始了美国文化及其价值观的全球扩张，美国价值观得以向东欧、俄罗斯、中亚各国以及其他发展中国家传播扩散。

美国通过在全球开展种类繁多的文化交流合作项目，以更为直接有效的方式向各国社会精英阶层和知识分子推广美国文化和价值观，树立美国文化权威，提升美国文化的影响力。美国教育和文化事务局运作的、具有长期战略意义的、影响较大的文化交流项目有富布赖特项目、美国教育项目、英语教学项目、哈姆弗雷项目、美国研究项目、教育伙伴项目、国际访问者项目、公民交流项目、国际文化财产保护项目、文化保护大使基金等。这些项目意于使其他国家的文化精英阶层有机会更直接地接触和感受

① 赵国军. 美国如何打造文化软实力 [N]. 解放日报，2012 - 03 - 12.

美国，体会美国取得的各种文化艺术成就。比如，国际访问者项目每年接待 5000 多名外国访问者到美进行短期的参观访问。这些访问者由美国各驻外使馆挑选，一般为所在国政府部门、商界、传媒、教育、科技等领域的杰出人物。国际访问者项目通过访问者与美国同行进行直接接触和对话，展示美国先进的科技和丰富的社会文化，增进其对美国的了解，通过美国文化的吸引力使这些人成为"亲美派"。美国前国务卿科林·鲍威尔曾于 2004 年盛赞富布赖特项目在全世界各国，尤其在全球最贫穷国家中所具有的广泛影响。

美国强大的文化软实力极大地助推了经济的发展。美国依托其强大的文化软实力，推出了经济贸易战略。克林顿执政以后对美国的对外贸易政策做了较大调整，开始注重开拓国际市场，扩大对外贸易，并以此作为经济发展的优先目标。1993 年 9 月，克林顿提出"国家出口战略"，确定半导体、电脑、通讯、环境保护、咨询软件工业及服务业等高科技产业和知识密集型产业为六大重点出口产业，以此来强化美国企业的对外竞争能力，通过扩大贸易出口带动经济的进一步增长，并为美国公民创造更多的就业机会。

首先，美国政府主张所谓的"经济安全"与公平竞争。美国政府在美国国家贸易中扮演着重要角色。新一代经济学家库格曼和克罗斯曼提出"新贸易理论"，该理论根据递增的规模报酬与不完全竞争理论证明：对本国企业在国内外市场的竞争如政府使用保护政策，将会产生一种"垄断利润转移"的结果，本国企业将利用它在国内外市场上取得长期的竞争优势。这一理论对美国政府的国际贸易政策产生了重大的影响。在此理论的基础上，美国政府一方面强调维持开放型贸易体系，另一方面亦积极采用策略性贸易政策，帮助美国企业在国内外市场上获得竞争优势。克林顿曾指出把"促进美国的经济安全，赢得更大的国际市场"放在第一位，强调所谓的美国"经济安全"。这一理念实质上是为了保护国内战略性高科技产业。根据这一理念，美国政府倡导积极干预对外贸易，并采取相应行动来惩罚损害国家产业的外国竞争者。

其次是积极推行多边贸易、地区贸易和双边贸易。美国的对外贸易政策推动了经济的持续增长。美国积极利用世界贸易组织（WTO）与关贸总协定（GATT）的多边谈判来推动其全球贸易政策。1995年，美国与其他国家达成了全球自由贸易协议，使乌拉圭回合的全球贸易谈判圆满成功，进而致力推行乌拉圭回合贸易协议的实施。在世贸组织成立之后，美国大力介入并推进该组织的发展，推行多边贸易，还积极提倡区域贸易。在区域层次上，美国政府将东亚和拉美作为未来经济发展的主要目标，因为美国政府看到美国未来的出口及经济增长必须依靠广大发展中国家的快速成长以及美国在这些地区经济的拓展。美国要确保在这些新兴市场中保有一定的市场份额，从而带动美国经济的持续增长。此外，美国政府也注重发展双边贸易，通过签订双边贸易协定来缓解贸易逆差。美国政府试图通过这些贸易协定消除美国产品进入各国市场的障碍，达到使美国商品与劳务顺利进入国际市场、削减贸易逆差的目的。比如，美国在钢铁、飞机、汽车、公共采购领域与欧盟签订多个贸易协定，大大促进了美国产品的出口。

第三，美国政府依托其具有广泛影响力的文化软实力，大力拓展新兴市场。美国政府认为亚洲和美洲等新兴市场蕴藏着巨大的商机。据美国商务部对发达国家市场和发展中国家市场的统计，20世纪90年代以来美国对发达国家出口年均增长5%，而对发展中国家的出口年均增长则达到了10%。发展中国家的进口对美国的经济产生了日益重要的影响。1990—2010 年新兴大市场在美国增加的出口增长额中至少达到 10 000 亿美元。在今后的 20 年中，这些新兴市场的进口将占全球进口的四分之一。美国政府采取多种经济、文化措施，力图提高美国商品与服务（包括文化产品）在这些国家市场中的占有率，增强美国未来经济增长的潜力。

在全球信息化时代，信息和网络日益显示出其强大的市场潜力。美国网络的发达也为美国经济创造了绝佳条件和机遇。美国着力推广全球网络贸易战略，1993 年美国政府就把以信息产业为基础的信息高速公路建设作为优先发展项目，制订覆盖全美信息高速公路计划，将企业、大学、科研机构、政府部门和私人住宅联系起来，使科研成果能以最快的速度共享，使科研发明以最快的速度从实验室走向市场，转化为现实的商品与劳务。在政府的积极扶持与推动下，美国在信息、生物工程、新材料、宇航等高科技产业方面居世界领先地位，这为增强国际竞争力及企业参与国内外市场的竞争奠定了坚实的基础，创造了更多的就业机会，推动了美国经济的发展。

第二节　英国创意文化与经济协调发展的经验

一、英国创意文化的兴起与发展现状

作为世界经济强国之一、欧洲经济发展领头羊之一的英国，非常注重文化的经济效益。英国文化产业的发展在整个国民经济中的地位越来越重要，政府部门、社会团体和组织、研究单位及商业机构对文化作为一种特殊产业的认识不断加深，从而促进了文化产业的更快发展。迄今，英国文化产业已发展到相当大的规模。英国文化、媒体与体育部 2014 年 1 月发布的数据显示，创意产业每年为英国经济带来 714 亿英镑的收益，创意产业已成为英国仅次于金融服务的第二大产业。① 根据英国政府的最新官方统计报告，英国文化创意产业 2017 年产值达 920 亿英镑。英国成为仅次于美国的世界第二大创意产品生产国。② 2010 年下半年，文化创意人群总数接近 230 万，与本国的金融业规模相当，文化产业就业人数占全国总就业人数的 5%。在外贸出口方面，文化产业的成绩也不俗。除软件产业无具体统计数字外，其他 12 种文化产业 1995 年出口总值约 75 亿英镑，到 2002 年出口额已上升为 115 亿英镑，占英国出口总额的 4.2%。2014 年，创意产业为英国产业的创意服务出口总值超过 198 亿英镑，占英国出口总额的 9%。③

在欧洲，英国政府于 1997 年提出了"新英国"计划，其主题就是发展文化创意产业。当时，刚刚上台执政的英国首相布莱尔亲自担任创意产业特别小组主席，积极推动文化创意产业的调查、策划和推进工作。1998 年出台了《创意产业路径文件》，从那以后，英国真正开始利用公共政策推动创意产业的发展。时至今日，英国的创意产业已发展得如火如荼。到 2012 年，英国的文化软实力已超过美国，跃居世界第一位。如今，英国伦敦和曼彻斯特已成为欧洲最大的两大创意中心。

---

① 张铮，赵慧欣. 脱欧：英国创意产业的发展有变数. 中国文化报，2017 － 01 － 19.

② 编者. 创意产业战略初见成效　相关专业成热门选择. 腾讯网，http://new.qq.com/omn/20180122/20180122BOQMFHB.html. 2018 － 01 － 22.

③ 英国文化、媒体和体育部（Department for Culture，Media and Sport，DCMS），2016 年 6 月. www.gov.uk/government/statist.

英国创意产业呈现出如下主要特征。①

（一）创意产业增长高于整体经济增长

十多年来，英国整体经济增长约为 70%，而创意产业增长约为 93%，这显示了英国经济从制造型向创意服务型的转变。1997—2007 年间，其创意产业平均年增长 5%，增长速度居全球之首。其中软件、电子游戏和电子出版业增长最快，达到 9%，而同期整个英国经济的年增长率仅为 3%。2008 年创意产业产值占国内生产总值的 8%，超过任何制造业对国内生产总值的贡献，成为继金融产业之后的第二大产业。英国已成为全球创意产业占国内生产总值比重最大的国家。

（二）创意产业出口额增长迅速，就业规模庞大，企业众多

2007 年，英国创意产业年出口达到 166 亿英镑，占英国总出口额的 4.5%，其中以软件与计算机游戏及电子出版物的出口额最大，达 49.6 亿英镑，占创意产业总出口额的 31%。音乐产业年产值约达 50 亿英镑，其中出口约 13 亿英镑，净出口收益比英国钢铁工业还要高；2008 年全球销售成绩最佳的前十张专辑中，有四张出自英国音乐家。

（三）从事创意产业的企业和人数众多

截至 2008 年，英国有 157 400 家创意企业在跨部门商业注册机构 "Inter-Departmental Business Register"（IDBR）登记。在所有从事创意产业的企业中，约三分之二的企业集中在两大创意行业：软件与计算机游戏及电子出版业（75 000 家）、音乐与视觉及表演艺术业（31 200 家）。1997—2007 年间，英国从事创意产

---

① 此节中的数据主要来源于 2009 年的 "Creative Industries Economic Estimates Statistical Bulletin"。

业的人数从 160 万上升至 200 万，年均增长率为 2%。在伦敦，创意人才集聚，正如英国贸易投资总署创意产业高级顾问克里斯汀·罗思嘉（Christine Losecaat）所说："在伦敦，五个人当中就有一位服务于创意产业。"

（四）英国的创意设计在世界范围内得到认同

哈利·波特系列文化产品国际化的巨大成功，为英国打造了许多享誉全球的世界级文化产品品牌。越来越多的跨国公司借助英国的专业设计，打造国际品牌，打进全球消费市场。雅玛哈、诺基亚、三星等国际著名企业均在英国设有设计和研发中心，它们利用英国的创意人才打造富有创意的产品。许多世界著名品牌的创意设计灵感来自英国设计师，如苹果的 ipod 设计灵感来自罗伯特·布伦纳（Robert Brunner）等设计师，宝马的迷你库柏（Mini Cooper）的四人装载创意设计最初来自设计师阿历克·艾斯戈尼斯（Sir Alec Issigonis）。英国的文化产业也由 20 世纪 60 年代占国内生产总值的 3% 上升到 10%。

二、完善的政策法规促进文化产业的发展

今天的英国经济完全建立在第三产业的基础之上，尤其是引领世界文化产业发展的文化创意产业引人注目，英国在 2012 年一举超过美国，成为世界头号文化软实力强国。

英国政府对文化发展的扶持晚于美国，但是英国是世界上最早以政府名义提出发展文化创意产业战略的国家。1997 年，英国政府看到了文化发展的前景，开始出台发展文化创意产业的相关政策，大力扶持本国创意产业的发展，使英国成功实现经济转型。

19 世纪下半叶，英国丧失了世界工业霸主的地位；第二次世界大战后又相继失去了海上霸权、世界工厂、金融中心的地

位，经济可谓一落千丈，跌入低谷。自"铁娘子"撒切尔夫人上台后，英国开始进行产业调整，陆续淘汰了一些每况愈下的传统产业，如煤矿、钢铁、造船等。虽然这种调整使英国的失业率高居不下，经济陷入困顿，但却彻底改变了英国的经济结构，为第三产业的发展铺平了道路。

自20世纪90年代开始，英国进一步加大并规范了产业发展的步伐。1997年，新任首相布莱尔提出了"新英国"的构想，把文化创意产业提升到国家经济战略的新高度，积极推进政府管理改革，发布了《创意产业纲领文件》，制定了英国创意产业发展战略，并成立了"创意产业专责小组"，布莱尔亲自担任小组主席，大力推进创意产业的发展。由此，英国经济保持高速的增长，经济年平均增速达3%左右，超过了同时期的德国和法国。在英国创意产业形成、发展的过程中，英国政府制定了一套完整的文化产业政策，出台了一系列政策法规，使创意产业在法律和制度上得到了强有力的保障，为创意产业的兴起和发展营造了良好的发展环境，保障了创意产业的飞速发展。如1993年颁布的《彩票法》，1996年颁布的《广播电视法》《著作权法》《电影法》《英国艺术组织的戏剧政策》等，确保了英国文化市场的健康发展和持续繁荣。

三、大力发展创意产业，带动经济持续发展

英国当年"日不落帝国"的风光早已不再，但在全球化的今天，英语仍风行世界，首创于英国的多种游戏规则仍在全球市场上使用，有关英国皇室、大本钟、泰晤士河的新闻仍受到全球的广泛关注，英国文化仍旧具有强大的吸引力。英国政府利用其极具全球吸引力的文化软实力，大力发展文化创意产业，带动经济的持续发展。

（一）从文化外交到公共外交，助推英国软实力，实现文化的商业价值

英国的经济和军事实力在19世纪末达到英国历史上的高峰，成为世界上硬实力最强的国家。第一次世界大战动摇了英国最强硬实力大国的地位，于是，英国开始探索文化软实力的发展之路。1920年，英国外交大臣科曾勋爵（Lord Kurzon）提议制定对外文化政策，但因投入成本太高遭到英国财政部的否决。1923年，英国才开始在其殖民地创办学校，进行零零星星的文化外交活动。1929年开始的大萧条使英国政府意识到了文化的重要性，政府开始大力推动实施文化外交策略，英国的文化外交在20世纪30年代得到了飞速发展。1932年创立的BBC帝国广播（BBC Empire Service）和1934年成立的国际理解与合作委员会便是其标志。

1929年，英国出台了由瑞吉诺德爵士（Lord Riginald）推动的D'Abemon报告，该报告指出：鉴于文化影响潜在的商业价值，应对发展文化关系予以充分重视……①受此观念指引，英国在20世纪30年代早期开始了各种各样的文化宣传活动。"旅游联合会"和"人民委员会"负责推广英国旅游和促进文化产品出口。1934年成立的非官方机构"国际理解与合作委员会"于1940年更名为"英国文化协会"，专门负责促进文化教育和国际关系，建设英国与海外长期友好关系。英国文化协会致力于推广英语和英国文化，以其非政府组织的身份赢得了公信力，助推英国国际事务的发展，促进广泛的国际合作，同时也有效地通过文化宣

---

① Ali Fisher, "A Story of Engagement: the British Council 1934 - 2009: 17. http://www.britishcouncil.org/new/about - us/75th - Anniversary/A - Story - of - Engagement.

传，直接或间接地促进英国经济的持续发展。

这个磁场的主要支柱就是英国常抓不懈的公共外交。在英国，公共外交意指"为积极影响海外机构和个人对英国的看法以及他们和英国的接触与交往而开展的工作"，它涉及文化交流、语言传播、留学教育、体育赛事和新闻传媒等诸多领域，其最终目的是发展英国的文化软实力。

英国服务于公共外交的机构不胜枚举，各司其职。英国文化协会在全球 109 个国家和地区设有代表处，平均每年世界各地有1000 多万 18 岁至 35 岁的年轻人参与该协会组织的活动，进行语言传播等文化活动。在留学教育领域，英国的"志奋领"奖学金目前每年资助约 2200 名"世界各国的未来决策者"到英国留学，以促使他们倾向于英国的观念、技术、贸易和投资。在体育领域，英国政府资助举办的英联邦运动会作为全球英语国家四年一度的盛会，更是吸引了全球数亿观众。每年的英超足球比赛在世界 195 个国家和地区转播，观众总人数超过 6 亿。

（二）在政府领导下大力发展文化创意产业，创意成为驱动经济的新引擎

英国是世界上第一个将文化产业定义为创意产业并率先用政策来推动创意产业发展的国家。在英国首相布莱尔的领导下，英国政府成立了创意产业特别工作组，专门设立了文化新闻及体育部。此外，英国还组建了跨部门、跨行业的，以文化大臣为首的创意产业行动小组，以便政府进行政策协调。根据英国文化、传媒和体育部对创意产业的定义，创意产业包括 13 个子行业，分别是广告、建筑、艺术与古董市场、工艺、设计、时装设计、电影与录像、互动休闲软件、音乐、表演艺术、软件与电脑服务和广播电视。目前创意产业在英国国内生产总值中的比例已达8.2%，其增长速度是整个国民经济增长速度的 2 倍——在 1997

年到 2004 年间，创意产业的平均年增长率为 5%。创意产业的出口增长更为迅速，平均年增长率达到 11%，占英国海外销售总量的 4.3%。现在全英国与创意产业相关的企业超过 15 万个，创意产业吸纳的就业人数占英国就业人口总数的 8% 以上。[①] 大伦敦市政府也把创意产业作为自己的核心产业来经营，创意产业已成为伦敦第二大支柱产业。近些年来"伦敦眼""伦敦碗"、伦敦塔桥、泰特现代美术馆、"新邦德"、《哈利·波特》等电影以及伦敦服装周等都成为"创意伦敦"引人注目的风景。伦敦动漫展更是吸引了众多的动漫厂商和动漫爱好者。

在政府的领导和扶持下，英国通过创意来打造全新的制造业，对"英国制造"进行全新包装，使其产品具有更高的文化附加值。英国音乐产业产值约达 50 亿英镑，其中出口量占 13 亿英镑。就音乐销量而言，英国是世界第三大市场；就音乐产量而言，英国仅次于美国，位居第二。英国电视产业产值约为 120 亿英镑，在电视节目制作以及数码电视和动画方面享有优势。英国是拥有最先进数码电视市场的国家之一，建成了全世界第一个数码电视系统，为 1600 万家庭（约占英国家庭总数的 66%）提供数码电视。英国的动漫产业在国际上享有很好的声誉，推出了众多高品质的全球知名动漫作品，例如《建筑师巴布》《超级无敌掌门狗》《神奇海盗团》《小鸡快跑》等。在电影方面，英国拥有 100 多家电影制作公司，拥有世界一流电影制作中心。

此外，英国设计行业包括多个领域，如品牌、包装、商业性室内设计、产品设计、时尚、建筑、多媒体以及手工艺，拥有超过 4000 家商业设计咨询公司以及很多自由设计师。英国的设计

① 英国：创意产业驱动经济增长［N］. 经济参考报，2010 - 06 - 08. http://news.
hexun.com/2010 - 06 - 08/123921797.html.

业规模庞大，风格多样，设计业人才应有尽有，对新生事物持欢迎态度。英国在引领消费者品位、预测和反映消费者消费趋势等方面发挥领军作用。

第三节　韩国文化软实力与经济相互促进的经验

一、韩国文化软实力发展现状

据 2012 年 *MONOCLE* 国家文化软实力最新排名，韩国排在第 11 位，远高于中国。韩国文化软实力的提升是第二次世界大战后半个世纪以来韩国社会发展及人们的意识发生深刻变化的结果。韩国曾经是一个十分落后的农业国，经过战后 30 多年的发展，跻身世界工业国家行列。政治和经济的发展以及由此而来的国际地位的变化，使得韩国致力推进其文化软实力建设。

韩国政府提出"文化立国"国策后，五年内把韩国文化产业的市场份额由 1% 提升到 5%，成为世界五大文化产业强国之一。1997 年成立了"文化产业基金会"，1998 年正式提出"文化立国"发展战略，1999 年通过了《文化产业振兴基本法》。2001 年 8 月 24 日，韩国政府成立了文化产业振兴院，以推动"文化立国"战略的进一步实施。2003—2008 年卢武铉执政时期，韩国政府坚持系统化的"援助但不干涉"的原则，更加重视文化产业的发展。当时的韩国政府认为文化产业的核心是"创意韩国""新艺术产业""文化强国"等，并提出了认识文化产业的重要性、增加国民文化享受的机会、保障文化艺术工作者的专门性等文化产业政策。2008 年至今，由于受金融危机影响，韩国的文化产业在 2008 年和 2009 年的增速有所放缓，但并没有停滞，仍在持续增长。2009 年，韩国政府指定文化产业为绿色增长产业，是经济增长的主要动力。为此，韩国政府和企业增强了对文化产业的投资，特别是对开拓海外市场更加关注。2010年初，韩国文化部公布韩国文化产业内容振兴政策，规定文化部计划管理各个部门制定的文化产业政策；为强调文化产业振兴院的重要性，政府决定设立共同支援文化产业的综合性组织委员会。[①] 2010 年，文化产业振兴院计划完成 200 个项目，预算 2000亿韩元，采用政府公共基金投资、国家预算或者官方和民间共同投资的方式对文化产业提供资金支持。

二、明确政策规划，推动文化软实力发展

金大中总统上任之后就宣布：21 世纪韩国的立国之本，是高新技术和文化产业。随后，韩国政府相继出台《国民政府的新文化政策》（1998 年）、《文化产业发展五年》（1999 年）、《21世纪文化产业的设想》（2000 年）、《文化韩国 21 世纪设想》（2001 年）等文化产业发展规划书。这些发展规划为韩国文化产业的发展起到了指导性和导向性的作用。2006 年韩国文化产业发展规划指出，到 2010 年韩国要进入世界文化产业强国之列，并将文化产业的产值在国际市场的份额由当前的 1.5% 增加到4%，国内文化产品销售由当前的 50 兆韩元增加到 100 兆韩元，文化产品出口额由 10 亿美元增长到 60 亿美元，文化领域从业人员由 52 万人增加到 100 万人，最终把韩国建设成为 21 世纪文化大国、知识经济强国。韩国文化软实力和经济发展现状表明韩国政府基本已实现了上述目标。

同时，韩国政府对文化产业的财政支持力度逐年加大。1999

---

① 张玉玲. 中国文化产业统计：要文化，不要泛化［N］. 光明日报，2011 - 09 - 08，第 16 版.

年，韩国免除了游戏机的特殊所得税，对电子出版物免收增值税。2000 年文化事业财政预算首次突破国家总预算的 1%，2001 年上调至 9.1%。2002 年，通过国家预算拨款、专项公共基金融资以及政府与民间投资组合等手段，韩国政府又为文化产业注入 5000 亿韩元，分别投在文化创作和基础设施建设、营销和出口以及人才培养方面 1700 亿韩元、1870 亿韩元和 1430 亿韩元，而目前全球只有韩国和法国达到了这一水平。政府的财政投入和政策支持极大地鼓励了民间资本、风险资本的投入，有效地缓解了文化产业的资金链问题。

经济腾飞后的韩国，为了激发国民的自豪感，增强在国际舞台上的竞争力，非常注重保存和宣传自己所拥有的传统文化，强调其文化中的独创因素。影视业在其中发挥的作用不容忽视。在电视剧《大长今》中，"针灸被认为是韩国人发明的"。由影视明星金喜善出演高句丽公主"玉箫"的影片《惊天传奇》，旨在表明"高句丽是一个与中国具有对等关系的国家"，并计划通过好莱坞发行公司向美国和欧洲、亚洲等八十余个国家发行。

2012 年韩国著名艺人 PSY 的"江南 style"（Gangnam Style）红遍全球，*MONOCLE* 杂志把它列在韩国软实力排名全球第 11 的原因之列，为韩国文化软实力的提升做出了一定的贡献。

三、推动文化产业，增强经济实力

韩国在金融、税收、信贷等方面实行多种优惠政策，并加快复合型人才培养来支持文化产业的发展需要。在文化产业政策的推动下，游戏软件、动漫、韩剧等文化产业迅速成长为国民经济的支柱产业，在振兴本国经济方面，发挥了重要作用。韩国文化产业增长率高达 40%，超过汽车产业成为第一大产业，成为最具盈利前景的一个产业。在协助韩国走出亚洲金融危机方面，韩国文化产业功不可没,现在韩国已经是世界第五大文化产业大国。

面对亚洲金融危机,韩国于20世纪90年代末推出"文化立国"的治国方略,倡导以忧患意识和创新意识为核心的民族文化精神,凝聚人心,使韩国成功渡过了危机,国家竞争力迅速增强。李明博上台后又提出了建设"软实力强大的创造文化国家"的文化远景规划。韩国新一届政府的文化政策目标为:通过培育和提升国家软实力,建设以文化愉悦社会、以文化建构和谐、以文化谋发展的先进一流国家。

经过韩国政府多年的政策扶持和资金支持,加上韩国民间企业的努力,如今,韩国的文化产业取得了前所未有的成功。其中,电视剧及电影产业在20世纪90年代就作为韩国文化代表率先进入世界市场,在世界多个地区尤其是亚洲掀起了称为"韩流"的风潮。韩国文化产业的发达为韩国赢取了巨大的经济价值,也为韩国的文化软实力赢得了较高的声誉。此外,游戏产业在政府贷款和税收优惠、免除兵役等措施的推动下,已成为全球游戏行业的先锋。其他领域的文化产业如动漫和唱片等在政府引导下成功地开拓了海外市场。

2008年,韩国文化产业占全球文化产业的2.5%,位列全球第九,2008—2012年年平均增长率为前10个国家中的第六位(参见表5-3)。至2018年,韩国已跃至世界文化产业强国第三名。

表5-3 主要国家的文化产业市场规模及增长率(单位:亿美元)

国家	2008	2012	年平均增长率(2008~2012)
美国	6225(36.6%)	7589(34.5%)	4.8%
日本	1470(8.6%)	1665(7.58%)	3.6%

续表5-3

国家	2008	2012	年平均增长率（2008~2012）
英国	1213（7.1%）	1520（6.92%）	5.8%
德国	1057（6.2%）	1239（5.64%）	3.9%
法国	760（4.7%）	908（4.13%）	4.7%
中国	835（4.9%）	1345（6.12%）	14.6%
意大利	574（3.4%）	757（3.44%）	7.2%
加拿大	428（2.5%）	847（3.85%）	10.6%
韩国	426（2.5%）	524（2.38%）	5.3%
西班牙	388（2.3%）	519（2.36%）	7.9%

资料来源：韩国文化体育观光部《2008文化产业白皮书》［R］. 转自金兑炫《韩国文化产业国际竞争力研究》，2010.

现在"韩流"越来越猛烈地冲击着世界各个角落，人们受韩国文化的影响越来越多，韩国的文化观念得到越来越多的人的接受。韩国通过重视振兴文化重视文化，发展文化产业使韩国的传统文化得到弘扬，现代文化得到创新，经济实力综合国力逐渐增强，韩国在国际上的综合竞争力也越来越强。

韩国文化产业的发展，为韩国经济创造了不竭动力，不仅直接带动了韩国经济的持续发展，增强了韩国的经济实力和综合国力，还使韩国的文化软实力跻身世界前列，值得我们反思和学习。

第四节　文化软实力与经济发展
相互促进的国际借鉴

一、政府与非政府组织相结合

冷战结束后，西方发达国家加强了对文化战略的理论研究。在现代社会中，西方发达国家率先意识到文化对经济和国家发展的独特作用，开启了文化强国之路。

美国拥有世界上最庞大、最繁荣、最活跃和最强大的文化产业，也是文化产品出口最多的国家。从表面上看，美国发展文化产业实行的是"无为而治"的文化政策。但实质上，美国政府有一整套相当成熟的文化发展战略，实行政府与市场相结合的方法，推动文化和经济的良性互动和发展。美国的文化发展战略无处不在，它渗透在政治、外交、军事、经济和贸易政策之中。美国对内保障国家社会安全，维护主流价值观念，鼓励文化企业和文化产业提高竞争力；对外在强大经济实力和高技术的支持下，以文化产品和文化贸易为载体，输出美国民主、价值观和消费文化，在扩展本国文化利益的同时提升文化软实力。发展国内强大的文化产业，美国政府始终坚持不断输出文化产品和价值理念的文化战略和文化政策。

在文化创意产业发展方面，英国无疑走在世界前列。英国早在 1990 年就率先将文化战略提到议事日程上来。英国文化委员会在当年接受政府委托起草英国文化发展战略。1992 年，英国文化委员会形成"国家文化艺术发展战略"讨论稿，1993 年以"创造性的未来"为题正式公布。这是英国有史以来首次以官方文件的方式颁布的国家文化政策。① 在这份文化发展战略的纲领性文件中，明确提出了文化产业的创意性（creativity）问题。1997 年布莱尔上台后，积极推动成立"创意产业特别工作小组"，并担任主席一职。这个工作小组于 1998 年和 2001 年两次发布研究报告，分析英国创意产业的现状，并对英国文化艺术产业的未来发展做出长期规划。2005 年，文体部发布《创意经济方案》（The Creative Economy Program），为创意产业的发展提供了一个更好的政策框架。2006 年又公布《英国创意产业比较分析》，将创意产业分为三个产业集群：生产性行业、服务性行业、艺术工艺行业。经过 13 年的努力，如今创意产业在英国已成为与金融服务业相媲美的支柱性产业。在英国政府的大力推动下，加之众多非政府组织的参与，英国的创意产业取得了长足进步和发展，使英国成为仅次于美国的世界第二大创意产品生产国。创意产业为英国经济的发展做出了不可磨灭的贡献，并极大地提升了英国的文化软实力，使英国的文化软实力最终于 2012 年超越美国，跃至世界第一。

法国历来非常重视文化艺术和文化产业的发展，从第四个五年计划（1962—1966）开始就把文化列入了五年计划之中。法国设有文化部，在文化发展方面不像美国太依赖市场，而更倾向于国家的扶持。它一方面对自己的历史传统非常自豪，另一方面在文化竞争中处于守势而反对文化入侵。法国文化发展的战略方向是对内扶持、赞助本国文化产业；对外积极推动文化交流，提升法语地位，加强法国文化的世界影响力。

20 世纪 80 年代以来，日本非常重视本国文化产业的发展，特别是在经历了 20 世纪 90 年代长期的经济低迷之后，日本经济

---

① 柳士发. 创意中国宣言［M］. 北京：中央广播电视大学出版社，2009.

加快了从传统的制造业向新兴的文化产业转型的步伐。1995年，日本文化政策推进会议发表重要报告《新文化立国：关于振兴文化的几个策略》，确立了日本在未来21世纪的"文化立国"方略。2001年，日本文化厅公布和实施《振兴文化艺术基本法》。随后，日本提出知识产权立国战略，其目标是力争在10年之内把日本建成世界第一知识产权强国。目前，日本的文化产业体系已较为完整，文化产业已成为国民经济中仅次于制造业的第二大支柱产业。

从以上国家文化产业发展的情况看，它们不仅有较为成熟的文化发展战略、比较完善的文化法律和文化政策，而且通过实施文化发展战略取得了较大成就。在政府指导下，市场运作更加富有成效，非政府组织和民间团体的加入积极推动了文化与经济的交互发展，为本国的经济发展和文化软实力发展做出了巨大贡献，它们的成功经验值得我们研究和借鉴。

二、发达的文化产业是文化软实力的重要载体

从美国和英国发展的国际经验来看，首先，它们都重视把文化产业作为增强文化软实力的最重要途径，文化产业是国际贸易和国内生产总值的重要组成部分。

就美国当今的社会文化现状而言，可以说其文化与经济的互渗程度和融合程度都是全世界最高的。而这种互渗和融合，特别是整个经济社会体制对文化产业的强有力支持，又使其文化产品的全球竞争力非常强，成为美国经济发展的重要推动力。大众文化产业的高度发达，既为美国赚取了巨额利润，又在潜移默化中帮助美国树立了良好的国家形象。在美国，文化产业早已成为美国国民经济的支柱产业，并在各个领域都居于全球领先地位。美国文化投资多样化、注重增加科技投入、鼓励创新、实行商业化

运作，并通过法律法规和政策扶持，形成了庞大的文化产业链。

英国从 1997 年起在前首相布莱尔的领导下把发展创意产业作为国家战略，既是处于其经济不景气的无奈之举，又是最明智、最符合历史潮流的做法。文化创意产业的发展使英国摆脱了经济低迷的阴影，使其成为遭受金融危机重创的欧洲国家中的佼佼者。2012 年的 *MONOCLE* 杂志软实力排名全球第一便是其推动文化创意产业政策的结果。

英国政府负责制定国家文化产业发展方向，提倡以创意产业为主导，生产富有创新精神的文化创意产业和文化产品，鼓励个体艺术创造，利用文化财富创造经济机会。电影业、广播与电视、互联网、新闻出版等均在世界处于领先地位。英国是电影的发祥地之一，伦敦是好莱坞之外另一个世界领先的电影制作中心。广播是英国政府对外宣传的重要传播手段，政府每年都投入大量经费，以强大的功率、多国别的语言，通过英国广播公司（BBC）向全世界介绍英国的社会和对外政策，宣传英国的政治主张和价值观念。英国的互联网特别发达，有世界上最大的门户网站雅虎的欧洲总部和英国总部，政府和各部门网站星罗棋布。英国的新闻出版业发达，英国有日报约 160 种、周报 2000 种。英国最早创办的通讯社——路透社，在全球 94 个国家 200 个城市设有营运处及 197 所新闻分社，提供 19 种语言的新闻。英国出版业在世界上占有重要地位，拥有近 15 000 家出版公司。英国定期出版发行的刊物有 8000 多种，全国性和地方性的各种期刊共有 6700 种。英国政府曾这样鼓励文化产业部门："文化及艺术创意产业应该成为我们社会的心脏，我们应该通过追求卓越艺术，以此鼓励社会包容和利用文化财富创造经济机会。"

三、打造发展集团化产业，带动经济发展

进入 21 世纪，文化与经济和科技相互交融，文化产业作为一种新的经济形态被视为新世纪的"朝阳工业"，成为未来世界经济新的增长点，是发达国家发展最快的产业。加大对文化发展的投入，发挥文化产业巨大的经济潜力和社会效益，是西方发达国家提升本国文化软实力的一个重要方法。

目前，在发达国家，文化产业已经成为国民经济的支柱产业，不但在国民经济中举足轻重，而且还是外汇收入的重要来源。美国文化产业的年产值占国内生产总值的 1/4，已成为美国重要的支柱产业。其中以视听音像产品为代表的美国文化产业，已成为美国重要的经济来源，其出口额已超过航空航天工业而居第一位。国际知识产权联盟的《美国经济中的版权业：2002 年报告》表明，2001 年美国核心版权业创造增加值 5351 亿美元，占国内生产总值的 5.24%，在过去 24 年中以平均 7% 的增速两倍于其他产业的增长，提供就业机会 471 万个，占美国整体就业率的 3.5%。1997 年至 2001 年，美国对外文化贸易收入和出口额以平均 9.41% 的速度持续增长，2001 年达到 889.7 亿美元，再度领先于其他产业（包括化学、汽车制造业、装配业、航天业和农业）。

1995 年，英国文化创意产业净收入大约是 250 亿英镑，其产值约占国内生产总值的 4%，超过任何一项传统制造业的产值。2000 年，英国文化创意产业产值约占国内生产总值的 7.9%，年增长率达到 9%，是其他产业的 3 倍，成为英国产值居第二位的行业，仅次于金融服务业。到 2001 年，英国文化创意产业产值高达 1125 亿英镑。截至 2002 年，十年间英国总体经济增长 70%，而创意产业则增长 93%。1997 年至 2001 年，文化创意产

业的就业增长率平均为 5%，而整体经济的增长率仅有 2.8%。文化创意产业的相关从业人员已达到 195 万人，成为英国就业人口的第一大产业，英国的产业结构和就业结构发生了根本性的变化。在对外文化出口方面，英国文化创意产业的贸易额已占到世界的 16%，对国民经济的贡献相当可观。2001 年，英国文化创意产业的出口值已达到 103 亿英镑。从 1997 年到 2001 年，英国文化创意产业的出口额每年增长 15%，而同期英国所有产业的出口增长率平均只有 4%。据 2010 年 2 月英国文体部公布的最新数据，英国 2007 年创意产业产值占当年国民经济增加值的 6.2%。1997—2007 年十年间，创意产业平均每年增长 5%，其中软件、电子游戏和电子出版业增长最快，达 9%，而同期整个经济的年增长率仅为 3%。2007 年，创意产业年出口达到 166 亿英镑，占英国总出口额的 4.5%。截至 2008 年，英国大约有157 400 家创意企业，创意产业年产值占国内生产总值的 8%，超过任何制造业对国民生产总值的贡献。2008 年夏季，英国创意产业直接就业人数为 110 万，带动相关就业岗位 80 万个。仅伦敦就有超过 50 万人从事创意行业，成为该市第三大就业行业。2015 年 6 月，英国文化媒体与体育部门报告（Creative Industries Focus on Employment 2015）称，2013 年至 2014 年之间，英国创意产业的岗位数量达到 180 万份工作，自 2011 年以来增长了15.8%。[1] 创意产业为伦敦经济贡献了 210 亿英镑（约 376 亿美元）的产值，仅次于金融业。

在法国，电影业、图书出版业和文化旅游等文化产业早已成为国民经济中的支柱产业。法国是电影的发源地，是欧洲最大和

---

[1] Creative Industries Focus on Employment 2015，UK Department for Culture Media & Sport，June 2015.

最重要的电影生产国，电影业长盛不衰，其电影产量在世界名列第五。在世界出版市场上，法国执全球出版业之牛耳，1997年营业额30万欧元以上的出版社约400家，小型出版社3000家。1997年法国出版47 214种图书，总营业额21.5亿欧元，其最大的阿歇特出版集团年营业额19亿欧元。据法国出版商协会2019年6月27日发布的年度报告，2018年，法国出版业总营业额为26.7亿欧元。在世界文化大国中，法国的文化旅游业在全球首屈一指。旅游产业对法国国内生产总值的贡献率超过7%，提供200万个就业岗位，是法国的支柱产业之一。1998年全球赴法旅游人数超过7000万，法国旅游业盈利高达108亿欧元，占全球旅游市场10%，使法国连续三年荣居第一旅游大国宝座。2017年，法国旅游业收入高达605.59亿美元。[①]

文化产业一直是日本的支柱产业。2001年度日本文化产业总产值约占国内生产总值的18.3%，文化产业已成为仅次于制造业的日本第二支柱产业。以音乐、动漫、美食、绘画、娱乐、时装、广告、设计为代表的日本"酷文化"风靡全球，成为新的文化经济增长点。目前，这些文化产业的生产规模已达到1300亿美元，超过了日本的汽车业。与此同时，日本的文化出口和就业也保持着良好的发展态势。1992年至2002年，日本的文化产品出口从50亿美元增长到150亿美元。2002年日本服务业1700万从业人员中，与娱乐业、广播影视信息业、教育业、文化团体有关的人员有456万人。日本是动漫大国，与动漫相关的行业极大地拉动了日本的经济实力。根据日本媒体开发综研发布的《日本动漫市场分析报告》，日本2011年动漫行业市场规模高达2197亿日元，广义的动漫产业占日本国内生产总值十几个

---

① CEIC Data. www.ceicdata.com/zh－has/indicator/france/tourism－revenue.

百分点，在世界市场上有 62% 的占有率。据统计，2015 年日本 GDP 为 4.21 万亿美元，其中文化产业占比 10%，为 0.39 万亿美元。①

这些文化产业大国经过多年的发展，形成了比较成熟、规模庞大的文化产业链、文化市场和文化消费群体，促进了文化产业规模的扩大和质量的提高。文化产业必须有大投入，才会带来大产出，这是国外发达国家发展文化产业的成功经验。为文化发展多渠道融资是这些国家通行的做法，包括政府直接拨款、企业集团投资、境外资金、社会中介机构赞助和个人捐助等多元筹资形式是国外解决文化产业资金问题的有效途径。

四、注重文化和文化产品输出，推广文化软实力，发展经济

当今时代，西方发达国家无不把文化竞争力和国家软实力放在战略发展的重要位置。因此，加强文化外交，扩大本国文化的国际影响力，注重文化产品和文化资本输出，大力开拓国际文化市场是西方发达国家提升本国文化国际竞争力的另一个重要经验。

美国是世界上文化产品出口大国，拥有全球一半以上的"文化巨无霸"企业。美国的文化产业在世界上处于绝对优势地位，其文化产品出口一直处于强势地位。以美国时代华纳、迪士尼、德国贝塔斯曼等领衔的全球 50 家最大的媒体娱乐公司，占据当今 95% 的国际文化市场。美国控制了世界 75% 的电视节目和 60% 以上的广播节目的生产和制作，每年向他国发行的电视节目总量达 30 万小时，许多第三世界国家的电视中美国的节目高达

---

① 崔磊. 日本文化产业发展的特点及启示［J］. 考试周刊，2016（90）.

60%～80%。美国的电影生产总量占世界电影产量的6.7%，却占据世界总放映时间的一半以上。美国人口只占世界人口总数的5%，但是目前传播于世界大部分地区80%～90%的新闻，却由美国和西方通讯社垄断。美国的哥伦比亚广播公司（CBS）、美国有线电视传播网（CNN）、美国广播公司（ABS）等西方媒体所发布的信息量，是世界其他国家发布的总信息量的100倍。美国的文化产品，尤其是好莱坞影片、几大电视网的娱乐节目、自由的无线广播等在世界各地形成了媒介霸权。美国利用大众传媒和电子媒介向全世界推广美国文化和价值观。通过输出文化产品，美国在牟取高额利润的同时，也输出了美国的政治观念和文化观念，在维护美国文化产业强势地位的同时，对他国的文化观念和生活方式也产生了极为深刻的影响。

法国政府在保护本国文化产业和文化市场的同时，也非常重视推进文化交流，加强法国文化的国际影响力。法国一直认为法语文化的生存状态事关国家利益和命运，因此，保护和复兴法语文化的国际地位就成为法国国家文化战略的核心内容。法语作为法国文化的载体，受到法国政府的高度重视。1970年，第一个政府间法语国家组织——法语国家文化技术合作机构（Agency for Cultural and Technical Cooperation）在尼日利亚成立，21个国家参加了该组织。1997年，法语国家文化技术合作机构改组为国际法语国家组织（IFO，International Francophone Organization）。近四十年来，IFO成员国家和地区从21个增加到55个，涵盖五大洲，占世界人口总数的10%，世界工业总产量的12%，国际贸易总额的15%。另外，法国还在世界各地设立数目众多的法国文化协会，为各国法语教学提供教师，为各国的法语教师提供赴法进修的奖学金。目前，法国在152个驻外使馆设立了文化处，在20个驻外领馆建立了文化组。法国已与一百多个国家签有文化协定和文化交流计划，在世界 68 个国家开办了 134 个文化中心和文化学院。进入新世纪，在经济实力相对下降的情况下，法国力图用"文化大国"来提高其国际威望和政治地位的战略意图是非常明显的。

日本为了向世界传播其民族文化，1998 年富士产经集团提出了"彻底数字化"的口号，启动了数字化通信卫星广播；1999 年又启动了卫星数字广播，开通新的传播网络。富士产经集团参加的日本广播公司（NHK）每天用两个卫星广播系统和 5 个卫星广播站 22 种语言向全世界广播，将日本的艺术、电影、音乐、茶道、插花、相扑等传播给受众。20 世纪 70 年代后期，日本动漫片在法国电视台播出，成功登陆欧洲市场。现在，许多日本动漫片风靡全球，动漫产业的衍生品，如卡通、游戏、电脑动画也行销海外。这些产品的大量出口，不仅为日本创造了巨大的经济效益，也成为日本向世界传播其文化的有力载体，极大地扩大了日本文化的影响力。

由发达国家输出文化和文化产品的经验来看，扩大对外文化贸易、注重文化传播与文化交流是增强本国文化软实力的重要手段。

第 六 章

我国文化软实力与经济发展关系的现实考察

　　自 20 世纪末开始，我国经济持续高速发展，至 2010 年，中国超过日本，成为世界第二大经济体。然而，我国的文化软实力仍相对落后，跟不上经济发展的步伐。本章对我国文化产业的发展现状进行了考察，指出文化产业发展虽取得一定成绩，但仍存在诸多问题，如管理制度不够健全、法规政策欠完善、在整体经济结构中的比重偏低、缺乏创意能力、市场不成熟、文化产业集约化程度低等；进而对我国文化软实力与经济发展现状的互动进行了考察，指出中国经济的强劲发展带动了软实力的提升，而文化软实力的相对滞后却阻碍了经济的发展，因而，提升文化软实力成为我国目前亟待解决的重大问题。

第一节　我国文化产业发展现状考察

一、文化产业发展现状概述

　　中国有着历史悠久的传统文化资源，中华文化是世界主流文化之一。古代中国的文化对周边国家具有很强的吸引力，日本从唐朝直至明治维新时期长期师法中国，朝鲜半岛、越南等地可见到孔庙和汉文，甚至欧洲的一些启蒙思想家也深受中国文化的影响。历史上中国与周边国家形成的"华夷秩序""古代东亚的朝贡体系""中华文化圈"更是中国强大软实力的见证。中华文化的辐射圈除了本土还远及东北亚、东南亚、西亚，甚至更远。唐朝见证了中国文明传播于周边邻国的过程，包括韩国、日本和越南。15 世纪，郑和下西洋则证明了中华古代文明的力量，同时，也为中国与其他国家建立了重要关系；历史上著名的"丝绸之路"也把中国文化远播到非洲及西欧大陆。中国在亚洲的地位为自身现代化进程提供了丰富的软实力储备。

中国的传统文化，如功夫、书法、绘画、传统服饰、京剧、中医药等在世界上都极具吸引力，能够增强我国的感召力、民族凝聚力和认同感。改革开放后，全世界人民对中国文化的兴趣日渐高涨，中国领导人也抓住时机扩大中国文化的影响力。中国汉语水平考试（HSK），又称中国的"托福"考试，其考生数量每年都以 40% 至 50% 的速度递增，相当于美国托福考试头十年的增长率。

文化是一个国家和地区的软实力。我国政府早已意识到了文化的重要性，意识到了文化产业和文化创意产业所附带的经济价值，以及文化软实力的地位和作用。近几年来，全国各省市也掀起了一轮又一轮文化建设的高潮。

自晚清以来，中国综合国力急剧下降，软实力也降到了唐朝以来的最低点。中华人民共和国的成立使中国有机会以一种全新的姿态重塑自身的政治、经济和文化软实力，可以说是中国软实力发展的一个转折点。尤其是改革开放以来，中国的经济突飞猛进；伴随着经济实力和军事实力的增强，软实力也得到了大幅提升。但相比欧美发达国家尤其是文化头号强国美国来说，正如奈所说：中国的软实力还有很长的一段路要走，中国还没有像好莱坞那样的文化产业……①

也正是这种差距让全国各地都意识到要挖掘文化产业的市场潜力。如何让文化成为一个能带来经济效益的朝阳产业，每个地区都在不遗余力地做着文章。《印象刘三姐》让桂林旅游更火，新建大唐芙蓉园让西安又多了一个旅游景点，甚至乌镇、宏村等古建筑、古村落都因挖掘、保护了当地文化而吸引更多游人，从而不仅传承了一个地区的文化，更带旺了当地的经济。除了国家给予资金支持外，2012年全国各省市、自治区还先后出台了相关的文化产业扶持政策。

由北京大学文化产业研究院发布的《中国文化产业年度发展报告（2013）》表明，2012年中国文化产业总产值突破4万亿元，比前一年得到进一步提升，而其中旅游产业的市场份额达46%，对社会经济发展的拉动作用逐渐增强。2019年7月25日，国家统计局发布新中国成立70周年经济社会发展成就报告。报告显示，我国文化产业已进入快速发展的新时期，文化产业增加值在国民经济中的占比逐年提高。

新中国成立至改革开放前，我国文化产业和事业经历了恢复、改造曲折的过程，改革开放不仅带来了经济的发展，更为文化发展创造了契机，我国文化建设进入了新的历史时期。党的十八大以来，文化体制改革的不断深化极大解放和发展了文化生产力，文化事业繁荣兴盛，文化产业不断发展。2018年，我国文化产业实现增加值38 737亿元，比2004年增长10.3倍，2005—

---

① Joseph Nye. Hard Decisions on Soft Power: Opportunities and Difficulties for Chinese Soft Power [J]. *Harvard International Review*, 2009 summer.

2018 年文化产业年均增加值为 18.9%，文化产业在国民经济中的占比逐年提高。

二、各省市文化产业发展现状

2012 年底，北京市就提出了"设立 100 亿元专项资金助力文化发展"的工作目标。专项资金的投入是为了引导文化投融资服务体系的深化和全方位构建。北京市政府一方面将继续做好存量资金的管控工作，继续履行其支撑文化建设的使命，其中包括每年体育产业发展专项资金 5 亿元、旅游产业发展专项资金 5 亿元、文化固定资产投资 5 亿元、文物及历史文化保护区专项资金 10 亿元等，这部分资金占 100 亿元的 60%，约 60 亿元；余下的 40% 约 40 亿元则被界定为增量资金，大致用于支持以文化创意产业为主导的文化产业项目发展。近年来，我国文化产业快速发展，北京作为首都，历史悠久、文化土壤丰厚，在发展文化产业方面具有得天独厚的优势，文化产业已成为北京新的经济增长点。2016 年中国省、市文化产业发展指数排名中，北京以 84.72 分位居第一。

2013 年 1 月 30 日在北京举行的国家文化产业战略项目——上海"海立方文化艺术创意城"论证推介会在北京举行。"海立方"作为超大型文化产业项目，从 2009 年 10 月策划创意初始就围绕国家级文化产业宏观发展战略的顶层设计而展开。"海立方"作为国家级文化体制改革及文化产业发展综合示范区，将成为中国版权贸易自由港（中国版权交易中心）、中国艺术品交易市场、中国文化产品保税区、中国文化艺术展演和节会总部基地。"海立方"项目的建设目标是：打造国家级文化体制改革及文化产业发展综合示范区。在先行先试和取得成功经验的基础上，将"海立方"模式推向一个更具规模且相对独立的行政区域，最终将这个特色区域建成中国文化特区。

上海，中国经济发展最有活力的地区之一，一个历史悠久的国际前沿大都市，有很好的文化发展基础。《2018年上海文化产业发展报告》认为，上海文化产业总体规模持续扩大。2017年，上海文化产业实现增加值2081.42亿元，占地区生产总值的6.80%，占我国文化及相关产业总增加值34 722亿元比重的5.99%。① 作为上海国民经济发展的支柱性产业之一，文化产业在加快新旧动能转换，推动经济高质量发展中发挥了积极作用。另外，上海文化产业呈现出内容生产成为产业发展的重要着力点、新兴领域成为产业发展新动能、休闲娱乐服务发展潜力不断释放、文化投资运营成为重点增长点、文化装备等相关领域保持增长态势等发展新特征。

青岛市也于2012年发布了《青岛文化创意产业发展报告（2012）》蓝皮书，2013年，青岛市将举办中国国际文化创意产业博览会、中国画全国作品展、建设国家广告产业园和国家级数字出版基地等将成为以文化大项目带动产业发展的核心亮点。2013年青岛市文化创意产业发展的六项措施分别是完善与细化文化产业扶持政策；通过加大产业园区建设推动特色产业集聚；以文化大项目带动产业发展；加大资本投入力度；打造本土特色的文化产业品牌；加大课题研究，加强人才吸引力与培养力度。蓝皮书加强了对青岛文化品牌和文化名片的打造和探讨，加大了文化对城市的推介力和影响力。据《2016年青岛文化产业发展报告》，2015年，青岛文化产业增加值达到557.3亿元，比上年增长14.8%，高于全市GDP增速6.7个百分点，占全市生产总

---

① 徐剑，等. 2018年上海文化产业发展报告. 上海交通大学人文艺术研究院，中共上海市委宣传部文化改革发展办公室、上海市文化事业管理处，2018年，见上海交通大学新闻学术网.

值的 5.99%，对带动全市经济增长、促进转型升级发挥了重要作用。①

西安市提出在 2013 年进一步树立西安大旅游的观念，从产业发展、项目促进、宣传推广、信息化建设等方面打造西安大旅游的产业格局。西安曲江文化旅游股份有限公司获得"年度陕西区域经济最具影响力品牌奖"，并受到来自与会各方的赞誉，被称为"中国西部最具有创新性、发展速度最快的文化旅游品牌"。作为西部文化旅游产业中的龙头企业，曲江文化旅游在 2013 年将继续在文化旅游产业的发展模式上开拓创新，发挥文化旅游产业的示范作用，塑造多产业繁荣发展的长期承载机制，深化从旅游资源运营到旅游资产运营的转型。2019 年 2 月 26 日，在以"一带一路文化和科技融合发展"为主题的中国（西安）文化和科技融合发展高峰论坛上，相关人士在介绍西安市文化产业发展情况时表示，2018 年，西安市规模以上文化企业总数达 486 家，规模以上文化企业营业总收入达到 500.5 亿元。② 在"2018 中国城市文化创意指数排行榜"中排第 11 位，在 15 个副省级城市中排第 5 位。目前，西安市提出了大力实施文化产业倍增计划，打造万亿级文化旅游大产业和积极建设丝路文化高地的战略目标。未来西安将形成影视动漫、创意设计、电竞游戏、人工智能、互联网传媒等全门类文化产业聚集发展的格局和全产业链。

2012 年甘肃省实现文化产业增加值 78.17 亿元，增长速度为 26.02%，占全省生产总值比重为 1.4%。全省文化企业法人单位数为 4753 家，从业人员 11.21 万人，总资产 298.56 亿元，同比

---

① 薛华飞. 2016 年青岛文化产业发展报告. 青岛文化广电新闻出版局，2017 年.
② 参见：21 世纪经济报道，2019 - 02 - 26。

增长了 22%、16% 和 15%。甘肃省 2013 年文化产业发展的目标是，全省文化产业增加值达到 108 亿元，增速达 38%；占全省生产总值的比重从 2012 年的 1.4% 增加到 1.7%；完成投资额 250 亿元，力争突破 300 亿元。对于甘肃 2013 年文化产业发展的主要工作，2013 年甘肃文化产业大会指出，要大力发展资源型、劳动密集型、复合型、非公有型、外向型、高科技型 6 个类型文化产业，重点发展出版发行和印刷、广电影视和网络传输、演艺娱乐、文化旅游、民间民俗工艺品加工 5 个优势产业，积极培育文化创意、节庆会展、数字内容、动漫游戏、移动多媒体 5 个新兴产业，并将出版发行和印刷作为首位文化产业做大做强。近年来，甘肃创新发展"文化 +"，文化产业增加值、法人单位数、从业人数等指标均呈现稳定增长趋势、新旧业态平稳发展，文化扶贫成果显著。2018 年 11 月 28 日，甘肃省人大调研组关于全省文化产业发展情况的调研报告显示，2016 年，甘肃省文化产业总资产 702.79 亿元，实现增加值 146 亿元，占全省 GDP 的 2.03%。2017 年，全省有文化产业机构 12 666 家，从业人员 23.9 万人，实现增加值 163.60 亿元，占全省 GDP 的 2.13%。①

地处中国边远地区的新疆也不甘落后，积极加入全国建设文化软实力的历史潮流中。2013 年 1 月，新疆首次发布了《新疆文化产业工作手册》。目前，新疆在建的文化产业园区已有十多个，国家级的文化产业示范基地有 4 家，获得国家认证的动漫企业达到 6 家。此外，还有 25 家在西北地区名列前茅的自治区级文化产业示范基地企业。事实上，维吾尔族、哈萨克族、蒙古族等各民族的舞蹈，《达坂城的姑娘》《我们新疆好地方》等艺术作品，让新疆有歌舞之乡的美称；和田玉资源形成的玉文化，烤

---

① 中国新闻网，2018 – 11 – 28. gs. ifeng. com/a/20181128/7063829_ 0. shtml.

全羊、大盘鸡、馕等形成的饮食文化等，均为新疆发展文化产业奠定了丰富的资源与市场基础。2015 年 4 月 22 日，文化部文化产业司司长吴江波在接受记者采访时说："虽然目前新疆文化产业还处在一个起步阶段，但近几年来的进步非常快，就发展速度而言，是位于全国前列的。"[①] 新疆 7 坊街创意产业集聚区是新疆首个文化产业园区。2009 年园区筹备时，一些人还不太清楚什么是文化产业。短短几年时间，新疆已建设区级、地级文化产业园区近 20 个，国家级文化产业示范基地 6 家，自治区级文化产业示范基地 76 家，全疆内小微文化企业已近 2 万家。新疆的文化产业已经成为新疆经济社会发展中新的增长点。

虽然我国在近些年加大了对文化的宣传力度、创造力度和建设力度，并取得了良好的成绩，我国的文化软实力一步步得到了提升，但是，我国文化产业的发展及其文化软实力与发达国家相比仍存在很大差距。数据显示，发达国家文化产业占国内生产总值比重平均在 10% 左右，美国则高达 25%，其在世界文化产业市场中所占份额则高达 43%；与之相比，目前我国文化产业占国内生产总值比重仅为 2.85%，占世界文化产业市场份额还不足 3%。中国文化产业发展总体概况请参见表 6－1，中国文化产业 2012—2017 年全国文化及相关产业增加值及占 GDP 比重情况参见图 6－2，中国六大文化创意产业集群图请参见表 6－2。

---

① 新疆文化产业发展的现状和前景. 中国城市文化网，2015－04－28. www. citwre. net.

表 6-1　中国文化产业发展总体概况

年份	增加值增速	增加值（亿元）	占国内生产总值比重	对国内生产总值贡献率	拉动国内生产总值增长
2006	21.51%	5123	2.45%	2.81%	0.37%
2007	25.16%	6412	2.60%	2.60%	0.37%
2008	19.00%	7630	2.43%	2.53%	0.25%
2009	10.09%	8400	2.50%	2.91%	0.19%
2010	31.57%	11052	2.75%	4.61%	0.26%
2011	25.29%	39000	3.00%	4.90%	0.40%

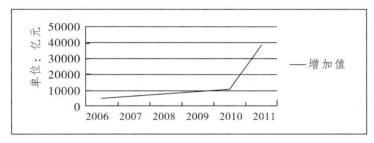

图 6-1　中国文化产业 2006—2011 年价值增加情况

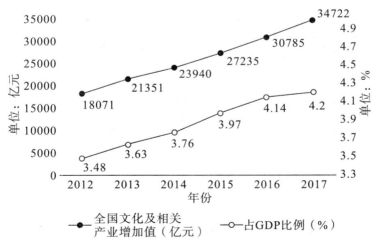

图 6-2　2012—2017 年全国文化及相关产业增加值及占 GDP 比重情况

2017 年，十九大报告中提出"推动文化事业和文化产业发展"，提出健全现代文化产业体系和市场体系，创新生产经营机制，完善文化经济政策，培育新型文化业态要求，为文化产业发展指明方向。

随着中国经济发展进入新常态，人民生活水平逐步提高，国民对文化的消费能力亦随之增强，中国文化产业占国内生产总值比例持续提升。据前瞻产业研究院发布的《中国文化产业发展前景预测与产业链投资机会分析报告》统计数据，2012 年全国文化及相关产业增加值已达18 071 亿元，占 GDP 比重为 3.48%。到 2016 年，全国文化及相关产业增加值首次突破 3 万亿元，达到30 785 亿元，同比增长 13.03%。截至 2017 年，全国文化及相关产业增加值增长至34 722 亿元，占 GDP 的比重为 4.2%，比上年提高 0.06 个百分点，按现价计算，比上年增长 12.8%，比同期 GDP 增速高 1.6 个百分点。[1] 中国文化及相关产业已逐步成为我国宏观经济发展中新的增长点。

表6-2　中国六大文化创意产业集群图

集群区域	城市	文化创意产业园区简介
首都文化创意产业集群	北京	市政府认定首批 10 个园区：中关村创意产业先导基地、宋庄原创艺术与卡通产业集聚区、中国（怀柔）影视基地、北京 798 艺术区等

---

[1] 2019 年中国文化产业市场现状及发展趋势分析"互联网＋"带来四大产业发展机遇. 前瞻产业研究院，2019 年 6 月 8 日.

续表6－2

集群区域	城市	文化创意产业园区简介
长三角文化创意产业集群	上海	市政府授牌4批共75个园区：田子坊、8号桥、M50、同乐坊、海上海、创意联盟、2577创意大院、1933老场坊、绿地阳光园、外马路仓库、汇丰等
	南京	已建成或在建园区42个：南京1912、创意东八区、南京工业大学科技创新园、南京高新动漫、南京1865、南京石城现代艺术创意园等
	杭州	已建成或在建园区18个：LOFT49、唐尚433、乐富·智汇园、杭州国家动画产业基地、高新区国家动画产业基地、西湖创意谷、之江文化创意园等
	苏州	3个长三角地区的创意产业生产基地：苏州意库创意产业园、创意泵站、苏州工业区国际科技园等
珠三角文化创意产业集群	广州	8个主要产业园区：滨水创意产业带、荔湾广州设计港、天河国家网游动漫产业基地、从化动漫产业园、文德路"文化一条街"、荔湾海角红楼等
	深圳	已建成或在建园区30多个：罗湖创意文化广场、田面"设计之都"创意产业园、蛇口创意文化产业、南山数字文化产业基地、F518创意产业园等
滇海文化创意产业集群	昆明	市政府着力打造14个文化创意产业园区：昆明文化创意产业开发区、西山现代传媒集聚区、中国玉器第一城、云南茶文化大观园、"昆明LOFT"创库艺术主题社区等
	大理	两个主要影视文化创意园区：国际影视文化产学研基地、大理天龙八部影视城
	丽江	两个主要影视文化创意园区：印象丽江剧场、丽江束河影视基地

集群区域	城市	文化创意产业园区简介
川陕文化创意产业集群	西安	西安高新区拥有园区十多个：华晶广场研发设计产业聚集区、橡树街区数字内容产业聚集区、丈八苗圃文化艺术产业社区、水晶岛创意产业孵化基地等
	成都	已建成或在建主要园区 13 个：画意村、青城山·中国当代美术馆群、成都东郊工业文明博物馆、红星路 35 号、蓝顶艺术中心、浓园国际艺术村、北村艺术区等
	重庆	首批 9 个文化创意产业基地：视美动漫教学研发基地、海王星科技大厦、水星科技大厦、坦克库、501 仓库、巴国城、大足石刻影视文化创意产业基地等

资料来源：邵培仁，李思屈. 2011 年：中国娱乐与创意产业发展报告蓝皮书. 中国传媒报告杂志社，2011.

三、我国文化产业现状考察总结

在加快经济社会发展、推进现代化建设进程中，尤其是"十二五"规划建议提出推动文化产业成为国民经济支柱性产业以来，我国积极规划文化产业发展战略，重组文化产业结构，文化体制改革取得积极进展，文化产业活力大大增强，文化事业和文化产业步入协调快速发展的良性轨道。文化产业快速稳步发展，取得了一定的成绩，但仍存在不足。我国文化产业发展的总体情况如下。

（一）产业体系初具规模，但整体实力偏弱

据国家统计局发布的报告："2004 年至 2008 年间，文化产业法人单位增加值年均增长 23.3%，高于同期现价 GDP 年均增速近 5 个百分点；2008 年至 2010 年间，文化产业法人单位增加

值年均增长 24.2%，继续较大幅度高于同期 GDP 现价年均增速。"2011 年，我国文化及相关产业法人单位增加值达到13 479亿元，比 2010 年增长 21.96%，高于同期国内生产总值年均增长速度 4 个百分点，文化产业继续保持快速发展的态势。文化产业法人单位增加值占当年国内生产总值的比重达 2.85%，比 2010年提高 0.1 个百分点，文化产业法人单位增加值在国内生产总值中的比重稳步提高。① 文化产业结构不断优化，文化服务业发展较快。2011 年，文化服务提供单位的增加值占文化产业法人单位增加值的 55.9%，比上年提高 2.2 个百分点；占第三产业增加值比重为 3.68%，比上年提高 0.25 个百分点。但总体看，我国文化产业的规模仍不大，实力偏弱。相比之下，在发达国家，文化产业已成为国民经济的重点或支柱产业，占国内生产总值的比重超过或接近 20%。

（二）产业布局趋于合理，但区域发展仍不平衡

目前，我国东部文化产业以发展创意产业为核心，中部则强调挖掘历史文化资源，西部地区则以民族特色为发展思路，大力发展文化产业，已在我国初步形成各具特色的文化产业带。在东部，积极构建长江三角洲、珠江三角洲、环渤海地区三大文化产业带。在中部，在弘扬晋商文化、中原文化、荆楚文化的基础上，促进演艺业、影视业、旅游业的快速发展。西部的云南走以地域性民族文化为内涵、以文化旅游为主线、以品牌为核心的产业发展路径，在全国形成较大影响。总的看来，我国文化产业发展与经济发展格局基本呈现东高西低的区域不平衡发展态势。从

---

① 文化产业增加值占国内生产总值比重指文化产业增加值在国内生产总值（GDP）中所占比重。计算公式为：文化产业增加值占 GDP 比重 = $\dfrac{\text{文化产业增加值}}{\text{GDP}} \times 100\%$。

文化产业单位数量、从业人数的地区分布看，东部地区分别占全部的 66% 和 69%；从实现的增加值看，东部占 74%，中西部占 26%。此外，部分地区还存在发展思路单一、产业结构不合理、缺乏创新等问题。

（三）集约化程度不高

近年来，随着文化事业单位转企改制与联合重组深入，我国涌现出一批自主经营、自我发展的市场主体。我国鼓励和支持非公有资本进入文化产业，民营文化企业发展迅猛。2006 年，我国民营文化企业约 29 万个，从业人员 320 万人，分别是国有文化企业的 5 倍和 5.5 倍。目前，以公有制为主体、多种制共同发展的文化产业格局已初步形成。但与国外相比，我国文化企业的规模偏小，集约化程度不高，缺少有竞争力的文化产业集团。如，2005 年，中央电视台总收入为 120 亿元人民币，而美国时代华纳公司 2003 年营业额就达 416 亿美元（按当年的汇率折算，合人民币 3443 亿）。此外，我国文化企业的投入产出效益较低，对文化资源的转化能力也较低。如，美国以花木兰为题材拍摄的动画片净赚 6 亿美元，而我国拍摄的《宝莲灯》仅收回成本。从发展质量来看，文化企业仍旧存在缺乏创新、制作水平偏低、自我创新能力和发展能力较弱的问题，如此将影响企业的可持续发展。

（四）产业产品出口有所提升，但在国际竞争中还不占优势

近年来，我国积极实施文化"走出去"战略，文化企业通过提升竞争力加大文化产品和文化服务出口力度，培育出一批具有民族特色、自主知识产权和原创性的知名文化品牌，在扭转文化贸易方面初显成效。

2007 年，国产电影海外销售再创新高，78 部影片销售到 47

个国家和地区，海外发行收入总计20.2亿元人民币。但是，受金融危机的影响，我国2012年电影海外收入大幅跳水。据国家广播电影电视总局电影局发布资料，2012年全年我国共有75部中国影片销往80多个国家和地区，海外票房和销售收入仅达10.63亿元。比2011年总收入下降9.83亿元，降幅接近50%。版权贸易结构逐年改善，图书版权进出口贸易逆差从2002年的9∶1缩小到2007年的5∶1。境外演出收入大大提高，有的节目已接近或达到国际演艺产品的价格水平。但我国文化产业在国际竞争中不占优势，我国文化产品与服务进口和出口比例大致为10∶1，对欧美国家甚至高达100∶1。

第二节　我国文化产业存在的问题分析

一、管理制度不健全

我国文化产业的管理在不同地区存在条块分割、多头管理、政企不分等问题。目前，多数地区尚未建立统一高效的文化产业管理体制，文化、广电、出版、旅游等相关部门各自为政，管理分散，文化市场多头执法。以音像业管理为例，其进口产品的内容审查、发行和市场管理、出版和复制分别由文化、广电、出版三个部门管理。一些国有事业单位改革不到位，国有文化资产管理体制和运营机制尚未建立或健全，更名改制的集团保持事业性质，受到上级主管部门的干预较多，市场主体地位不明确，缺乏活力。目前我国构成文化产业的三个层次见图6-3。

目前，我国文化产业的基础资源结构配置确实存在不足，即棋盘式布局，不同区域是横线，部门界限是竖线，这样文化产业的所有资源被分割成一块块。无论国有、民营，都难以跨越。如

227

第六章　我国文化软实力与经济发展关系的现实考察

此一来，不少文化资源被浪费掉了，因此，文化产业一定要引进竞争的格局。

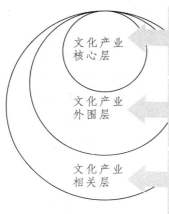

文化产业核心层	新闻、书报刊、音像制品、电子出版物、广播、电视、电影、文艺表演、文化演出场馆、文物及文化保护、博物馆、图书馆、档案馆、群众文化服务、文化研究、文化社团、其他文化等
文化产业外围层	互联网、旅行社服务、游览景区文化服务、室内娱乐、游乐园、休闲健身娱乐、网吧、文化中介代理、文化产品租赁和拍卖、广告、会展服务等
文化产业相关层	文具、照相器材、乐器、玩具、游艺器材、纸张、胶片胶卷、磁带、光盘、印刷设备、广播电视设备、电影设备、家用视听设备、工艺品的生产和销售等

图 6-3　我国构成文化产业的三个层次

资料来源：新华网。

健全的体制体系是保障、规范、促进文化产业有序发展的必要条件。我国作为转型国家，许多文化产业部门、企业是从宣传文化事业中独立出来，本身留有文化事业的许多特征；此外，我国文化市场的主体主要是由政府主导的事业单位，更加注重社会效益，在管理上仍属于事业型管理模式。随着市场经济的发展，文化产业的发展需要管理模式的提升，国有文化机构与民营文化组织存在一定的差异，政府与文化企业存在管理边界模糊的问题。大批文化企业活力不足，难以在激烈的市场竞争中生存。当前，我国文化资源行业部门依然存在分割现象，在这种情况下，要推动文化产业的发展，必须加快推动政府管理创新，深化行政体制改革，积极完善市场配置资源机制。

二、法规政策不完善

我国尚没有发展文化产业的基本大法，文化产业领域内的基本法律也不健全，地方在文化立法上受到限制，增加了地方立法的难度；文化产业政策不完善，特别是未进入全国文化体制改革综合试点的地区，尚未制定促进文化产业发展的优惠政策；文化企业融资难问题普遍存在，部分地区非公资本进入文化产业还存在障碍；国家制定出台的文化产业政策在部分地区难以落实。

三、在整体经济结构中的比重偏低

目前，我国文化产业中具有创意、研发、制作水平的文化企业还不多，所创造的内涵深刻、形式新颖、技术先进的精品力作和知名的文化品牌有限，一些小型企业资源相对分散，缺少文化领域的战略投资者和骨干企业，这些因素制约了文化创作发展。数据显示，发达国家文化产业占国内生产总值比重平均在10%左右，美国达25%，其在世界文化产业市场中所占份额则高达43%。相比之下，尽管2012年我国文化产业总产值突破4万亿元，但所占国内生产总值比重不足4%，占世界文化产业市场份额不足3%，尽管2018年我国文化产业增加值占国内生产总值比重提高到4.30%，在国民经济中的占比逐年提高，但与文化产业发达的国家存在较大的差距。

四、物质化严重，缺乏创意能力

在国家推动社会主义文化大发展大繁荣的背景下，近年来全国各地纷纷上马文化产业项目。2019年5月29日，在第十四届中国北京国际文化创意产业博览会上，与会专家指出，目前各省市和国家级的产业园有3000多家，没有挂牌认证的大概在1万家以上，文创园区数量暴涨，竞争十分激烈。但在数量快速扩张的同时，也出现了企业培育不良、园区主题偏离、效益参差不齐等问题。与此同时，国内文化产业建设存在物质化严重的倾向，各地热衷于大工程、大项目，侧重硬件设施建设，而相对忽略了文化产业创意经济的本质，生产的是精神产品，创意能力才是其核心价值。一直以来，我国的文化产品出口缺乏自主品牌和创意，其中大部分为依托廉价劳动力而获得成本优势的低附加值"硬件产品"，例如简单工艺品、装饰品及印刷品等；以内容和创意为主的高附加值"软件产品"比例不高。

五、市场不成熟，文化产业集约化程度低

传统体制对我国文化企事业单位的思想产生了极大的影响，受传统思想的束缚，我国文化企事业单位普遍没有意识到市场对文化产业发展的重要性。市场开拓意识的落后和营销能力的匮乏，使我国文化市场到现在一直尚未形成与我国市场经济体制相适应的营销模式，直接导致文化产品的市场化程度低，难以形成产业链，产品附加值也未能得到充分挖掘。以旅游文化产品为例。旅游文化产品链包含文化产品的创意、制作、发行以及衍生品的开发、生产和销售。然而，目前我国旅游文化产业存在的普遍问题是，各环节企业间尚未建立起良好的共赢经营模式，无法形成完整的产业链，我国旅游收入仍以门票收入为主。

随着社会资本的加快投入，我国文化产业正逐步形成多元化投资格局。目前虽然文化产业的门类众多，细分行业多达14个，经营机构数量多，但集约化程度还很低，缺乏大型文化产业企业和知名品牌。我国文化产业的发展起步较晚，加之条块分割、资源配置不合理、制度缺陷以及市场壁垒等原因，我国的文化企业规模小，呈分散状态，实力弱，问题多而突出。以演艺产品为

例，我国全部海外商业演出的年收入不到 1 亿美元，还不及国外一个著名马戏团一年的海外演出收入。

第三节　我国文化软实力与经济发展互动现状考察

一、中国经济的强劲发展带动软实力的提升

随着中国经济的腾飞，中国政府逐渐意识到了文化软实力在经济发展道路上的重要性。于是中国从 20 世纪 90 年代开始注重并展现软实力建设。而从实践上来看，近代中国软实力的初步展现是在 1997 年东南亚发生金融危机的时候。"1997 年是标志中国软实力呈现的时间。在金融危机期间，北京拒绝人民币贬值，以这样的决定来支持亚洲。"① 就推进软实力建设的措施而言，在经济领域，中国主要通过贸易、投资、观光旅游等方式，侧重于能源和其他资源等，如不附条件的援助和低息贷款、减免债务，推动建立中国与东盟自由贸易区建设等。在政治外交领域，中国与东南亚、拉丁美洲和非洲国家高级领导人互访频繁；举办中非合作论坛；积极参加多边组织和机构，扩大影响，如参加亚太经合组织、东盟地区论坛、东亚峰会、东盟 10 + 3 峰会、东亚和拉丁美洲合作论坛、美洲国家组织以及拉丁美洲一体化协会等；奉行互相尊重主权、不干涉内政的政治理念及互利双赢的合作模式；实行以邻为伴、与邻为善及"睦邻、安邻和富邻"的外交政策；积极参加联合国的维和行动等。在文化和教育交流方面，为 4000 名非洲留学生提供奖学金；持续稳定地增加对文化

---

① Joshua Kurlantzick. China's Charm：Implications of Chinese Soft Power ［J］. *Policy Brief*, 2006（47）.

交流的支持、派医生和工人到国外工作；欢迎其他国家的学生到中国学习，为国外汉语项目付费；特别是在国外设立"孔子学院"……

经过十几年的发展，中国软实力发展取得了一定的成果。

中国正在以数十亿美元的花费来打造和提升软实力。中国对非洲和拉丁美洲的援助不像西方国家那样附加政治条件，中国的做事风格备受瞩目。同时，2008年北京奥运会提升了中国的声誉，2010年上海世博会吸引了超过70万人次的游客。

再以孔子学院为例。所有的孔子学院都是应外方强烈要求开办的，先后有40多个国家将汉语教学纳入国民教育体系。2004年11月21日，全球第一所以汉语国际推广为主要使命的孔子学院在韩国首尔揭牌。截至2019年9月30日，全球已有158个国家和地区设立了535所孔子学院和1134个孔子课堂。[①] 2011年中国的外国留学生人数已升至24万人，而十年前，这个数字仅为3.6万。据教育部发布的2018留学中国大数据，2018年共有来自196个国家和地区的49.22万名各类外国留学人员在全国31个省（自治区、直辖市）的1004所高等院校学习。中国国际广播电台英语广播24小时不间断播出。2009—2010年度，北京上线了24小时有线新闻频道。中国在媒体传播方面增加投入，扩大海外影响力。

中国软实力增长，最直观的表现是在文化方面。近几年来，世界许多国家出现"汉语热"的现象。在中国文化的影响下，包括美国在内许多国家的学校把中文作为第二外语甚至第二语言。有些学者还试图从英语引进中国文化词汇的变化来说明中国文化的影响：过去，英语从中国文化引进的词汇以负面为多，如

---

① 见国家汉办官网．www.hanban.org

"kowtow"（磕头）、"coolie"（苦力）等；现在，"peaceful rise"（和平崛起）、"harmonious world"（和谐世界）、"Chinese Dream"（中国梦）等与中国有关的新词语成了国际政治的时下流行语。

中国武术、中医按摩、中国茶、中国菜在世界多国受到普遍的欢迎。在俄罗斯，中国武术备受俄罗斯民众青睐。俄罗斯民众很爱看中国的功夫片，成龙、李连杰等功夫巨星在俄罗斯有很高的知名度。普京总统今年访华期间曾到少林寺参观，可见少林功夫的影响力。此外，中医、中国茶等中华文化瑰宝也正成为俄罗斯上层社会的时尚。叶利钦当总统时曾接受中医治疗，现在俄罗斯许多高官来华访问期间总喜欢去看看中医。健康的绿茶饮品也深受俄罗斯人民的喜欢。

约瑟夫·奈曾形象地描述了近年来中国软实力的提升状况："中国的传统文化一直深具魅力，而今它也正在进军全球通俗文化的领域。华语影片《卧虎藏龙》在非英语电影中票房价值最高，篮球明星姚明具有同迈克尔·乔丹旗鼓相当的潜力，中国举办2008年奥运会。当美国之音将中文广播的时间从每天19小时削减到14小时的时候，中国国际广播电台却将其播出时间增加到每天24小时。"①

与中国显著的经济进步相应的是中国的文化和外交影响在全球特别是发展中国家的扩大。中国的软实力在拉丁美洲、东南亚、非洲等发展中国家增长明显。

这种被称为软实力的增长若干年前在东南亚地区就很明显了。除东南亚外，中国的软实力在美洲和非洲表现得同样明显。美国外交关系委员会从事拉丁美洲研究的高级研究员朱莉娅·斯

---

① 约瑟夫·奈，王缉思. 中国软实力的上升及其对美国的影响［N］. 环球时报，2008－04－11.

韦格认为："与美国在拉丁美洲的坏名声相比，中国是一种清新的空气，中国的影响被认为是有益的。"美国外交关系委员会非洲高级研究员普林斯顿·莱曼认为，中国在非洲的软实力建设包括：与非洲在贸易和人权国际论坛上加强团结，免除非洲国家债务，在中国的大学和军事院校培训非洲人，派医生在整个非洲工作，在基础设施、农业和能源等领域进行投资等。①

从美国进行的调查来看，近年来中国的软实力在发展中国家的确增长较快。当被问及中国在亚洲是否具有主要是积极或消极的影响时，被调查国家的大多数受访者认为中国的地区影响不是"很积极"就是"有些积极"（美国 53%，日本 62%，韩国和印度尼西亚均为 58%，越南 76%）。展望未来，除印度尼西亚（35%）以外的受访国家的大多数受访者均认为中国将是未来亚洲的领导者（美国 68%，日本 55%，韩国 78%，越南 71%）。②

二、文化软实力的相对滞后阻碍经济发展

中国拥有丰富的文化软实力资源，拥有几千年的文明和博大精深的文化。中国的古代智慧、文化遗迹、诗词歌赋、民俗风情都极具特色和吸引力。改革开放使中国文化软实力得到发展，中国文化对世界文化的影响力也日益加强。但是，我国文化软实力仍远远落后于发达国家。在 2012 年世界权威杂志 *MONOCLE* 国家软实力排名中，中国仅居第 22 位，与第二经济体的地位极不相称，显示出中国文化与经济发展的极度不平衡。近几年，中国经济快速发展，但全球软实力排名还没有显著提升。2018 年 7

---

① Esther Pan. China's Soft Power Initiative，http://www.cfr.org/publication/10715/.
② Soft Power in Asia：Results of a 2008 Multinational Survey of Public Opinion，China Still Lags the United States in Soft Power in Asia，see http://www.thechicagocouncil.org/UserFiles/.

月，美国南加州大学外交研究中心联合波特兰公关公司和脸书共同发布了《2018 年全球软实力研究报告》，该报告依据数字、文化、企业、全球参与度、教育、政府 6 个类别的客观数据及全球民意调查，对国家软实力进行评判，并依据软实力指数进行排名，中国排名 27 位。

（一）文化软实力发展滞后的主要原因

文化软实力发展滞后的主要原因有如下三点。

1. 文化发展区域不平衡

这主要表现在三个方面：城乡发展不平衡、东部地区和中西部地区发展不平衡、少数民族地区与其他地区发展不平衡。其中最突出的是城乡文化发展不平衡。在文化支出方面，2005 年城乡居民家庭消费支出的相对差达 3.4 倍。在公共文化服务投入和设施方面，城乡二元机制使我国公共文化投入长期向城市倾斜，优质教育资源、公共图书馆、公共博物馆、体育设施集中在城市，广大乡村地区公共文化服务设施严重稀缺，文化、教育发展水平远远落后于城市地区。我国 56% 的农村人口的文化、教育、娱乐消费水平长期处于低水平的状态，极大地制约了国家文化软实力的全面提高。据国家统计局网站显示，2018 年中国城乡居民教育文化娱乐消费人均支出相差 1672 元，相对差达 2.28 倍。①

---

① 2018 年居民收入和消费支出情况. 统计局网站，2019 - 01 - 21.

表6-3　2018年城乡居民消费支出情况

城镇居民人均消费支出	绝对量（元）
食品烟酒	7 329
衣着	1 808
居住	6 255
生活用品及服务	1 629
交通通信	3 473
教育文化娱乐	2 974
医疗保健	2 046
其他用品及服务	687
农村居民人均消费支出	绝对量（元）
食品烟酒	3 646
衣着	648
居住	2 661
生活用品及服务	720
交通通信	1 690
教育文化娱乐	1 302
医疗保健	1 240
其他用品及服务	218

数据来源：统计局网站，2019年1月21日。

2. 政府定位不明确，文化管理机制制约文化发展

在我国文化发展中，政府对文化发展干预过多，使文化企业缺乏创造力和竞争力，不能依据市场进行集团化的改制和整合，缺乏文化产品创新效应和品牌效应。从计划经济时期就实行的文化管理体制部门条例、规定较多，法制不健全，政策变动频繁，不利于文化市场长期稳定发展，也限制了文化企业集团化发展。

3. 文化市场发育不成熟，文化产业集约化程度低

我国的文化市场是在改革开放过程中兴起的，市场发育还很不完善。法制化、规范化的市场监管长效机制还没有建立，知识产权保护不够；诚信自律、交易规范、公平竞争等内生性市场机制发育不足；文化行业市场鉴定、交易、代理和市场运作人才缺乏等问题还十分严重。此外，我国的文化产业经营单位众多，但基本上处于"割据的状态"，资源分散、集约化程度很低，难以产生规模效应和形成整体的品牌优势，文化产业链条的延伸也受到限制，原因在于：一是受计划经济下行政隶属关系的影响，文化产业的"拳头"优势难以发挥。条块、门类、部门的分割，使文化产业发展的种种要素分散在各个领域，难以形成有机的统一体。二是我国文化市场发育不完善，文化要素市场、文化艺术设施市场、文化产权市场、文化人才市场发展滞后，阻碍了文化产品与服务的流通，因而限制了文化的产业化和市场化。三是文化出口能力有待提高。与发达国家相比，我国文化新产品出口能力较弱。这主要表现在两个方面，一是核心文化产品贸易领域存在较大逆差。以 2003 年为例，当年我国图书、报刊、音像等领域的版权出口为 1 427 种，而版权进口 15 555 种，出口数量不及进口数量的 1/10。近年来，这一比例已有降低。2017 年，全国累计出口图书、报纸、期刊 2 172.02 万册（份），7 831.81 万美元；同年，全国出版物进出口经营单位累计进口图书、报纸、期刊 3 255.60 万册（份），31 978.76 万美元。[1] 二是文化产品出口总量少，占全部出口额的比例低。2006 年，我国实现文化产品和服务出口 47.9 亿美元，仅占当年全国出口总额 9601 亿美元的 0.49%。我国文化产品出口额与我国文化大国的地位极不相符。

---

① 2017 新闻出版业基本情况. 国家新闻出版署，2018 - 08 - 10.

近几年，状况有所改善，2018年2月8日，据商务部发布会提供的数据，2017年，我国文化产业和服务进出口总额1265.1亿美元，同比增长11.1%。其中，文化产品出口881.9亿美元，同比增长12.4%。①

中国经济发展之"软实力"主要是指以市场经济为核心的观念体系、保证市场秩序建立的制度法律以及制度法律获得的方式、人的经济行为的价值取向和道德伦理等，而这些方面则成了中国整个社会经济发展最为重要的激励与约束机制，也是中国经济发展的"软实力"。而中国经济发展的"软实力"既是30多年来经济快速成长的主要动力，也是当前许多社会、经济问题的根源。

改革开放40多年来，我国的硬实力发展很快，国内生产总值已跃居世界第二，外汇储备已位居世界经济体第一，军队武器装备的现代化水平和指挥人员、作战人员的素质也越来越高。但是，我国的文化软实力与硬实力相比，两者之间的落差还比较大。

从国际对比来看，我国文化产业在国内生产总值中所占的比重大大低于西方发达国家10%以上的水平。美国的文化产业在世界文化市场中占43%，欧盟占34%，而整个亚太地区只占19%。在这19%当中，日本占10%，澳大利亚占5%，剩下的4%才属于包括中国在内的其他亚太国家。

2010年文化软实力蓝皮书《中国文化软实力研究报告》分析认为，我国文化软实力建设出现的种种问题，是由于文化体制、国民素质等深层次原因造成的，这些原因是我国文化软实力

---

① 2017年我国文化产品和服务进出口总额同比增长11.1%．商务部，2018-02-09.

发展的瓶颈。中国在与世界文化强国竞争的过程中，既缺乏代表性的世界级文化产业集团，又缺乏以高新技术为基础的文化产业整体性结构竞争力。

（二）文化软实力是制约我国经济发展的瓶颈

自 20 世纪 70 年代末以来，中国的改革开放采用更具活力、更适应中国国情的市场经济体制，逐步摆脱苏联式计划经济体制，经济迅速腾飞。与日俱增的经济实力给中国带来了令世界瞩目的繁荣与富裕。

改革开放之初，以经济建设为中心彻底改变了贫穷落后的面貌。在这一思想指导下，经过四十多年的发展，我国取得了举世瞩目的成就，国力和人民的物质生活水平得到了前所未有的提高。但是，文化软实力的落后也导致我国经济发展的瓶颈逐步显现。

1. 改革开放 40 年，城乡差距扩大

（1）城乡居民收入差距虽有时缩小，但总的来说仍呈持续扩大趋势。

1978 年我国城镇居民家庭人均可支配收入与农村家庭人均纯收入相对差距 2.36 倍，1985 年缩小为 1.72 倍，1992 年扩大为 2.51 倍，2000 年持续扩大为 2.71 倍，2002 年差距进一步拉大，为 3.1 倍，2010 年该收入比为 3.23：1，2011 年有所降低，城镇居民人均可支配收入与农村居民人均纯收入之比为 3.13：1。1978—2010 年城乡居民收入及收入差距参见表 6-4，1978—2010 年城乡收入差距参见图 6-4。

表6-4　1978—2010年城乡居民家庭人均收入及恩格尔系数对照表

年份	城镇居民家庭人均可支配收入		农村居民家庭人均纯收入		城镇居民家庭恩格尔系数（%）	农村居民家庭恩格尔系数（%）
	绝对数（元）	指数（1978=100）	绝对数（元）	指数（1978=100）		
1978	343.4	100.0	133.6	100.0	57.5	67.7
1980	477.6	127.0	191.3	139.0	56.9	61.8
1985	739.1	160.4	397.6	268.9	53.3	57.8
1990	1 510.2	198.1	686.3	311.2	54.2	58.8
1991	1 700.6	212.4	708.6	317.4	53.8	57.6
1992	2 026.6	232.9	784.0	336.2	53.0	57.6
1993	2 577.4	255.1	921.6	346.9	50.3	58.1
1994	3 496.2	276.8	1 221.0	364.3	50.0	58.9
1995	4 283.0	290.3	1 577.7	383.6	50.1	58.6
1996	4 838.9	301.6	1 926.1	418.1	48.8	56.3
1997	5 160.3	311.9	2 090.1	437.3	46.6	55.1
1998	5 425.1	329.9	2 162.0	456.1	44.7	53.4
1999	5 854.0	360.6	2 210.3	473.5	42.1	52.6
2000	6 280.0	38.7	2 253.4	483.4	39.4	49.1
2001	6 859.6	416.3	236.4	503.7	38.2	47.7
2002	7 702.8	472.1	2 475.6	527.9	37.7	46.2
2003	8 472.2	514.6	2 622.2	550.6	37.1	45.6
2004	9 421.6	554.2	2 936.4	588.0	37.7	47.2
2005	10 493.0	607.4	3 254.9	624.5	36.7	45.5
2006	11 759.5	670.7	3 587.0	670.7	35.8	43.0
2007	13 785.8	752.5	4 140.4	734.4	36.3	43.1
2008	15 780.8	815.7	4 760.6	793.2	37.9	43.7
2009	17 174.7	895.4	5 153.2	860.6	36.5	41.0

年份	城镇居民家庭人均可支配收入		农村居民家庭人均纯收入		城镇居民家庭恩格尔系数（%）	农村居民家庭恩格尔系数（%）
	绝对数（元）	指数（1978=100）	绝对数（元）	指数（1978=100）		
2010	19 109.4	965.2	5 919.0	954.4	35.7	41.1
2011	21 809.8	1 046.3	6 977.3	1 063.2	36.3	40.4

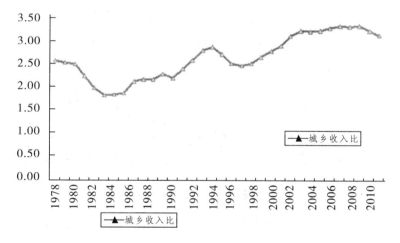

图6-4　1978—2010年城乡收入差距示意图

资料来源：国家统计局。①

　　根据国家统计局的数据，2018年全年全国居民人均可支配收入中位数24 336元，其中，城镇居民人均可支配收入中位数36 413元，农村居民人均可支配收入中位数13 066元。

　　（2）城乡居民消费支出差距扩大。

　　1978年到2008年的30年，中国居民消费总量有了很大的增

① 城镇居民使用人均可支配收入，农村居民使用人均纯收入。以农村人均纯收入为1进行比较。

长，每年增长 14.7%，但是城乡居民消费支出的差距，包括地区之间的差距还在扩大。图 6 - 5 是 1978 年到 2008 年农村居民和城镇居民消费水平的对比。以农村居民为例大家我们可以看到，1978 年的差别是 2.9∶1，到 2008 年是 3.6∶1。1978 年两者的相对差距为 2.68 倍，到 2002 年扩大为 3.29 倍，2005 年扩大为 3.7 倍（见图 6 - 5）：

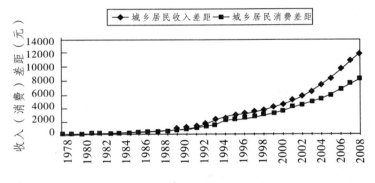

图 6 - 5　中国城乡居民收入差距和消费差距

　　资料来源：刘锐. 缩小城乡居民收入差距，扩大农村居民消费需求[J]. 河北学刊，2011（2）.

　　（3）十八大后城乡收入差距有所改善

　　自党的十八大以来，党和政府对城乡居民收入实施再分配调节，加大对保障和改善民生的投入，农村居民收入增速快于城镇居民，统计显示城乡居民收入差距总的来说呈缩小趋势。2017年，城乡居民人均可支配收入比为 2.71，比 2007 年下降 0.43；比 2012 年下降 0.17。① 这是一个经济向好的迹象，国家应采取更有效的措施，持续缩减城乡收入差距，如此，才能逐步夯实软

————————

① 参见国家统计局网站. www.stats.gov.cn.

实力的根基，促进软实力的发展。

2. 经济发展与社会发展的不协调

这表现在以下两个方面：一是硬件投资和软件投资不匹配。注重硬件投资，投资软件力度不够。所谓"硬件投资"是指对厂房基础设施及设备的投资，"软件投资"是指投资于促进经济长期持续发展和提高国际竞争力的教育、卫生、环保等方面。我国的硬件投资与软件投资明显不协调。我国国内投资率比较高，约为40%左右，但政府对包括公共教育支出、基础设施和扶贫支出在内的公共支出投入严重不足，其占国内生产总值比重低于全球平均水平，这就是经济增长速度大大高于公共服务增长速度而经济增长并没有自动带动社会发展的原因之一。二是经济财富迅速增加与社会成本急剧扩大。尽管按不变价格计算，到2002年我国的国内生产总值总量已相当于1978年的1.5倍，城乡居民个人资产也迅速扩大。

3. 资源环境和经济发展不协调

（1）资源、能源危机成为中国经济快速增长的瓶颈。

我国资源分布的特点是资源总量大，种类齐全，堪称地大物博；但人均占有各类资源量少，资源相对紧缺，生存空间小。在传统的经济增长过程中，以大量消耗资源、能源污染型产业为主，资源利用率低下，污染排放量大，加剧了中国资源与发展的矛盾、环境与发展的矛盾。当前在我国出现的缺煤、缺电、缺油的所谓能源"三荒"无疑给中国发展战略敲响了警钟。①

（2）生态环境问题。

水土流失严重成为最突出的生态环境问题，荒漠化土地不断

---

① 胡鞍钢，邹平. 社会与发展：中国社会发展地区差距研究 [M]. 杭州：浙江人民出版社，2000.

扩大。我国是世界上荒漠化最严重的国家之一，荒漠化土地面积达262万平方公里，占国土面积的27%，而且还以每年损失一个中等县的速度继续扩大。树木积蓄量急剧下降，森林赤字不断扩大，中国属于少林国家，森林面积占全世界总数的39%，林木积蓄量全世界总量的61.7%。另外，草地退化、沙化和碱化面积逐年增加，大气污染严重，酸雨面积急剧扩大，水污染严重，加剧了水资源短缺。全国耕地面积也受到一定程度的污染。

4. 经济增长与就业增长不协调

中国是人口大国，占世界人口总量的21.3%。中国也是世界上劳动人口最多的国家，1999年15~64岁人口为8.44亿，相当于世界总量的22.4%；劳动力7.5亿人，相当于世界总量的25.9%。2018年，全国就业人员达7.8亿。中国是劳动力资源丰富的国家，也是世界上就业压力最大的国家之一。"九五"计划期间，全国新增就业4000万人，向非农产业转移4000万劳动力，实际结果是，新增城镇就业人数4111万人，新增农业劳动力513万人，农业劳动力不仅没有减少，而且还有增加。① 中国经济增长与就业增长的关系大体分为两个阶段：第一个阶段属于高经济增长与高就业增长模式，1978—1989年期间，GDP增长的就业弹性系数0.315；第二阶段是高经济增长，与低就业增长模式，GDP增长的就业弹性系数降为0.112。这表明进入20世纪90年代，中国经济增长模式从高就业增长转向低就业增长。

---

① 中国科学院国情分析研究小组. 就业与发展——中国失业问题与就业战略 [M]. 沈阳：辽宁出版社，1998.

第四节　文化软实力与经济协调发展的远景展望

　　世界上许多国家和地区认为中国的软实力在某种程度上似乎比美国更有"吸引力"，主要是因为中国从不像美国那样在外交政策中推行单边主义，把自己的意识形态和道德观念强加于别国；中国不在别国强行推行自己的政治体制，强调多样化的世界与和谐发展；提供经济援助从不附加任何政治条件，更不会诉诸武力解决争端。中国软实力的推行显得比较温和，不像美国那样张狂，利诱与强制同时进行，软硬兼施。面对崛起的中国，美国在世界上宣扬"中国威胁论"，中国的崛起到底是不是威胁，历史的发展自会做出令世人信服的证明。

　　随着中国经济的飞速发展，中国文化软实力建设在百年未遇之大变局时代进入重要战略机遇期。

　　从全球范围看，2008 年席卷全球的金融危机为文化产业的发展提供了特殊机遇，现代科技特别是传媒技术和网络技术的飞速发展为文化事业和文化产业发展提供了强大推动力。

　　首先，2008 年国际金融危机始发于美国，美国是弘扬"个人主义"的代表。危机使人们试图寻求新的出路，也更易于接受与之不同的集体主义价值观。而我国是"集体主义"价值观的典型代表。在马克思看来，集体主义价值观正是人的社会性本质的反映，它超越了单纯的个体利益，着眼于人类的长远和全面发展，主张任何个体都不应该只为了个人的利益而损害他人和公共利益。国际金融危机作为"个人主义"价值观的危机，暴露了这一价值观在实现人类经济社会全面、协调和可持续发展方面的局限，彰显了这一价值观无法克服人与人、人与社会和人与自然之间对立的矛盾。而我国所坚持的集体主义则被赋予了新时代的意义，使人们看到，在坚持集体主义价值观的基础上，人类经济社会的发展才能统筹兼顾，兼顾个体利益与整体利益、近期利益与长远利益，实现人与人、人与社会和人与自然之间的和谐与统一，实现人类经济社会的可持续发展。

其次，国际金融危机作为以美国为代表的自由市场主导的经济结构危机，为我国社会主义市场经济结构的完善提供了前所未有的机遇。社会主义市场经济是马克思主义政治经济学理论的创新性发展，它超越了自由竞争的资本主义市场经济和传统的社会主义计划经济，既克服了自由市场经济缺乏宏观调控的弊端，又克服了传统计划经济缺乏生机的弊端，解决了市场经济和计划经济与资本主义和社会主义的关系，坚持"计划多一点还是市场多一点，不是社会主义与资本主义的本质区别。计划经济不等于社会主义，资本主义也有计划；市场经济不等于资本主义，社会主义也有市场。计划和市场都是经济手段"①。社会主义市场经济是政府宏观调控和市场调节的有机统一，但从本质上来看，社会主义市场经济的根本在于它的社会主义性质，正如邓小平所提出的"社会主义的本质，是解放生产力，发展生产力，消灭剥削，消除两极分化，最终达到共同富裕"②。因此，与自由竞争的资本主义市场经济不同，社会主义市场经济从人民群众日益增长的物质文化需要出发，坚持"以人为本"，全面协调可持续发展的经济结构，通过政府宏观调控与市场调节相统一，促进社会生产与人们消费相统一，经济效益与社会效益相统一，区域经济增长与社会整体进步相统一，支柱产业发展与产业整体结构平衡协调相统一。金融危机突出了新时期社会主义市场经济结构的当代意义，为社会主义

---

① 邓小平文选（第三卷）[M]. 北京：人民出版社，1993：373.
② 十七大以来重要文献选编（下）[M]. 北京：中央文献出版社，2013：636.

市场经济结构的完善创造了条件。

从国内看，在现有的物质满足的基础上，人民群众对丰富的文化生活的渴求越来越强烈，改革开放40多年来经济的飞速发展为文化软实力建设提供了坚实的经济基础。从文化自身看，我们对文化建设已经形成了高度的理论自觉，明确了中国特色社会主义文化发展道路，确立了建设社会主义文化强国的宏伟目标，为国家文化软实力的全面提升提供了重要条件。

然而，在看到中国文化软实力建设的有利条件和良好机遇的同时，必须清醒地认识到，随着建设文化强国宏伟目标的具体化，随着全面提升国家文化软实力的重要任务提到紧迫的议事日程上，中国文化建设也面临着严峻的攻坚期考验。文化不同于经济和政治，它作为价值的体现和精神的凝聚，具有内在性和深层性的特点，其发展有其特殊的规律。文化价值的内化、文化软实力的提升往往是一种润物无声、潜移默化、陶冶养成的过程。因此，我们必须在文化价值的内化和文化软实力的提升方面，突破瓶颈，才能把已经取得的文化成就转化成真正的文化软实力和综合竞争力。

在看到中国软实力建设取得长足进展的同时，我们也必须清醒地认识到，制约中国发展软实力的因素仍然较多。"北京共识"这个词诞生在2004年。英国的外交政策中心发表《时代》杂志前资深编辑、美国前国务卿亨利·基辛格咨询公司的合伙人——约书亚·库珀·拉莫（Joshua Cooper Ramo）的一篇题为《北京共识》的论文。自此，"北京共识"时常出现在西方政治、外交等的杂志上，被西方学者广泛使用，经常被拿来和"华盛顿共识"相提并论。西方学者认为，"北京共识"在发展中国家得到了认可并产生了深远影响。可以看出，西方国家开始重视和研究中国，最根本的原因还是中国经济的迅猛发展，尤其是2008

年金融危机使西方发达国家看到了资本主义的弊端，转而开始关注正在崛起的中国。

虽然越来越多的西方人对中国和中国文化产生兴趣，也有越来越多的西方人开始学习汉语，但由西方人主办的 *MONOCLE* 杂志对 2012—2019 年国家软实力的排名前 20 名中没有中国的身影。

中国软实力的发展还有很长的一段道路要走。那么，中国软实力发展的瓶颈在哪里？中国能否突破这些瓶颈？中国的软实力如何发展才能赶超西方强国？

第七章

我国提升文化软实力的经济学路径

我国文化软实力的相对薄弱，要求我们必须找到符合我国国情的提升文化软实力的路径。本章从经济学层面提出了以下适合我国国情的提升文化软实力的路径：深化文化产业管理机制改革；制定和完善与时俱进的文化产业政策；鼓励文化创新，培育知名文化品牌；大力发展文化产业，培育文化产业集团；鼓励文化产品和服务出口；文化与科技相融合，提升文化软实力水平。

第一节　深化文化产业管理机制改革

在文化软实力建设过程中，我们要深化文化产业管理体制改革，力主创新，努力建立与社会主义现代化和市场经济相适应的文化体制，弘扬中华文化，促进现代中国社会主义新文化的不断进步。我国政府在文化体制改革的过程中先后推出了《中共中央国务院关于深化文化体制改革的若干意见》《国家"十一五"时期文化发展规划纲要》等文件，使文化体制改革得以有步骤、有秩序地实施。改革需要进一步推进，建立一套与社会主义新环境相适应的文化体制，促进社会主义文化的新发展。

文化作为一种特殊的商品，在发展过程中也应遵循市场发展规律，让市场发挥资源配置的基础性作用，与此同时，在市场经济难以发挥作用的领域进行政府调控。政府可以通过经济、行政、法律等多种手段进行调控。在市场经济条件下，用价格、税收、投资、外汇等经济杠杆进行调控；在文化和文化产业管理方面，优化管理体制，转变政府职能，切实解决政府部门职能交叉、权责不明等问题，促进文化管理的科学化、效能化、法制化。在此过程中，政府应该尽快转变角色定位，由管理者转变为服务者，大力扶持文化产业，对于新兴文化企业、高新技术文化企业以及涉及国际文化品牌、教育、媒体传播等行业中的文化企业，政府应当以市场为导向，采取税收优惠政策、所得税返还政策、国家政策性贷款优惠利率政策以及财政贴息贷款政策等加以引导和扶持，并鼓励文化企业间的联合。同时，加强文化法律制度建设，保护知识产权，维护文化工作者个人利益，为文化发展营造良好的法制环境。合理配置文化资源，解决国有文化资产结构失衡、效益不高、资源闲置、资源浪费等问题，推进文化领域所有制结构调整，逐步形成以公有制为主体、多种所有制共同发展的文化产业格局，引导文化向多形式、多元化、多功能的方向健康稳步发展。打破区域封锁、城乡分离、条块分割的市场格局，形成统一、开发、竞争、有序的现代化市场体系，促进文化更好更快地发展，为提升国家文化软实力提供重要的保障。

第二节　制定和完善与时俱进的文化产业政策

2009 年 7 月，我国制定了《文化产业振兴规划》，确立了"五个坚持"的基本原则：坚持把社会效益放在首位，努力实现社会效益和经济效益的统一；坚持以体制改革和科技进步为动力，增强文化产业发展活力，提升文化创新能力；坚持走中国特色文化产业发展道路，学习借鉴世界优秀文化，积极推动中华民族文化繁荣发展；坚持以结构调整为主线，加快推进重大工程项目，扩大产业规模，增强文化产业整体实力和竞争力；坚持内外并举，积极开拓国内国际文化市场，增强中华文化在国际上的影响力。一系列关于文化产业发展的战略部署相继出台。这对于新形势下我国文化产业的加快发展具有重要指导作用。在新的历史条件下，我国文化产业发展面临的形势发生了深刻变化：全球范围内不同文化的交流、融合、竞争日益增多，市场经济条件下经济文化一体化趋势不断加强，网络技术革命使得文化传播出现新的特点，物质生活水平的提高促进了人民群众文化需求的快速增长……近年来，我国文化产业发展取得了长足进展。最近五年，中国文化产业保持年均 23％ 的增长速度。《中共中央关于制定国民经济和社会发展第十三个五年规划的建议》提出，推动文化产业成为国民经济的支柱性产业。

与新形势提出的新要求相对照，中国文化体制仍旧存在一些不足和问题，如国际竞争力不强、创新能力和活力不足、文化产品生产成本高效率低、缺乏有竞争力的民族经典品牌、文化集团化程度不够等。在制定新的文化产业政策过程中，应审时度势，针对新情况、新问题，制定和实施行之有效的文化产业政策。

相对于一般产业而言，文化产业不仅是国民经济的支柱性产业之一，具有鲜明的意识形态属性，而且生产和运营模式更为复杂。当前，一些地方并没有意识到文化产业区别于一般产业的特殊性，用发展一般产业的方式发展文化产业，片面追求经济效益，结果往往是产业没有得到发展，文化也没有得到弘扬。因此，在制定文化产业政策时必须分析文化产业与一般产业的差异，充分考虑到文化产业"生产思想文化产品"这一根本特征，从加强对生产经营活动的引导、扶持和规范出发，制定符合文化产业发展规律的产业政策。

每一个国家文化产业都有其赖以生存的土壤和发挥作用的条件，离开了一定的历史条件和特定的社会环境，文化产业的发展模式也必然发生变化。因此，制定文化产业政策时，要明辨中国文化产业与西方国家文化产业的本质差异，既要充分借鉴西方发达国家的先进经验，又不能生搬硬套其发展模式，应结合我国国情和我国文化产业发展的实际情况，辩证取舍，综合创新。

此外，文化产业的发展是循序渐进的过程，会经历从初级到成熟的发展阶段，在不同发展阶段呈现不同的特点。因此，在制定文化产业政策时要充分考虑文化产业不同发展阶段的特征和使命，坚持循序渐进的原则。

《中共中央国务院关于深化文化体制改革的若干意见》《国家"十一五"时期文化发展规划纲要》《国家"十二五"时期文化改革发展规划纲要》等文件的颁布和实施，保证了我国文化体制改革有组织、有领导地进行，把我国文化体制改革由点到面逐步引向深入。因此，必须根据我国文化产业发展的具体情况，遵循文化发展的内在规律，充分发挥政府的宏观调控作用，在市场的引导下，继续深化文化体制改革。

首先，转变政府职能，定位政府职责。切实解决政府部门职能交叉、责权不明的问题，促进文化管理的科学化和有序化。

其次，与市场经济相适应，建立和完善民主化、法制化的文化管理体制。坚持百花齐放、百家争鸣的方针，稳步推进文化管理的民主化；与此同时，加强文化立法，制定和完善文化管理法规和政策体系，促进文化管理的法制化。

第三，应加快文化结构调整，建立和完善多元化、多层次的结构体系。合理配置文化资源，切实解决国有文化资产结构失衡、效益不高、资源浪费与闲置等一系列问题，推进文化领域所有制结构调整，逐步形成以公有制为主体、多种所有制共同发展的文化产业格局，科学引导文化事业和文化产业的和谐、健康、快速、多样化发展。

最后，应建立健全文化市场体系，打破市场的条块分割、地区封锁、城乡分离的不合理市场格局，加强文化产品和要素市场建设，形成统一、开发、竞争、有序的现代文化市场体系。

此外，还应从财政、税收、金融、用地等方面加大对文化产业发展的政策扶持力度。

第三节　鼓励文化创新，培育知名文化品牌

文化品牌是文化产业品牌化的结果，承载着文化的精神与经济的双重价值。文化品牌是文化产业的核心竞争力和一个国家的文化软实力体现，因而我们必须树立文化品牌意识，制定发展文化品牌战略，并加以付诸实施。近年来，在国家产业政策引导和文化体制改革的推动下，我国的文化产业越来越注重品牌建设，经历了一个从自发到自觉的过程。

目前，我国文化品牌建设已步入 1949 年以来的最快增长期。中国文化产业要赢得市场，必须具备长远战略目光，面向未来，参与国际国内文化资本和文化品牌的激烈竞争，才能使自身立于

不败之地。只有高技术含量和高文化附加值的文化品牌才有国际竞争力、影响力和感召力。因为，不论是发展我国的文化产业，还是提升我国文化软实力，都必须走品牌化建设之路，必须打造具有核心竞争力的全球知名文化品牌。

实施品牌战略，打造承载中华民族优良传统文化和核心价值观的优势企业，培育一批具有国际知名度的自主品牌，必将有助于加快我国文化体制改革，扩大中华文化软实力的国际影响力，从而在更大程度上推动社会主义精神文明和物质文明的全面发展。

第四节　大力发展文化产业，培育文化产业集团

（一）建设文化基础设施，完善公共文化设施布局，营造文化产业发展的硬环境

要加大投入，着力完善省、市、县、乡镇、村五级群众文化设施网络，提高文化设施覆盖率、设施面积人均拥有量和设施设备档次。要合理调整公共文化设施的区域布局，按照高起点、高标准和投资多元化的要求，集中力量改建和新建一批特色鲜明、功能完备的重要文化设施。要统一规划文化创业园区、文化旅游景区、文化交易市场以及文化演艺街区、文化场馆、美术馆、展览馆、体育馆、大剧院、音乐厅、主题公园等文化设施，努力打造城市文化消费中心。

（二）以文化产业重点城市为依托，打造重要的文化产业城市群

培育以城市为中心的文化产业辐射结构，强化城市文化产业的集聚和扩散功能，促进核心城市的文化产业融合发展，提升其文化开放程度，提高区域经济的文化含量。要努力培育具有全国

知名度的文化产业名城，进一步扩大重点城市的文化产业规模，更新文化产业结构，逐渐形成具有较强竞争力的文化产业城市组群。

（三）大力发展文化演艺业

要以发展演出业为支撑，推动文化娱乐业的发展，大力开展各种形式的城乡文艺演出和娱乐活动，着力培育一批文娱演出业龙头企业。不断丰富企业功能和经营项目，形成多样化、规模化、层次化、品牌化的文娱演艺产业群体。

（四）整合旅游资源，建立多层次、立体化的文化旅游产品结构

要将文化旅游和演艺、饮食文化业、影视业相结合，提升旅游的文化内涵，培育能够代表中国文化的标志性文化产品和多样性旅游文化，开发一批主题特色鲜明、文化品位较高、市场吸引力较强的精品景区，重点打造一批文物旅游景区、休闲度假旅游景区、工农业旅游景区、生态观光景区和红色旅游景区。要充分开发体现地域特征和地域文化的休闲度假产品、传统观光产品、会展商务产品、时尚文化旅游产品等。

（五）着力培育一批有实力、有竞争力的骨干文化企业，打造国际知名文化品牌，是增强我国文化产业的整体实力和国际竞争力、提升国家文化软实力的重要环节

为此，应着重扶持具有市场领导地位或潜力大的文化企业，鼓励这些企业不断提升自主创新能力，通过跨地区、跨行业联合或重组，尽快壮大企业规模，提高集约化经营水平，充分参与国际竞争，不断壮大自身实力，提高国际传播能力和影响力。在此过程中，结合我国实际，大型国有文化企业应充分发挥主导作用，成为文化产业发展的主力军；广大民营文化企业则应充分发

挥自身的独特优势和积极作用，成为文化产业发展的生力军。

第五节　鼓励文化产品和服务出口

建立健全文化产品和服务出口工作体系。将文化贸易列入国际贸易建设的重点领域。积极发挥由宣传、发改、商务、财税、海关、外汇、文广影视、新闻出版等部门参与的文化国际贸易促进委员会的作用。协调文化出口企业形成统一出口战略联盟，组建文化产品和服务评估、担保机构。

确立文化产品和服务出口的重点领域。首先，发挥科技优势，加快文化信息服务业出口。其次，借助创意动力，推动动漫、影视、演艺、图书产品和服务出口。扶持面向国际市场的原创作品和有较强竞争力的出口企业；大力培育熟悉国际市场和国际运作规则、流程的文化中介机构；全面提升国际服务外包水平，参与国际原创、介入国际运营等。第三，积极鼓励文化企业境外投资。政府应提供信息咨询、扶持、保障、核准等方面的服务。

培育文化出口重点企业、重点项目和重点品牌。

设立文化走出去专项扶持资金，保障文化、金融等重点创新性领域发展的资金需求。

建立文化产权交易所。研究形成多种文化交易的品种，如文化企业股权、经营权交易，版权、专利、商标等知识产权的交易，演艺、影视、出版、传媒、动漫、艺术品等产品现货和期货交易，文化产业投资基金和文化产权交易指数交易等。提供文化企业股权托管、过户、质押登记等服务，为文化企业提供文化贸易的中介服务。

2012 年公布的《国家"十二五"时期文化改革发展规划纲

要》指出，国家鼓励扩大文化产品和服务出口规模，推动开拓国际市场，逐步改变中国主要文化产品进出口严重逆差的局面。

中国将积极发展和壮大出版发行、影视制作、印刷、广告、演艺、娱乐、会展等传统文化产业，加快发展文化创意、数字出版、移动多媒体、动漫游戏等新兴文化产业，在国家许可范围内，引导社会资本以多种形式投资文化产业，逐步形成以公有制为主体、多种所有制共同发展的文化产业格局。

第六节　文化与科技相融合，
提升文化软实力水平

早在2007年10月的中国共产党第十七次全国代表大会上，胡锦涛在报告中就特别指出，要"运用高新技术创新文化生产方式，培育新的文化业态，加快构建传输快捷、覆盖广泛的文化传播体系"。十七届六中全会强调："加快发展文化产业，必须构建结构合理、门类齐全、科技含量高、富有创意、竞争力强的现代文化产业体系。"[①]"科技创新是文化发展的重要引擎。要发挥文化和科技相互促进的作用，深入实施科技带动战略，增强自主创新能力。"[②] 这些论断从国家政策的高度指明了文化科技融合与实现国家文化战略、提升国家文化软实力之间的密切关系。

文化与科技的关系始终是辩证统一的，一方面文化能够对科技发展起到积极的推动作用；另一方面，科学技术也能塑造出全新的文化形态，而且科技文化本身也是文化软实力的重要组成部分。印刷术、照相、电影、电视等技术的发明改变了人们的生活

---

① 　本社编. 中共中央关于深化文化体制改革、推动社会主义文化大发展大繁荣若干重大问题的决定. 北京：人民出版社，2011.

② 　同上。

方式。同时，科学技术还改变了文化产品的传播方式。现代印刷技术的发展催生了报纸新闻媒体的诞生，计算机技术与信息技术的发展使人们对世界各地发生的事情了如指掌，改变了人们生活的方方面面。互联网数字时代推动整个文化产业链条的形成和发展。科技与文化的融合必将为文化产业的发展注入新的力量。

参 考 文 献

编者，2018. 创意产业战略初见成效 相关专业成热门选择〔OL〕. 腾讯
　　网，http://new. qq. com/omn/20180122/20180122BOQMFB. html. 2018 -
　　01 - 22.

波特，2002. 国家竞争优势〔M〕. 李明轩，邱如美，译. 北京：华夏出
　　版社.

布热津斯基，2007. 大棋局：美国的首要地位及其地缘战略〔M〕. 中国国
　　际问题研究所，译. 上海：上海人民出版社：32 - 33.

车延高，2008. 浅议文化软实力与文化生产力〔J〕. 思想政治工作研究
　　（10）.

陈鹏飞，2009. 用文化软实力引领平顺县经济社会健康发展〔J〕. 前进
　　（9）.

陈萍，2010. 文化软实力的经济学分析〔D〕. 长春：吉林大学.

陈强，2008. 法国文化软实力的衰落及法国总统、学者的反思〔J〕. 经济
　　与社会发展（12）.

陈文华，刘善庆，2006. 产业集群概念辨析〔J〕. 经济问题（4）.

陈郁，2011. 中国首部《中国文化软实力研究蓝皮书》发布〔J〕. 海外华

文教育动态（3）.

崔磊，2016. 日本文化产业发展的特点及启示［J］.考试周刊（90）.

道，汉科，瓦尔特斯，2000. 发展经济学的革命［M］.黄祖辉，蒋文华，译.上海：上海三联书店、上海人民出版社.

邓国胜，2004. 中国非政府组织发展的新环境［J］.学会月刊（10）.

邓小平，1993. 邓小平文选：第三卷［M］.北京：人民出版社.

邓小平，1994. 邓小平文选：第二卷［M］.北京：人民出版社.

董平，2007. 关于中国经济发展中软实力的思考［J］.市场周刊（理论研究）（7）.

段慧冉，2010. 我国文化产业"走出去"的路径选择［D］.济南：山东大学.

方长平，2007. 中美软实力比较及其对中国的启示［J］.复印报刊资料（国际政治）（10）.

方敏，徐静，2011. 文化产业集群研究［J］.企业导报（10）.

冯洁，洪俊浩，2011. 对国外软实力理论研究的考察［J］.当代传播（6）.

弗雷泽，2005. 软实力——美国电影、流行乐、电视和快餐的全球统治［M］.刘满贵，宋金品，尤舒，等译.北京：新华出版社.

高波，张志鹏，2004. 文化与经济发展：一个文献评述［J］.江海学刊（1）.

耿乃凡，2010. 文化产业在满足精神文化需求、加快经济发展方式转变中的地位和作用［J］.新华日报，08－02.

顾江，2007. 文化产业经济学［M］.南京：南京大学出版社.

郭萍，张景学，2009. 提高国家文化软实力的国际比较与借鉴［J］.郑州航空工业管理学院学报（4）.

郭印，2008. 全球化视觉下的中国文化产业发展路径及选择［J］.改革与战略（12）.

郭云，2010. 多维视野下的国外文化软实力研究［J］.学术论坛（12）.

国家汉办官网 http://www.hanban.org/

国家统计局，2019. 2018 年居民收入和消费支出情况［OL］.国家统计局官方网站 http://www. stats. gov. cn/tjsj/zxfb/201901/t20190121 _ 1645791.
html,2019 - 01 - 21.

国家新闻出版署,2018. 2017 年新闻出版业基本情况［OL］. 人民网
http：//media. people. com. cn/n1/2018/0806/c14677 - 30212071.
html, 2018 - 08 - 10.

国林霞,2007. 中国软实力现状分析［J］. 当代世界（3）.

韩美群,2009. 我国文化软实力建设的问题与思路［J］. 思想理论教育
（13）.

亨廷顿,哈里森,2002. 文化的重要作用——价值观如何影响人类进步
［M］. 程克雄,译. 北京：新华出版社.

霍步刚,2009. 国外文化产业发展比较研究［D］. 大连：东北财经大学.

霍桂桓,2011. 文化软实力的哲学反思［J］. 学术研究（3）.

加恩海姆,2005. 政治经济学与文化研究［J］. 贺玉高,陶东风,译. 西北
师大学报（社会科学版）（1）.

贾葭,2007. 周小川：文化产业成为中国经济发展的新动力［J］. 华商
（12）.

金相郁,2004. 文化与经济的关系：第三种解释［J］. 经济学动态（3）.

凯夫斯,2004. 创意产业经济学：艺术的商业之道［M］. 孙绯,等译. 北
京：新华出版社.

阚和庆,2009. 国外提高文化软实力的主要做法和经验［J］. 当代世界
（6）.

兰德斯,2010. 国富国穷［M］. 门洪华,等译. 北京：新华出版社.

李春华,2008. 对文化生产力问题的再思考［J］. 求是（12）.

李凤亮,2011. 文化产业提升文化软实力的战略路径［J］. 南京社会科学
（12）.

李合亮,2009. 提高文化软实力的路径探究［J］. 理论前沿（23）.

李河,2004. 发达国家当代文化政策一瞥［M］. //2004 年：中国文化产业
发展报告. 张晓明,胡惠林,章建刚,主编. 北京：社会科学文献出
版社.

李怀亮，方英，王锦慧，2010. 文化产业与经济增长关系的理论研究 [J].
经济问题（2）.

李怀亮，王锦慧，2011. 文化产业发展与国家文化软实力的提升 [J]. 河
北学刊（6）.

李环，2002. 浅析美国国家软力量 [J]. 国际关系学院学报（1）.

李娟，2010. 论提升我国文化软实力的路径选择 [J]. 湖南社会科学（4）.

李淑芳，2010. 英国文化创意产业发展模式及启示 [J]. 当代传播（6）.

李微，2007. 美国文化产业发展经验探析 [J]. 新闻界（1）.

李雪玲，2008. 英国创意产业发展及其对我国的启示 [J]. 现代管理科学
（9）.

李月明，2007. 文化软实力：经济发展中的重要因素 [J]. 实事求是（4）.

李运祥，2010. 文化产业的发展趋势及路径选择 [J]. 当代经济（11）.

林琳，2011. 美国模式对提升我国文化软实力的启示 [J]. 中国集体经济
（36）.

刘翠玉，2010. 发达国家提升国家文化软实力的经验与启示 [J]. 边疆经
济与文化（11）.

刘峰搏，2010. 试论区域经济发展视域下辽宁文化软实力的提升 [J]. 管
理观察（27）.

刘易斯，1983. 经济增长理论 [M]. 周师铭，等译. 北京：商务印书馆.

刘轶，2009. 政治意图、文化软实力与文化产业 [J]. 江淮论坛（5）.

刘再起，徐彦明，2011. 软实力是影响国际力量对比的重要因素 [J]. 国
外社会科学（1）.

卢新德，2010. 文化软实力建设与维护我国意识形态安全 [J]. 山东大学
学报（哲学社会科学版）（3）.

罗浩，2009. 文化与经济增长：一个初步框架 [J]. 经济评论（2）.

罗旻，2012. 中国文化产业的发展现状与趋势 [J]. 北方经济（8）.

罗能生，郭更臣，谢里，2010. 我国区域文化软实力评价研究 [J]. 经济
地理（9）.

罗能生，韩宝龙，2011. 经济开放对国家文化软实力影响的实证研究 [J].

求是学刊（1）.

罗毅，2008. 将文化软实力变成经济发展硬动力［J］. 红旗文稿（4）.

马歇尔，1981. 经济学原理［M］. 朱志秦，译. 北京：商务印书馆.

马运军，2003. 文化凝聚力：文化建设的主题［J］. 探索（3）.

门洪华，2007. 中国软实力评估报告（上）［J］. 国际观察（2）.

门洪华，2007. 中国软实力评估报告（下）［J］. 国际观察（3）.

缪尔达尔，2001. 亚洲的戏剧——南亚国家贫困问题研究［M］. 方福前，译. 北京：首都经济贸易大学出版社.

摩根索，1990. 国家间政治：寻求权利与和平的斗争［M］. 汤普森，修订. 徐昕，郝望，李保平，译. 北京：中国人民公安大学出版社.

穆勒，1974. 政治经济学原理［M］. 北京：商务印书馆.

奈，2002. 美国霸权的困惑：为什么美国不能独断专行［M］. 郑志国，等译. 北京：世界知识出版社.

奈，2005. 软力量：世界政坛成功之道［M］. 吴晓辉，钱程，译. 北京：东方出版社.

奈，2005. 软实力是前途［N］. 参考消息，11-28.

宁继鸣，2006. 汉语国际推广：关于孔子学院的经济学分析与建议［D］. 济南：山东大学.

诺思，1999. 经济史上的结构和变革：中译本［M］. 厉以平，译. 北京：商务印书馆.

佩鲁，1987. 新发展观［M］. 张宁，丰子义，译. 北京：华夏出版社.

钱德元，滕福星，2007. 文化何以成为经济——兼论文化生产力［J］. 税务与经济（6）.

青岛市文化广电新闻出版局，2017. 2016年青岛文化产业发展报告［N］. 青岛日报，2017-04-17.

任伟，2010. 提升中国软实力的途径分析［J］. 南方论刊（5）.

茹静，2007. 中国文化产业走出去战略分析［D］. 北京：对外经济贸易大学.

商务部，2018. 2017年我国文化产品和服务进出口总额同比增长11.1%

［OL］. 新华网 http://www. xinhuanet. com/culture/2018 - 02/09/c _ 1122390889. htm,2018 - 02 - 09.

石申麟,2009. 我国文化软实力问题的经济学研究 ［D］. 长春：吉林大学.

思罗斯比,2011. 经济学与文化 ［M］. 王志标,张峥嵘,译. 北京：中国人民大学出版社.

斯密,1974. 国民财富的性质和原因的研究：下卷 ［M］. 郭大力,王亚南,译. 北京：商务印书馆.

苏宇霖,2009. 加强文化软实力建设　促进经济社会又好又快发展 ［J］. 福建理论学习（6）.

孙红霞,2009. 中国加强文化外交的特殊意义 ［J］. 山东教育学院学报（2）.

谭丽华,2009. 文化软实力研究 ［D］. 长沙：中共湖南省委党校.

唐慧云,2008. 国内学术界中国软实力研究现状述评 ［J］. 国际关系学院学报（3）.

佟贺丰,2005. 英国文化创意产业发展概况及其启示 ［J］. 科技与管理（1）.

王安琪,2011. 文化创意产业相关概念阐释 ［J］. 经济师（2）.

王聪. 文化产业与经济增长关系实证研究 ［D］. 大连：东北财经大学,2011.

王沪宁,1993. 作为国家实力的文化：软实力 ［J］. 复旦学报（社会科学版）（3）.

王瑾,2011. 美国学者关于中国文化软实力研究 ［J］. 当代世界与社会主义（6）.

王宁,2002. 全球化与文化：西方与中国 ［M］. 北京：北京大学出版社.

王天玺,2010. 文化经济学 ［M］. 昆明：云南人民出版社.

王永林,杨耕,2009. 文化软实力与地方经济发展的互动效应——吉林市经济发展的战略思考 ［J］. 商场现代化（13）.

韦伯,1995. 儒教与道教 ［M］. 王容芬,译. 北京：商务印书馆.

韦伯,2002. 新教伦理与资本主义精神 ［M］. 彭强,黄晓京,译. 西安：

陕西师范大学出版社.

吴灿新，2011. 转变经济发展方式与文化软实力建设［J］. 广东社会科学
（2）.

武铁传，2009. 我国文化"软实力"存在问题及提升路径探析［J］. 理论
前沿（7）.

项久雨，2009. 论国家文化软实力的作用范畴［J］. 学习与实践（12）.

项久雨，2010. 美国软实力建设的启示与借鉴［J］. 学习与实践（8）.

熊彼特，1990. 经济发展理论［M］. 何畏，易家详，张军扩，等译. 北京：
商务印书馆.

徐冬青，2011. 美国提升全域文化软实力的做法观察［J］. 群众（2）.

徐建，2010. 国内外文化生态理论研究综述［J］. 山东省青年管理干部学
院学报（5）. 徐剑，等，2018. 2018 年上海文化产业发展报告［OL］.
上海交通大学新闻学术网.

阎学通，徐进，2008. 中美软实力比较［J］. 现代国际关系（1）.

杨洁勉，2007. 发展软实力各国招不同［J］. 时事报告（6）.

杨钧，2003. 中美文化产业比较及借鉴［J］. 理论月刊（12）.

杨新洪，2008. 关于文化软实力量化指标评价问题研究［J］. 统计研究
（9）.

杨新洪，2009. 关于设置文化软实力产业统计评价指标体系的意义及其路
径问题研究［J］. 统计教育（3）.

叶皓，2010. 经济搭台，文化唱戏——兼论文化与经济的关系［J］. 南京
社会科学（9）.

喻静，林孔团，2012. 浅析文化创意产业相关概念［J］. 经济研究导刊
（30）.

苑浩，2006. 全球文化产业发展的最新趋势及政策分析［J］. 国外社会科
学（1）.

张宝泉，2008. 论提高国家文化软实力［J］. 延安大学学报（社会科学版）
（4）.

张殿军，2011. 中美文化软实力比较研究［J］. 理论参考（11）.

参考文献

张冀，徐灵，2011. 对外经济传播与中国文化软实力的巩固和推动 [J].
　　经济视角（2）.

张晓麒，曹顺仙，2011. 文化软实力研究：欧美国家的发展途径及对我国
　　的启示 [J]. 法制与社会（4）（下）.

张永文，李谷兰，2003. 韩国发展文化产业的战略和措施 [J]. 北京观察
　　（12）.

张玥，2009. 文化软实力的内在构成及价值研究 [J]. 学理论（27）.

张峥，赵慧欣，2017. 脱欧：英国创意产业发展有变数 [N]. 中国文化报，
　　2017 - 01 - 19.

章一平，2006. 软实力的内涵与外延 [J]. 现代国际关系（11）.

赵小娜，2004. 论文化在综合国力中的重要作用 [J]. 新长征（12）.

赵子忱，1997. 精神产品的经济分析 [J]. 经济研究（6）.

政府统计，美国文化、媒体和体育部（DCMS），2016 年 6 月. 中华人民共
　　和国外交部 www.mfa.gov.cn

中国新闻网，2018 年 11 月 28 日 gs.ifeng.com/a/20181128/7c63828 -
　　0shtml.

中华人民共和国外交部. www.mfa.gov.cn.

中央编译局，1979. 马克思恩格斯全集：第 46 卷，上册 [M]. 北京：人民
　　出版社.

钟新，何娟，2010. 英国：从文化外交到公共外交的演进 [J]. 国际新闻
　　界（7）.

周国富，吴丹丹，2010. 各省区文化软实力的比较研究 [J]. 统计研究
　　（2）.

周正刚，2002. 文化国力引论 [M]. 长沙：湖南人民出版社.

朱孔来，马宗国，2010. 国内外软实力研究现状综述及未来展望 [J]. 济
　　南大学学报（社会科学版）（6）.

21 世纪经济报道，2019 年 2 月 26 日。

AMARTYA S, 2000. Culture and Development [R]. Worldbank Tokyo Meeting. www. worldbank. org.

Anime Industry Report 2017. The Association of Japanese Animations. January 2018.

BARROSO J, 2007. The EU and China: Shaping the Future Together [C]. Speech Delivered at the Chinese Community Party Central School, Beijing on 27 November.

BUSH G W, 2005. Bush nominates Bolton as U. N. Ambassador [OL]. March 8. Accessed Apr. http://www. cnn. com/2005/US/03/07/bolton/.

CEIC DATA. www. ceicdata. com/2h - hans/indicator/france/tourism - revenue

CHABAN N, HOLLAND M, RYAN P, 2009. *The EU through the Eyes of Asia. Vol II: New Cases, New Findings* [M]. Singapore: World Scientific Publisling Company.

CHAN K, 2010. Images, Visibility and the Prospects of Soft Power of the EU in Asia: the Case of China—Reflections from Asia and Europe: How do We Perceive One Another? [J]. *Asia Europe Journal* (2): 133 – 147.

COOKE P, DE PROPRIS L, 2011. A Policy Agenda for EU Smart Growth: the Role of Creative and Cultural Industries [J]. *Policy Studies* (4): 365 – 375.

Creative Industries Focus on Employment 2015. UK Department for Culture Media & Sport, June 2015.

CROSSICK S, REUTER E, 2007. China-EU: a common future [M]. Singapone: World Scientific.

Cultural Industries and Employment in the Countries of the European Union: Summary. Commission Staff Working Paper, Brussels, 14 May, 1998.

Cultural Industries in the Latin American Economy. http://www. oas. org/en/topics/culture. asp

DEFLEM M, 2007. Comparative and Historical Sociology: Lecture Notes [OL]. Retrieved 2009, April 20, from http://www. mathieudeflem. net

267

参考文献

DING S, 2006. Soft Power and the Rise of China: An Assessment of China's Soft Power in Its Modernization Process [D]. New Jersey: The State University of New Jersey.

DING S, 2010. Analyzing Rising Power from the Perspective of Soft Power: a new look at China's rise to the status quo power [J]. *Journal of Contemporary China* (3): 255 - 272.

DOMHOFF G W, 2002. *Who Rules America? Power and Politics* [M]. 4th ed. New York: McGraw Hill.

DOUGLASS C, 1996. North. Economic Performance through Time [M] // Leej Alston. *Empirical Studies in Institutional Change*. Cambridge: Cambridge University Press.

ECKSTEIN H, 1992. *Regarding Politics: Essays on Political Theory, Stability, and Change* [M]. Berkeley, CA: University of California Press.

ELIZABETH, MICHEL O, 1999. *China Joins the World: Progress and Prospects* [M]. New York: Council on Foreign Relations Press.

ELLIOTT M, 2004a. Free Minds and Markets: China and Brazil Show that There Is No Single Path to Modernity [J]. *Time*.

ELLIOTT M, 2004b. East Meets West [J]. *Time*, Vol. 21.

ERNEST J, WILSON III, 2008. Hard Power, Soft Power, Smart Power [C]. The Annals of the American Academy of Political and Social Science.

FAIRBANK J K, 1968. *Chinese World Order: Traditional China's Foreign Relations* [M]. Cambridge, MA: Harvard University Press.

FERGUSON, YALE H, RICHARD W MANSBACH, 2004. *Remapping Global Politics: History's Revenge and Future Shock* [M]. Cambridge, UK: Cambridge University Press: 110 - 124.

FISHER G, 1988. *Mindsets: The Role of Culture and Perception in International Relations*. Yarmouth [M]. ME: Intercultural Press.

HARVEY M, 2010. Smart on Soft Power [J]. *World Today* (11): 7 - 9.

HELD D, MCGREW A, 2000. The Great Globalization Debate: An Introduction

[M] // D. Held, A. McGrew. *The Global Transformations Reader.* Cambridge, UK: Polity Press.

HELD D, MCGREW A, GOLDBLATT D, PERRATON J, 1999. *Global Transformations: Politics, Economics and Culture* [M]. Stanford, CA: Stanford University Press.

JOHNSTON A I, 2003. Is China a Status Quo Power? [J]. *International Security* (4): 5 – 56.

JONES, DAVID MARTIN, 2001. *The Image of China in Western Social and Political Thought* [M]. New York: Palgrave.

KANG D C, 2005. Why China's Rise Will be Peaceful: Hierarchy and Stability in the East Asia Region [J]. *Perspectives on Politics* (3): 548 – 551.

KROEBER, KLUCKHOHN, 1952. The Idea of Culture in the Social Sciences [M]. Cambridge: Cambridge University Press.

KURLANTZICK J, 2005. China's Chance [J]. *Prospect* (108).

KURLANTZICK J, 2007. *Charm Offensive: How China's Soft Power Is Transforming the World* [M]. New Haven: Yale University Press.

LI M, 2009. *Soft Power: China's Emerging Strategy in International Politics* [M]. Lanham: Lexington Books.

LIU Y, 2011. External Communication as a Vehicle for Disseminating Soft Power: A Study of China's Efforts to Strengthen its Cultural Soft Power in the Era of Globalization [D]. Buffalo: The University at Buffalo, State University of New York.

MAHONEY J, RUESCHMEYER D, 2003. *Comparative Historical Analysis in the Social Sciences* [M]. Cambridge, UK: Cambridge University Press.

MCGIFFERTC, 2009. Chinese Soft Power and Its Implications for the United States: Competition and Cooperation in the Developing World, a Report of the CSIS Smart Power Initiative, 2009 [OL]. Library of Congress in Cataloguing in Publication Data. http://csis.org/files/media/csis/pubs/090305_ mcgiffert_ chinesesoftpower_ web. pdf

参
考
文
献

MEAD W R, 2004. *Power, Terror, Peace and War: America's Grand Strategy in a World Risk* [M]. New York, NY: Knopf.

MEAD W R, 2004. Sticky Power [J]. *Foreign Policy* (3).

NORMAN J, 2002. *Chinese* [M]. Cambridge, UK: Cambridge University Press.

NYE J, 1990. Soft Power [J]. *Foreign Policy* (80).

NYE J, 1999. The Challenge of Soft Power [J]. *Time* (2).

NYE J, 2002a. Limits of American Power [J]. *Political Science Quarterly* (4): 545 - 559.

NYE J, 2002b. The Information Revolution and American Soft Power [J]. *Asia-Pacific Review* (1).

NYE J, 2004a. *Power in the Global Information Age: From Realism to Globalization* [M]. London: Routledge.

NYE J, 2004b. *Soft Power: The Means to Success in World Politics* [M]. New York: PublicAffairs.

NYE J, 2004c. The Decline of America's Soft Power [J]. *Foreign Affairs* (3): 16 - 21.

NYE J, 2006. Think Again: Soft Power [J]. *Foreign Policy*. Retrieved 2009, April 16, from http://www. foreignpolicy. com/story/cms. php? story _ id = 3393.

NYE J, 2007. Smart Power [J]. Center for Strategic and International Studies, Nov. Retrieved from: http://www. csis. org/smartpower/.

NYE J, 2008. Public Diplomacy and Soft Power [C]. The Annals of the American Academy of Political and Social Science.

NYE J, 2010. The Future of American Power: Dominance and Decline in Perspective [J]. *Foreign Affairs* (6).

NYE J, WANG J, 2009. Hard Decisions on Soft Power—Opportunities and Difficulties for Chinese Soft Power [J]. *Harvard International Review*, Summer.

PILON J G, 2005. Soft Power: The Means to Success in World Politics, and

America the Virtuous: The Crisis of Democracy and the Quest for Empire (review) [J]. *Mediterranean Quarterly* (2): 125 - 131.

RAYMOND W, 1981. Culture [M]. Peterborough: Fontana.

RIORDAN S, 2003. *The New Diplomacy* [M]. London: Polity.

ROBERTSON R, 1991. Social Theory, Cultural Relativity and the Problem of Globality [M] // A. King. *Culture, Globalization and the World-system: Contemporary Conditions for the Representation of Identity.* Binghamton, NY: State University of New York Press.

TANG H, 2012. China's Soft Power Construction Policy [J]. *Journal of US-China Public Administration* (5).

TERRYE, 2000. The Idea of Culture [M]. Hoboken: Wiley-Blackwell. The Sydney Morning Herald. www. smh. com. au

TUCKMAN B W, 1988. *Conducting Educational Research* [M]. 3rd ed. San Diego: Harcourt, Brace, Jovanovich.

WANG H, LU Y, 2008. The Conception of Soft Power and Its Policy Implications [J]. *Journal of Contemporary China* (56): 425 - 447.

YU X, 2007. The Role of Soft Power in China's External Strategy [J]. *Global Review* (Trial Issue): 113 - 127.

ZAHRAN G, RAMOS L, 2010. From Hegemony to Soft Power: Implications of a Conceptual Change [M] // I. Parmar, M. Cox. *Soft power and US foreign policy: Theoretical, Historical and Contemporary Perspectives.* London: Routledge.

ZHU P, 2012. Where U. S. and China Soft Powers Meet [J]. *Journal of US-China Public Administration* (2): 162 - 182.

SCIO. 2010. The State Council's Information Office of the PRC [OL]. Retrieved 2010, April8, from http://www. scio. gov. cn/xwbjs/

http://euce. dal. ca/Files/Colson_ paper_ May_ 2008. pdf

http:// csis. org/files/media/csis/pubs/090305 _ mcgiffert_ chinesesoftpower_ web. pdf

http：//walt. foreignpolicy. com/posts/2010/01/19/joe_ nye_ was_ right

http：//www. britishcouncil. org/press

http： // www. foreignpolicy. com/articles/2012/11/18/chinas _ soft _ power _ surge

http：//www. china. org. cn/opinion/2012－09/04/content_ 26421330. htm

http：//www2. asanet. org/sectionchs/secure/go. pdf

http：//www. project－syndicate. org/commentary/the－future－of－europe

http：//euce. dal. ca/Files/Colson_ paper_ May_ 2008. pdf

www. chinanews. com

www. donghua. biz

www. artsprofessional. co. uk/news

www. gov. uk/government/news

www. 199it. com

www. cn. yna. co. kr/view/Ack20190704003100881.

www. sohu. com

www. xinhuanet. com

www. zgxxb. com，2009－06－30

后　记

　　几经思索，我终于找到了一个政治经济学和文化研究的契合点，决定选择这个跨学科的研究选题来撰写此书，如此一来，可以更好地发挥自己的研究特长。

　　本书在2013年完成初稿，出于对学术的敬畏，此后一直处于修订之中，在此过程中，修改整理其中的一部分，于2016年发表在《四川大学学报》（哲学社会科学版）第二期上。目前基于此书撰写整理的另一篇，尚等待发表。

　　对该选题的研究，我虽有一定的研究基础，后来逐渐在该基础上扩展了研究方向，终于使自己的科研慢慢步入正轨。2013年底，我有幸获得欧盟"伊拉斯谟项目"的资助，前往北欧图尔库大学继续自己的研究工作。在北欧期间，我特别珍惜来之不易的机会，坚持每天第一个去办公室，最后一个离开，充分利用良好的学术环境和氛围，谨记"花开堪折直须折，莫待无花空折枝"的教诲，抓紧时间上课、工作，并搜集整理了很多英文资料。每个学期我至少选修六门课程，包括学术英语、欧盟研究、中国研究等，也开始进行国际关系领域的研究；积极参加各种学术研讨活动，并受邀参加相关国际学术会议，一年内陈述会议论文 8 篇，发表英文论文两篇，其中一篇由劳特利奇（Routledge）出版；应芬兰国际问题研究所邀请，在图尔库大学政治社会科学学院做讲座报告，得到相关专家学者的好评和肯定。可以说，在此期间，在科研工作上得到了突飞猛进的发展，而这都是源于多年的学术积累和沉淀。"吾生也有涯，而知也无涯"，今后我将继续在学术的殿堂刻苦探究，朝夕不倦。

一路走来，有太多的人值得感谢。感谢张红伟教授在政治经济学领域的引导，她严谨的治学态度和丰富的社会阅历使我受益匪浅。感谢石坚教授对欧盟项目的促成，使我有机会申请欧盟伊拉斯谟奖学金，并在我出国深造遇到阻碍时积极相助，使我倍感温暖。感谢我在图尔库大学的导师 Lauri Paltemaa 教授对我的指导，东亚研究中心副主任的 Outi Luova 对我的关心和帮助，以及中心教师 Silja Keva 在生活上给予我的热心帮助。没有你们，就没有我和儿子在图尔库温馨的家，你们的帮助我将终生难忘。

感谢我的老爸老妈，你们永远是我坚强的后盾。我走到哪里，你们的牵挂就跟随到哪里，让我无牵无挂地追求自己的事业。感谢我的先生，始终与我风雨同舟，支持我到国外深造、进修、开会，从无怨言。感谢可爱懂事的儿子，你永远是我前进道路上的不竭动力。

感谢西南民族大学的崔庆五老师、成都医学院的范习中老师和兰想师弟对本书提出的宝贵意见。

特别感谢四川大学出版社已故编辑曾春宁对本书的第二次审校和修订，感谢四川大学出版社编辑张晶对本书的第三次审校和修订，您对书稿一丝不苟的认真态度让我感动，也感谢四川大学出版社封面设计工作人员的辛勤付出。

当然，虽几经修订，本书难免存在纰漏之处，还望读者朋友们批评指正。

席珍彦

2020 年 1 月 20 日于四川大学